YINQING ZHI JI YU HUOLI ZHI YUAN

—GAOXIAO KEYAN DUIWU JIANSHE YU KEJI CHUANGXIN YANJIU

引擎之基与活力之源

——高校科研队伍建设与科技创新研究

董泽芳　张继平◎著

教育科学出版社
·北京·

创新是一个民族的灵魂，是一个国家兴旺发达的不竭动力。纵观世界主要发达国家实力消长的历史可以发现，大国崛起均离不开高水平科技创新的推动。随着时代的发展，科技创新日益渗透到经济发展、社会进步和人类生活的各个领域，成为生产力中最活跃的因素，成为第一生产力。如果说"创新"是科技发展的引擎，那么，"科技创新"则是经济发展与社会进步的引擎之基。

在科学技术飞速发展、国际竞争日趋激烈的当今时代，为了在激烈的竞争中赢得主动，建立国家创新体系、走创新型国家之路已经成为世界各国的共同选择。

国家创新体系是指政府、高校、研究院所、企业以及中介机构等，为了一系列共同的社会和经济目标，通过建设性的相互作用而构成的机构网络，从而更加有效地提升国家整体科技创新能力，使科学技术进步与社会经济发展融为一体、协调发展。

在国家创新体系中，高校在提高自主创新能力，以及构建国家创新体系中具有不可替代的重要作用。这种作用主要反映在：首先，高校承担着培养造就"数以亿计的高素质劳动者，数以千万计的专门人才和一大批拔尖创新人才"的重任，是科技创新人才的"培养所"；其次，高校学科门类较全、教授专家聚集、学术思想活跃、研究环境宽松，能紧紧把握世界科学技术的前沿，是科技创新的"动力源"；再次，高校与科研机构保持着密切的交流与合作，其科技成果与科技产业联合可以极大地促进现代高技术产业的形成和发展，是科技转化的"孵化器"；最后，高校具有自然学科与社会学科交叉、政策和环境相对宽松、人才和承担的各类课题较多等优势，有利于高层次、多方位对科技创新进行整体设计，是科技创新乃至整个社会变革的"智囊团"。

正因为高校具有进行科技创新的许多优势条件，世界上很多重大的发现和发明都发源于高校。被世界公认为影响最大、权威性最高的国际性科学大奖——诺贝尔奖，自1900年设立以来，迄今已颁发了上百次，世界上先后有500多人获得了这一崇高荣誉，其中，有400多名都是大学教授。美国哈佛大学就有30个教授获得此奖，英国剑桥大学卡文迪什实验室先后就出了25位诺贝尔奖得主。"二战"以来，世界上许多高技术产业区的发展也都依托于大学，如美国硅谷的出现与斯坦福大学和加州大学伯克利分校、美国波士顿 128 公路高技术产业带的发展与 MIT 和哈佛大学、英国剑桥工业园区与剑桥大学等。有人统计，"二战"后，70% 的影响人类生活方式的重大科研成果都诞生于世界一流大学，当今世界上被公认的 20 个创新型国家和地区，主要依托高校聚集了 85% 以上最具有创新活力的拔尖人才。

随着时代的发展，我国高校在科技创新中的作用日益受到党和国家的重视，已成为我国自主科技创新的重要力量。"十一五"以来，高校全面参与了国家 16 个重大专项的研究任务；承担"973 计划"和重大科学研究计划项目数量占总数的 50% 以上；承担国家自然科学基金项目年均保持在 80% 以上；代表国家科技创新最高水平的国家科学技术三大奖有 1/2 出自高校；人文社科领域的成果约 2/3 由高校完成；尤其是 2011 年度国家科技三大奖有 214 项由高校获得，占总数的 72.5%，其中高校为第一完成单位的有 157 项，占总数的 53.2%，仅有的两项国家技术发明一等奖全部由高校获得。我国一些重大的发明也是从大学诞生，如激光照排机、集装箱检测系统、万亿次银河计算机等，中关村高科技研发区同样依托了清华大学和北京大学。这些成就充分反映了高校在我国科技进步中的核心作用，说明了高校的科研实力在日益增强，显示了高校的自主创新能力在不断提升，对我国经济发展和科技进步的贡献越来越大，在创新型国家建设过程中具有举足轻重的作用。

高校科技队伍建设是高校科技创新的活力之源。在高校科技创新的诸要素中，人才是最根本、最活跃的要素，建设一支高素质、创新型的高校科研队伍是科技创新的关键。加强高校科技队伍建设，对于为国家科技发展奠定坚实的人力资源基础、提高国家自主创新能力、建设创新型国家都具有重要意义。近年来，按照党中央、国务院关于推进教育事业改革发展和加强人才队伍建设的重大战略部署，高等教育系统先后采取了一系列重大举措，推进我国高校科技队伍建设取得了重要进展和巨大成就。但由于受到长期的计划经济体制、传统的价值观与急功近利的发展观的影响，以及现行的高校管理体制与某些不合理的人事制度的影响，更由于教育理论界对高校科研队伍建设问题研究太少，使得人们在对高校科研队伍建设问题的认识上存在不少误区，在高校科研队伍建设的实践中也有不少问题，如科研队伍规模偏小、专职科研人员增长缓慢、重大原创性成果稀缺、高水准学术论文不多、发明专利授权量偏少、高校科研队伍结构失衡、新老交替不够顺畅、博士化程度仍然偏低、强势学科尚未形成、近亲繁殖依旧严重、创新团队建设力度不够、科研经费所占份额较低、学术组织建设未受到应有重视、学术组织文化培育严重不足，等等。这些问题极大地影响了高校科技创新能力，进而阻碍了国家创新体系的建设进程。

本书正是立足于上述背景而开展的对高校科研队伍建设问题进行的较为全面、深入地研究。本书在研究中力图体现下列原则：一是坚持以历史唯物主义和系统论为指导。我国高校科研队伍建设既是时代发展的迫切需要，也是高等教育改革发展的强烈要求。在高等教育改革发展的过程中，高校科研队伍建设日益引起重视，高等教育的价值取向也由教书育人转变为育人与科技研发、为社会服务相结合。同时，高校科研队伍的建设是一个质变与量变相结合的过程，也是一项系统工程，既需要高校重视，也需要国家、社会各方面密切配合，积极改善科研条件，不断增加科技研发的投入。二是理论研究和实证调查互补。当前在理论界关于高校科研、高校科研队伍、高校科研队伍建设、高校科技创新、创新型国家建设等概念的内涵及其相互关系等的认识仍是众说纷纭，甚至模糊不清。理论研究首先需要对这些问题进行梳理、澄清并提出自己的观点。对于高校科研队伍建设的现状，则需要通过访谈和问卷调查，拿出切实可信的材料来加以说明。三是国内研究与国际比较相结合。他山之石，可以攻玉。在着手高校科研队伍建设的理论探讨与实证研究的同时，还必须注重国际比较研究，也就是通过对国外相关文献资料的收集与整理，探寻国外高校科研队伍建设的规律，找出国内高校科研队伍建设的差距，借鉴国外高校科研队伍建设的经验。四是问题分析与对策探讨并重。了解和分析我国目前高校科研队伍建设的现状、问题与原因是本书研究的重要目的，但更重要的是针对这些问题要有建设性地批判思考，能够提出切实可行的对策建议。

本书共分六章。

第一章是关于科研队伍建设的理论探讨。一是界定了科学研究与高校科研队伍等核心概念。本书认为科学研究就是一种探索知识和应用知识的活动，其本质特征就是创新。科研队伍是指实际从事或有潜力从事系统性科学和技术知识的产生、促进、传播和应用等研究活动的人员的总称，既包括专职研究人员，也包括兼职研究人员，他们是开展科学研究活动的核心力量，是科学技术的理论研究、应用研究和开发研究的生力军，是建设创新型国家的主导力量和战略资源。二是提出了我国科研队伍建设的时代目标。这就是形成适度规模，契合国家科研发展要求；优化队伍结构，保持与需求的动态适应；培育创新团队，提升组织的学术创新力；促进个体发展，延长学者学术生命周期；涵养组织文化，凝聚科研队伍学术共识。三是分析了科研队伍建设与创新型国家建设的密切关系：建设创新型国家是中国未来发展的主要目标；高校科研队伍建设是建设创新型国家的战略重点；促进创新人才成长是高校科研队伍建设的应然追求。四是概括了我国科研队伍建设的整体现状，即科研队伍总量稳定增长，但专职科研人员增长缓慢；科技创新能力显著增强，但自主创新程度有待提高；科研队伍结构发生变化，但比例结构依然不够平衡；国家创新体系渐趋合理，但创新团队建设力度有限；科研经费投入逐年上升，但高校所占份额相对较低；组织建设引起重视，但组织文化培育严重不足。

　　第二章是关于高校科研队伍的规模与科技创新的关系研究。第一，界定了高校科研队伍规模的构成及相互关系。第二，论述了研究型大学建设专职科研队伍的重要意义：它是国际形势发展的客观需要，国家政策导向的必然要求，研究型大学自身发展的必然选择。第三，剖析了我国高校科研队伍的规模现状：一是高校科研人员总量不断增加，但在每万劳动力中所占比例太低；二是高校科研人员规模逐年增长，但在全国科研人员中所占比重不高；三是专兼职科研人员比例失调，专职科研人员增速太慢。第四，总结了国外高校科研队伍规模建设的成功经验：一是建立了完善的专职科研队伍；二是专职科研人员的薪酬体系比较完备；三是专职科研人员的晋升及评价体系相对科学。第五，分析了从美国密西根大学专职科研队伍建设中得到的启示：高水平的专职科研队伍是科技创新体系的核心力量之一，建立一支高水平的专职科研队伍是加快建设世界一流大学的必要条件；高水平的专职科研队伍建设有赖于建立充满活力的聘任、流动、晋升和激励机制。第六，比较了我国高校与研究机构的投入、产出与效率。比较发现，我国高校科研队伍的产出效果和效率都高于研究机构。按照经济学的效率原则，意味着我国高校科研队伍规模偏小，研究经费投入偏低。第七，提出了适度扩大我国高校专职科研队伍规模的若干建议。即改善外部环境、扩大经费来源、优化人员聘用、健全激励机制、推行和完善项目助理制度等。

　　第三章是关于高校科研队伍的结构与科技创新的关系研究。第一，描述了我国高校科研队伍结构的基本现状：一是年龄结构有所调整，但青黄不接仍较明显；二是学历结构逐年优化，但教师学历仍然偏低；三是职称结构改善缓慢，但教授比重仍然偏小；四是学科结构日趋融合，但校际趋同和校内分化仍较突出；五是学缘结构趋向合理，但近亲繁殖仍较严重。第二，介绍了发达国家高校科研队伍结构优化的整体特征：一是中年占优、正态分布的年龄结构；二是博士为主、比例适当的学历结构；三是教授为重、匹配合理的职称结构；四是特色鲜明、交叉渗透的学科结构；五是多样优质、远缘杂交的学缘结构。第三，概括了国外高校科研队伍结构优化的主要经验，即尊重职业特点，注重新老交替，优化年龄结构；提高学历标准，重视师资储备，优化学历结构；注重师资质量，完善评审制度，实行非升即走，优化职称结构；突出学科特色，合理搭建平台，优化学科结构；坚持近亲回避，延揽四海名门，优化学缘结构。第四，抽样调查了我国高校科研队伍结构的基本情况。调查选取了我国 9 所高校（按布局分，中部 6 所、西部 3 所；按层次分，211 高校 2 所、地方高校 7 所）；研究主要采用点面结合的分析思路与变量频率方式，分析样本教师的年龄、学历、职称、学科和学缘结构状况。第五，揭示了我国普通本科高校科研队伍结构存在的主要问题。调查与统计分析发现，我国普通本科高校科研队伍结构存在以下主要问题：在年龄结构上，年轻教师比例过大，中老龄教师比重偏小；在学历结构上，博士教师配置偏低，学历层次有待提高；在职称结构上，教授职称比重偏小，职称结构有待优化；在学科结构上，趋同发展较为突出，资源分散比较明显；在学缘结构上，本地学缘比例较多，优质学缘比重偏少。第六，提出了优化我国高校科研队伍结构的政策建议：改变招聘模式，开发银发工程，优化年龄结构；提高学历标准，加强学历进修，优化学历结构；完善评审制度，重视培训帮扶，优化职称结构；坚持特色发展，注重交叉融合，优化学科结构；丰富学缘类别，广招高层学缘，优化学缘结构；强化合理调控，增加经费投入，优化队伍结构。

第四章是关于高校科研团队建设与科技创新的关系研究。第一，明晰了高校科研团队的内涵与特征。高校科研团队是在知识和能力上互补的一定数量的科研人员，为了实现科研创新目标、承担共同责任而相互协调配合的以高校科研人员为主组成的正式科研群体。高校科研团队是有生命、有记忆、高智慧的团队。其特征显示在竞争与协同并存、混沌与有序同在、继承与发展并轨、优势与优势互补、学习与创新并举、科研与教学结合、控制与自主协调。第二，阐释了高校科研团队的主要作用。高校科研团队是高校科研创新的主体，在培养创新型人才、培育创新型高校、取得创新型成果的过程中，为支撑创新型产业、建设创新型国家发挥着重要作用。第三，介绍了国外高校科研团队的组建方式与管理模式。科研团队组建有以实验平台为基地，以研究中心为载体，以计划项目为依托，以科研课题为纽带的四种方式。科研团队管理有内部管理模式和内外协调模式两种。第四，总结了国外高校科研团队建设的一般经验，包括：政府出台政策支持团队创新；高校搭建平台支撑团队创新；聘请学术精英领衔团队创新；优化学术环境促进团队创新；健全评估机制激励团队创新。第五，调研了我国高校科研团队建设的成功案例。运用实地调查与深度访谈等方法，对我国高校科研团队建设中两个成功案例进行了考察与分析。其主要经验是：决策者对科研团队组建给予高度重视；对团队依托的学科发展给予"学科特区"政策；选准研究主题是科研团队成功的基础；把科技创新与培养创新人才紧密结合。第六，剖析了我国高校科研团队建设中的问题与原因。主要问题是总体规模偏小、内部活性不足、学术产出不高、引领作用不强。导致这些问题的原因，一是观念滞后，二是体制羁绊，三是投入偏低，四是评估偏颇。最后，做出了对我国高校科研团队建设的对策思考。加强高校科研团队建设既是高校创新的需要，也是培养创新人才的需要。解决高校科研团队建设存在的问题，必须以科学发展观为指导，创新理念，改革体制，增加投入，完善评估，促进高校科研团队不断发展。

第五章是关于高校科研队伍的组织文化建设与科技创新的关系研究。一是界定了高校科研队伍组织文化的内涵。高校科研队伍的组织文化本质上是一种学术组织文化，可从宏观、中观和微观的视角对其进行分析。本研究认为，高校科研队伍的组织文化是大学学术组织成员所共同拥有的学术理念、学术目标、学术精神以及由此而形成的学术氛围，这种组织文化是全体组织成员意志、特性、习惯和科学文化水平相互作用的结果，反映了大学学术组织成员的学术共识。二是分析了高校科研队伍组织文化的基本特征。与其他组织文化相比，高校科研队伍组织文化的特性是：其逻辑起点为学术研究，其根本精神是学术自由，其价值追求是学术创新，其组织氛围是团结拼搏。三是阐释了高校科研队伍组织文化的核心功能。良好的高校科研队伍组织文化对于学术组织的健康发展具有四大功能，即凝聚成员向心力、增强学术战斗力、强化组织整合力、扩大外部竞争力。四是指明了高校科研队伍组织文化的建设目标。高校科研队伍组织文化是可以进行倡导、培育和控制的，高校科研队伍组织文化建设的目标就是培育有效交往的学者文化、彼此相融的学科文化和精诚合作的团队文化。五是剖析了高校科研队伍组织文化的结构与表现。高校科研队伍的组织文化包括精神文化、行为文化和制度文化三个层次。高校科研队伍中有两种组织文化：一种是优良的组织文化，表现在精神上具有"学术至上"的价值取向，在行为上具有"知识共享"的学术交流，在制度上具有"质量优先"的种种设计。另一种是不良的组织文化，表现在精神上具有"急功近利"的价值追求，在行为上具有"单打独斗"的明显特征，在制度上具有"重量轻质"的考评管理。六是研究了国外高校科研队伍组织文化的经典案例。一个是英国的卡文迪什实验室，它研究领域广泛并始终处于科学发展前沿，不仅科研成果丰硕，而且在培养人才方面成绩骄人，被世界誉为"天才的摇篮"、"诺贝尔奖的摇篮"、"造就科学大师的殿堂"、"现代科学革命的圣地"。另一个是丹麦哥本哈根物理研究所，在玻尔的带领下，洋溢着青春活力、勇于创新的年轻物理学家们不仅突破了传统的牛顿经典力学的藩篱，开辟了现代量子力学的新领域，为现代物理学革命做出了巨大的贡献，而且还培育出了一大批诺贝尔物理奖获奖者和优秀的青年物理学家。其中至少有十位出自于这个物理研究所。七是总结了国外高校科研队伍优良组织文化建设的成功经验：树立高尚的学术理念；发扬协作的学术传统；确立明确的学术目标；营造自由的学术风气。八是探讨了高校科研队伍组织文化的建设策略。为了形成优良的精神文化，需要探索"学术化生存"的实现策略，需要关注"共同愿景"的构建方法；为了形成优良的行为文化，需要探索"分享知识"的行为策略，需要关注"团结协作"的达成策略；为了形成优良的制度文化，需要加强"同行评议"的评价策略，需要探索"扶持创新"的制度策略。

第六章是关于高校学者学术生命周期与科技创新的关系研究。一是提出了研究高校学者学术生命周期的重要意义。学术生命周期是指学者学术职业的生命历程，即一个学者的学术生命从孕育、成熟到巅峰、老化的过程。学术界对于人才成长规律与最佳创造年龄等已有所研究，但对于大学学者学术生命周期的研究则起步较晚，且多为理论探讨。从现实看，当前高校学者的创新潜能并未得到充分激发，他们的学术生命周期相对短暂。研究高校学者学术生命周期对于有效促进其健康成长、持续激发其创造潜能、提升其智慧价值具有重要的意义。二是调查了我国部分重点大学学者学术生命周期的现实情况。以北京大学、清华大学、浙江大学、中国科技大学等国内 10 所重点大学的 200 位两院院士、长江学者、国家教学名师为样本，设计了以年龄段和作者署名为自变量、以论文发表为因变量的反映作者学术生命周期特点的研究思路，以探寻大学科技名师的成长特点与学术生命周期的变化规律。三是发现了我国大学学者学术生命周期的三个明显特征：其创新发展和成长的年龄阶段为 35～58 岁，其发展周期为 23 年；其创新能力发展年龄阶段为 35～68 岁，即名师在其领域的创新及其领先周期为 33 年；其创新成果达到顶峰后呈现缓慢衰退趋势。四是揭示了我国大学学者创新能力激发周期与学术生命高峰年龄变化的规律。研究发现：中国大学科技创新名师的创新激发周期是 12～15 年；科技创新能力及其激发周期整体上呈现延长趋势；其学术生命高峰年龄呈现"上升—下降—再上升—再下降"的周期变化规律，而且随着时期阶段的推移，中国大学科技名师的学术生命高峰年龄也越来越年轻化。五是进行了中外高校学者学术生命周期的对比分析。结果显示，国内高校学者的学术生命周期相对短暂，按照男性 60 岁、女性 55 岁退休的规定，假定从 30 岁进入高校工作算起，一个学者的法定工作年限只有 25～30 年的时间；国外高校学者的学术生命周期相对长久，从 1960—2010 年 50 年间获得诺贝尔经济学奖的 55 位科学家的年龄结构看，在 61～80 岁之间的共有 41 人，其中 61～70 岁之间有 26 人，71～80 岁之间有 15 人。60 岁对于基础学科的学者而言，是其学术价值高峰期的起点，是学术创作的黄金时期。六是提出了延长高校学者学术生命周期的对策思考。延长高校学者的学术生命周期有利于学者规划学术生涯，提高学术造诣；有利于团队传承学术文化，提高创新能力；有利于国家发挥人才优势，提高竞争水平。延长高校学者的学术生命周期的措施：适当延长高校教师的退休年龄；基于人才成长的学术生命周期对不同阶段的科研人才进行有针对性的科研评价。

本书的创新之处体现在：一是在理论上对科学研究、高校科研队伍、科研队伍建设、科技创新等概念进行了新的界定；对高校科研队伍建设的时代目标，以及对高校科研队伍的规模、结构、团队建设、组织文化建设、学者学术生命周期等与科技创新的关系进行了新的分析。二是在实践上对我国高校科研队伍的规模、结构、团队建设、组织文化建设与学者学术生命周期的现状进行了调查研究，揭示了存在的问题，剖析了形成的原因，探讨了部分规律；对国外高校科研队伍建设的特点与经验做了新的概括，对促进和加强我国高校科研队伍建设的思路与对策做出了具有一定新意的探讨。

　　诚然，高校科技队伍建设，及其与国家科技创新的关系是一个牵涉面极为广泛的高等教育社会问题，我们不可能对其进行面面俱到的研究，即使研究中已涉及的问题，也显得十分浅陋，但愿能引起更多同仁对这一问题的关注，并欢迎对本书的批评与指正。

董泽芳

2014 年 5 月 16 日

第一章

高校科研队伍建设是科技创新的源泉

科技发达时代，科研队伍成为科学和技术知识产生、促进、传播和应用的核心动力，也成为建设创新型国家的主导力量和战略资源。建设一支高水平的科研队伍，既是增强国家核心竞争力的要求，也是中国未来科技创新的基本举措。高校是科研队伍建设的生力军，在创新型国家建设中起着引领作用，在科技创新中起着基础性作用。高校需要立足国内科研队伍建设的现状与未来需求，借鉴国外科研队伍建设的成功经验，探索科研队伍建设的基本路径，以求形成有价值的研究成果，为我国科研队伍建设提供具有可操作性的政策建议。

第一节　高校科研队伍建设的内涵

1978年3月18日，中共中央在北京召开了具有历史意义的全国科学大会。邓小平同志在会上提出了"科学技术是生产力"、"四个现代化，关键是科学技术现代化"等重要思想，把中国带进了"科学的春天"，中国科学技术事业得到恢复并逐渐步入快速发展的轨道。30多年来，伴随着改革开放的伟大进程，我国科研队伍建设取得了历史性进展，科研队伍的规模不断壮大，科研队伍的结构不断优化，科研投入不断增加，科技创新能力不断增强，学者的学术生命周期不断延长，为创新型国家的建设提供了重要的支撑作用。但是，我国高校科研队伍的建设也面临着一系列理论困惑与实践难题，影响着创新型国家建设的进程。在新的历史时期，我国科研队伍建设的总体目标是：建设一支结构优化、素质良好、富有活力、具有创新能力的高水平的科研队伍。实现这一目标是一项重要而又艰巨的任务，其中有许多问题尚待解决，为探明这些问题的形成原因，寻求科研队伍建设的合理路径，有必要认真探讨科研队伍的内涵与建设目标。

一、高校科研队伍的概念

科研队伍与"科学"是紧密联系在一起的，而学术界关于科学的定义颇有争议，至今也没有形成定论，因而在探讨科研队伍之前，需要对"科学"予以界定。尽管这里的界定也可能值得商榷，但本文的意图不在于统一各种认识，而在于限定自身的研究范围。

在英语语境中，"科学"（science）的本意是"知识"、"学问"。科学的社会学家认为科学是高深知识的一种形式。"首先，科学知识是以经验观察为基础的，与基于解释《圣经》和纯理性思辨的古典知识形成对照；其次，它是系统化和适应解释的知识，与实践的应用的知识相对；再次，它是由思想自由的学者们生产的，而不是各种形式的思想和信念的权威体系。"[1]210

在德语世界中，"科学"（wissenschaft）概念比英语中的科学概念要广泛得多，它既包括盎格鲁撒克逊语言"科学"一词中没有的"学问"的成分，[1]215 也含有科研的意思。其任务在于发现和分析"真理本身"，因而，"一切学术研究和科研被唯心主义者解释为哲学。他们把'wissenschaft'概念化，作为按照绝对的认识组织现实的道德和实际的义务。"[2]

在《辞海》中，"科学"是指运用范畴、定理、定律等思维形式反映现实世界各种现象的本质和规律的知识体系，是社会意识形态之一。按研究对象的不同可分为自然科学、社会科学和思维科学，以及总结和贯穿于三个领域的哲学和数学。按与实践的不同联系可分为理论科学、技术科学、应用科学等。

根据研究的需要，本文将科学界定为运用范畴、定理、定律等思维形式与技术手段反映现实世界各种现象的本质和规律的知识体系。科学研究就是一种探索知识和应用知识的活动，其主要特征就是创新。科学研究主要分为基础研究、应用研究和开发研究。基础研究的取向在于揭示客观事物的本质和规律，提出新的理论；应用研究是为实际需要而探索新方法、新工艺等；开发研究是利用已有的知识进行技术改造、工艺革新等。科学研究来源于社会实践，服务于社会实践。在现代科学技术成为第一生产力的情况下，加强科学研究是推动社会发展的革命力量。

科研队伍是指实际从事或有潜力从事系统性科学和技术知识的产生、促进、传播和应用等研究活动的人员的总称，既包括专职研究人员，也包括兼职研究人员。科研队伍分为研究机构的科研队伍、高校科研队伍和企业科研队伍。本章重点研究高校科研队伍，即高校中从事科学和技术知识产生、促进、传播和应用等研究活动的队伍，这由两部分组成：高校师资队伍和高校专职科研队伍。高校师资队伍是指既从事教学也从事科研的高校教师，由于高校的三大职能是教学、科研和社会服务，所以，高校教师除了教学工作之外，还需要进行科研工作，也是高校科研队伍的重要力量。高校专职科研队伍是指高校内专门从事科研工作的研究人员。以上三个概念既相互联系，又相互区别。科研队伍是开展科学研究活动的核心力量，是科学技术的理论研究、应用研究和开发研究的生力军，在科技创新中发挥着主导作用，是建设创新型国家的主导力量和战略资源。对高校科研队伍的定义可以做出以下理解。

第一，科研人员是高校科研队伍的主体。人是生产力的第一要素。生产力水平的高低以及将科技成果转化为现实生产力的能力，归根到底是由人决定的。只有人类能动地思考与活动，才能使科研创新得以实现。因此，科学技术要发展，科研人员是关键。科研人员是科研队伍的组成要素，他们是新知识、新技术的创造者和传播者，其素质的高低直接关系到科研活动的深度和广度，影响到科技创新的水平与效益。一所高校的科学研究能否得到可持续发展，关键在于是否拥有数量充足、素质良好的科研人员。

第二，学科带头人是高校科研队伍的核心。高校科研队伍由两部分组成：高校师资队伍（高校兼职科研队伍）和高校专职科研队伍。高校师资队伍是指既从事教学也从事科研的高校教师。高校专职科研队伍是指高校内专门从事科研工作的研究人员。无论是高校师资队伍还是高校专职科研队伍，都有一个领衔者。科研队伍中的学科带头人是知识层次最高、具有创造性并能带领学术梯队在科技前沿拼搏，不断创新、开拓，促进学科发展的杰出学者，他们在科研队伍中起着核心作用，在高校科研活动中起着主导作用，是攀登科技高峰的引路人。

第三，高校科研队伍是高校创新的关键。高校担负着培养人才和发展科学的重任，这都与科技创新紧密联系。培养人才是高等学校的根本任务，科技工作是培养高级专门人才的重要手段，是高等教育不可或缺的重要组成部分。科研队伍的结构、规模、质量等都直接影响到高校整体师资水平的提高，影响到学科内容的更新，影响到交叉、新兴学科的形成，影响到学生创新能力的培养。在新的历史时期，科研队伍不仅是高校科研事业的基本力量，也是新生产力的开拓者和精神文明的建设者，特别是在人类逐步迈向信息社会和进入知识经济时代的今天，科研队伍在高校创新中的地位和作用日益明显。

二、高校科研队伍建设的内容

《国家中长期人才发展规划纲要（2010—2020 年）》提出，到 2020 年，我国人才发展的总体目标是：培养和造就规模宏大、结构优化、布局合理、素质优良的人才队伍，确立国家人才竞争比较优势，进入世界人才强国行列，为在 21 世纪中叶基本实现社会主义现代化奠定人才基础。依据这一战略目标，我国高校科研队伍建设的内容包括科研队伍的规模扩展、结构优化和质量提高等方面。其中，科研队伍的规模扩展是基础，结构优化是核心，质量提高是关键。具体而言，科研队伍建设的目标及重点主要体现在以下方面。

（一）形成适度规模，契合国家科研发展要求

科研队伍的规模是指一定条件下科研队伍在总量和增量上的发展水平，包括总体规模与增长规模。总体规模指一个国家或地区科研队伍现有的数量；增长规模指科研队伍在数量上的增长水平。适度的规模是指科研队伍的总量与增量适合国家科研发展的要求。科研队伍建设的目标就是形成一个适度的总体规模与增长速度，特别是专职科研队伍的规模要保持稳定增长。根据"二八定律"：80% 的绩效是由 20% 的人来完成的，而 80% 的人只完成了总工作量的 20%。[3] 将"二八定律"运用到科研队伍建设中，我们可以这样推断：80% 的原创性成果是由 20% 的科研人员产出的；20% 的专职科研人员完成了 80% 的科研工作，80% 的兼职科研人员只完成了 20% 的科研工作。因而，专职科研人员与兼职科研人员的合适比例应该是 1:4。目前，我国高校专职科研人员与兼职科研人员的比例为 1:34，必须进一步扩大专职科研队伍的规模。

（二）优化队伍结构，保持与需求的动态适应

科研队伍的结构是指科研队伍系统内部各组成部分之间的联系方式及比

例关系，包括学历结构、能力结构、学缘结构、学科结构和年龄结构。结构决定功能。科研队伍整体效能的高低与其结构是否合理紧密相关，合理的结构不但能促进人员流动，充分发挥每个成员的优势，做到人尽其才，而且还会产生互补效应和凝聚效应，使科研队伍的整体效能大于个体能力之和。反之，结构不合理则会导致人才浪费，甚至引起内耗，降低整体效能。因此，优化科研队伍的结构是从组织的战略发展目标与任务出发，认识与把握科研队伍结构的变化规律，建立一个较为理想的科研队伍结构，以便更好地发挥科研队伍的作用，使科研队伍内各种有关因素形成最佳的组合，或者说是对科研队伍的构成要素和系统的组织配合方式的不合理性与失调的地方进行调整，以提高科研队伍的整体功能。科研队伍结构优化的目的是形成一个多维的最佳组合，即形成较高的学历结构、相融的学科结构、多元的学缘结构和均衡的年龄结构，从而保证学术研究的延续，动态地适应各种发展需求。

（三）提高队伍质量，不断增强科技创新能力

科研队伍的质量是科研人员具有的从事科学研究的能力的属性之和。科研队伍的质量可以从团队质量和个体质量上进行区分。从团队质量而言，科技兴衰决定于团队的成败，国外许多诺贝尔奖的获奖都是团队合作的成果，因而科研队伍建设需要加强创新团队建设；从个体质量而言，由于科研人员具备了从事科学研究的能力，才可能满足创新的需要，因而科研队伍建设需要充分开发个体潜能。然而，正如一个产品有其产生、形成、发展和衰退的周期一样，科学研究（人才的创造力）也具有从孕育到衰亡的生命周期。[4]242 科研队伍的质量也会随着个体生命周期的变化而变化，为了使科研队伍的创造潜能得到可持续发展，科研队伍建设要充分考虑人才资源的可再生性，注重人才的流动性和可共享性，使学者有限的学术生命周期得到延长。

（四）培育创新团队，提升组织的学术创新力

科研创新团队是指以学术问题为纽带，以科学技术研究与开发为内容，以科研创新为目的，由一定学科知识与技能互补、愿意为共同的科研目标承担责任而建立起来的既分工又协作，具有良好互动性和凝聚力的学科内或跨学科的创新型研究组织。科研创新团队不是行政组织，而是一种全新的"战略集成"组织，是科研学术活动最具活力、运行最有效的组织，在提升科研

队伍的学术创新力方面扮演着重要角色，在思想理论创新、科技文化创新等方面发挥着重要作用。以科学的态度、理性的操作来搞好科研创新团队建设是十分必要的。建设一支高素质的创新团队，充分发挥其科研创新的引领作用，需要稳步扩大创新团队的总体规模，加大对创新团队的经费投入，激励创新团队提高学术产出，增强创新团队的内部活性，立足当前，面向未来，把领军人才的引进和培养有机地结合起来。

（五）涵养组织文化，凝聚科研队伍的学术共识

组织文化是指科研队伍成员共同拥有的价值观、信念、仪式、符号、处世方式及其表现出来的行为方式。科研队伍的组织文化是全体科研成员的意志、特性、习惯和科学文化水平等因素相互作用的结果，反映了科研成员的学术共识。组织文化是科研队伍建设的灵魂，是推动科研队伍发展的不竭动力。涵养组织文化，不仅有助于塑造科研队伍内部成员的行为和关系，而且有助于维系组织成员的统一性和凝聚力。从根本上说，组织文化建设关系到科研队伍核心竞争力的提升，关系到科技创新战略的制定和实施。建设一支具有创新意识和创新精神的科研队伍，必须把组织文化创新摆在相当突出的位置。一是以文化氛围营造为重点，创造学术至上、融合冲突的学术氛围，使队伍中的每名成员都秉承着探究真理、奉献自身的价值使命，带着学术的良知与责任，相互激励，教学相长，在自由探索、各美其美的环境中孕育创造的果实。二是以制度创新为突破口，建设以人为本、多元取才的管理制度。以人为本，目前最重要的是努力减轻青年科研人员生活上的负担，使他们安心于本职工作。多元取才，就是不论出身门第、职称高低、年龄大小，只要具有科学的精神和研究的能力，就可以吸收为组织的成员。三是以精神文化建设为核心，树立尊重科学、追求真理的价值目标，引导学者们在研究过程中始终秉承一丝不苟、严肃认真、高度诚实的科学态度，在相互融合、共同追求的价值选择中不断地学习与超越。

第二节　高校科研队伍是中国未来科技创新的生力军

胡锦涛同志在 2006 年 1 月 9 日的全国科技大会上宣布中国未来 15 年科

技发展的目标：2020 年建成创新型国家，使科技发展成为经济社会发展的有力支撑。中国科技创新的基本指标是，到 2020 年，经济增长的科技进步贡献率要从 39% 提高到 60% 以上，全社会的研发投入占 GDP 比重要从 1.35% 提高到 2.5%。这一目标的提出，为中国未来科技发展指明了方向。高校是科技人才培养的主阵地，科研活动是科技人才培养的主渠道，努力建设一支高水平的科研队伍，为创新型国家建设提供人才支持与智力支撑，是高校未来发展的主要目标和战略重点。

一、建设创新型国家是中国未来发展的主要目标

党中央、国务院做出的建设创新型国家的决策，是事关社会主义现代化建设全局的重大战略决策。这一目标的提出，既是对我国国情和需求的理性分析，也是对未来挑战的积极应对。

（一）建设创新型国家是构建和谐社会、实现民族复兴的时代呼唤

党的十六届六中全会既做出了构建社会主义和谐社会的重大决定，也提出了 2020 年"基本建成创新型国家"的战略任务。构建和谐社会，需要社会各方面的持续、快速、和谐发展，需要观念创新、理论创新、科技创新、制度创新等全方位的持续创新。建设创新型国家，核心就是把增强自主创新能力作为发展科学技术的战略基点，走出中国特色自主创新道路，推动科学技术的跨越式发展；就是把增强自主创新能力作为调整产业结构、转变增长方式的中心环节，建设资源节约型、环境友好型社会，推动国民经济又快又好发展；就是把增强自主创新能力作为国家战略，贯穿到现代化建设各个方面，激发全民族创新精神，培养高水平创新人才，形成有利于自主创新的体制机制，大力推进理论创新、制度创新、科技创新，不断巩固和发展中国特色社会主义伟大事业。因此，建设创新型国家既是构建社会主义和谐社会的重要目标，也是实现中华民族伟大复兴的时代呼唤。

（二）建设创新型国家是提升国际竞争力、缩短我国与西方发达国家差距的现实要求

当今世界，科学技术日新月异、知识经济蓬勃兴起、政治格局发生重大

变化、全球化趋势继续增强、国际竞争日趋激烈。创新越来越成为提高国际竞争力的决定性因素。目前，我国科技创新总体水平同世界先进水平相比仍有较大差距。关键技术自给率低，自主创新能力不强，特别是企业核心竞争力不强；农业和农村经济的科技水平还比较低，高新技术产业在整个经济中所占的比例还不高，产业技术的一些关键领域存在着较大的对外技术依赖，不少高技术含量和高附加值产品主要依赖进口；科学研究实力不强，优秀拔尖人才比较匮乏。我国科技事业发展的状况，同经济社会发展的要求还很不适应，必须加快创新型国家建设，提升科技竞争力，缩短我国与世界发达国家的差距。

二、自主创新是高校科研队伍建设的指导思想

胡锦涛在提出建设创新型国家的奋斗目标时，也提出了我国未来科研工作的指导方针：自主创新、重点跨越、支撑发展、引领未来。自主创新是增强国家创新能力的根本出发点，也是全部科研工作的重心。因此，高校科研队伍建设要以自主创新为指导思想，提高原始创新能力。

（一）树立自主创新的理念是高校科研队伍建设的内在要求

创新型国家建设的着眼点是自主创新。树立创新理念，是科研队伍建设体现时代性、富于创造性的内在要求。因此，建设一支高水平的科研队伍，必须紧紧把握时代的脉搏，以理念更新为先导，树立勇于创新、善于创新、持续创新的新理念，充分发挥国家重视创新的政策优势，合理借鉴国内外科研队伍建设的先进经验，不断拓展创新的内涵，结合实际积极探索富有时代特点的创新方式，努力营造崇尚创新的研究氛围，有效激发高校科研队伍的创新动力，不断增强高校科研队伍的自主创新能力，培养造就一大批能够不断创造出创新成果的科技人才，真正使创新成为一种科研观念，一种科研信仰，一种科研生活方式，一种科研文化，成为广大科研人员的学术责任和精神追求。

（二）坚持原始创新的思路是高校科研队伍建设的根本大法

创新型国家建设的立足点是原始创新。提高科研队伍的创新精神与人员

素质，让创新人才来担当原始创新、集成创新、引进消化吸收再创新的重任，是建设创新型国家的根本出路。提高原始创新能力，首先要科研人员树立实事求是、不畏强权、追求真理、开拓创新的科学精神。2004年度国家科学技术发明奖一等奖得主之一黄伯云表示，实现科技创新，"我们一定要以科学发展观为指导，以推动科技自主创新为己任，把国家和人民赋予我们的荣誉当成新的动力。"[5]为此，政府、高校、社会要齐心协力，大力宣传与弘扬科学精神，积极鼓励与引导青年学生、科研人员从事科学研究，把科学研究作为一项崇高的事业，并采取措施消除市场经济对科研人员不利的精神"污染"，以维持科研队伍良好的精神状况。其次是提高科研人员的科研素质。2004年度国家科学技术发明奖一等奖另一位得主张立同表示，"只有技术上的创新才能在科研项目中取得跨越式发展，而技术创新往往是集体创新，需要一支高素质的青年教师队伍和技术人员队伍。"[5]因此，我们要采取激励措施，吸收一批优秀的科研人才，充实到基础研究队伍中，组建一支新型的科研队伍。可以采取面向国内外招聘的方式，吸引在国际上有影响、有突出成就的优秀科学家加入到科研队伍中来；可以采取在职培训的方式，给科研人员继续学习的机会，促进科研人员的知识更新换代和研究方法改革。

（三）致力于创新人才的培养是高校科研队伍建设的应然追求

要建设创新型国家，科技创新是关键，而创新人才的培养是关键中的关键。高校是培养科技创新人才的主阵地，高校科研队伍建设和创新型国家建设相辅相成。一方面，创新型国家建设为高校科研队伍建设创造良好的外部环境，将为高校培养和凝聚各类科研人才特别是优秀拔尖人才提供条件。另一方面，高校通过充分调动广大科研人员的积极性和创造性，建设一支与经济社会发展相适应的规模宏大、结构合理的高素质科研队伍，为创新国家建设提供战略支点。

三、高校科研队伍是中国未来科技创新的动力支撑

建设创新型国家离不开科技创新，高校科研队伍是科技创新的重要力量。关于高校科研队伍建设与科技创新，邓小平同志曾多次进行阐述。1977年7月29日，他在一次讲话中指出：重点大学既是办教育的中心，又是办科研的

中心。同年 8 月 8 日他再次讲道：高等院校，特别是重点高等院校，应当是科研的一个重要方面军，这一点要定下来。它们有这个能力，有在这方面的人才。1978 年 3 月 18 日，中共中央在北京召开了具有历史意义的全国科学大会。邓小平同志在会上提出了"科学技术是生产力"、"四个现代化，关键是科学技术现代化"等重要思想，把中国引入了"科学的春天"。伴随着中国科学技术事业的恢复与逐渐快速发展，高校科研队伍建设也呈现出蓬勃发展之势。

1998 年 5 月 4 日，江泽民同志在北京大学建校 100 周年大会上的讲话中指出："我们的大学，应该成为科教兴国的强大生力军"，"应该是知识创新、推动科学技术成果向现实生产力转化的重要力量"。江泽民同志明确把高校科研提到了生力军的重要地位，从中我们可以看到高校科研队伍建设在中国未来科技创新中的地位与作用。

（一）高校科研队伍的理念是中国未来科技创新的战略支点

理念创新是实施创新驱动发展战略的基础，也是提升我国科技创新能力的指南。党的十八大指出："科技创新是提高社会生产力和综合国力的战略支撑，必须摆在国家发展全局的核心位置。"党的十八届三中全会也提出了通过科技创新实现中华民族伟大复兴的中国梦的理想。高校是新思想的发源地，也是新理念的诞生地，在理念创新方面具有天然的优势。然而，高校科研队伍的理念创新产生于中国未来科技创新的实际需要和可能，根植于中国未来科技创新客观实际。因此，高校科研队伍建设要在中国未来科技创新中有所作为，其前提是革除旧有的思维模式，以新的视角、新的方法和新的思维模式指导高校科研人才培养；其核心是培养科研队伍善于超越的意识，使之具有大胆探索客观世界的精神品质，在既"破"又"立"的基础上形成新的结论或思想观点；其关键是走自主创新的道路，以全球视野谋划和推动创新，提高原始创新、集成创新和引进消化吸收再创新能力，更加注重协同创新。这是高校科研队伍理念创新的基本理论、基本路线和基本纲领。

（二）高校科研队伍的规模增长是中国未来科技创新的坚实基础

科研人才在科技创新中起着基础性作用，要建成创新型国家，科研人才的规模就必须同经济社会的发展要求相适应。当今世界，无论是发达国家还是发展中国家，都把科技人力资源视为增强战略资源和提升国家竞争力的核心要素。大力加强科技人力资源建设，直接关系到我国科技事业的前途，直接关系到国家和民族的未来。《国家中长期科学和技术发展规划纲要（2006—2020年）》指出，中国科技创新的基本指标是：到2020年，全社会研究开发投入占国内生产总值的比重提高到2.5%以上，力争科技进步贡献率达到60%以上，对外技术依存度降低到30%以下，本国人发明专利年度授权量和国际科学论文被引用数均进入世界前5位。要达到这样的指标，必须加强科研队伍的规模建设。高校科技人力资源丰富，是高新技术的辐射源与生长点，是科技创新的策源地，必须为科研队伍建设输送源源不断的人才。

（三）高校科研队伍的结构调整是中国未来科技创新的重要条件

一支具有创新力的科研队伍，除了科研人员数量充足、质量优良之外，还必须有合理的结构。按照系统论，结构决定功能，功能决定价值，价值标志创新。好的组织结构，是一种科学的安排，一种优化的排列组合，而不是简单的罗列堆砌。对于高校科研队伍来讲，合理的人员结构不仅利于发挥队伍的整体效应，促进人才合理流动，使每个成员都能发挥各自的优势，做到人尽其才，而且还会产生增值效应、互补效应、互感效应和凝聚效应，使科研队伍的整体效能大于个体能力之和，促进更大程度的创新。因此，优化科研队伍结构，对进一步深化科技体制改革有着重要的战略意义。

（四）高校科研队伍的质量提升是中国未来科技创新的根本保障

高校通过科研培养科研人才，有什么样的科研队伍，就培养出什么样的科研人才。在现代社会，一个国家或地区的创新能力，包括知识创新和技术创新的能力，是决定它在国际竞争和世界格局中地位的重要因素。从这种意义上来说，科研人才的培养已不仅限于通晓书本知识，更需要具有发现知识、创造知识、应用知识的能力。高质量的科研队伍能够为科研人才的良好成长提供科学的指导，国内外高校里不少课题负责人就是通过科研成长为本专业的学术骨干或学术带头人。建立一支质量优良的科研队伍，保证学校整体的科研水平在一个较稳定的状态，不但有利于学科的发展，也有利于培养高质量的科研人才，从而提高整个高校科研队伍的质量。可以说，科研队伍的质量，在很大程度上决定了中国未来科技创新的能力。

（五）高校科研创新团队建设是中国未来科技创新的有效平台

美国管理学大师彼得·德鲁克（Peter Drucker）认为，团队是现代组织的基本形式。由于现代组织是由知识性专业人员所组成，因此组织必须是一个由平等者、同事和合作伙伴构成的组织，不能是老板和下属的组织，而必须是一个团队。在高等学校里，对于一些重大的前沿性创新研究特别是跨学科研究来说，单兵作战已很难取得重大突破，必须依靠团队合作攻关。团队正在成为高校科研的一种重要组织形式，它既为队伍里的每位学者提供平台，又将集体智慧融为一体，为突破性创新凝聚力量。加强团队建设不仅是高校基层学术组织变革的迫切要求，也是高校科研理念革新、精神文化再造的强烈呼唤。

（六）科研队伍的文化涵养是中国未来科技创新的内在动力

组织文化看不见、摸不着，但却能被感知，是一种实实在在的客观存在，于无形中影响组织成员的价值取向、心智模式和行为准则。托尼·比彻（Tony Becher）指出，如果把组织分析与文化研究紧密结合起来，那么，对高等教育政策的研究将获得巨大的进展，结构与文化的结合，很可能不仅是理解人和系统如何发挥职能的关键，而且也是理解某一具体政策在这个系统中能在多大程度上得到实效的关键。[1]206 组织文化是科研创新之母，有什么样的组织文化，就孕育什么样的创新机制。从组织文化的视角分析高校科研队伍建设，有利于把科研队伍作为一个有机体，令人满意地把共同的思维方式与集体的行为方式联系起来，使科研队伍充满蓬勃的生机、具有旺盛的生命力，为科技创新提供不竭的动力源泉。

（七）高校科研队伍的效益是中国未来科技创新的价值尺度

当今世界，科学技术日新月异、知识经济蓬勃兴起、政治格局发生重大变化、全球化趋势继续增强、国际竞争日趋激烈。创新越来越成为提高国际竞争力的决定性因素。目前，我国科技创新总体水平同世界先进水平相比仍有较大差距。关键技术自给率低，自主创新能力不强，特别是企业核心竞争力不强；农业和农村经济的科技水平还比较低，高新技术产业在整个经济中所占的比例还不高，产业技术的一些关键领域存在着较大的对外技术依赖，不少高技术含量和高附加值产品主要依赖进口；科学研究实力不强，优秀拔尖人才比较匮乏。我国科技事业发展的状况，同经济社会发展的要求还很不适应，加快创新型国家建设，必须提高科研队伍建设成效，提高科技成果的产出，加快科技成果的转化，提升科技竞争力，缩短我国与世界发达国家的差距。

第三节　高校科研队伍建设与我国科技创新现状

从事基础研究、前沿技术研究和社会公益研究的科研队伍，是我国科技创新的重要力量。建设一支稳定服务于国家目标、献身科技事业的高水平科研队伍，是发展我国科学技术事业的希望所在。新中国成立以来，我国科研队伍建设取得了突破性和实质性进展，在国家科技创新、促进科技成果转化和科技产业化等方面做出了重要贡献。这些成绩的取得，与高校科研队伍建设紧密相关。在某种意义上说，高校科研队伍建设的成效决定着国家科技创新的水平。高等学校是人才集聚的战略高地，也是国家创新体系的重要力量，肩负着科学研究的历史使命。加强高校科研队伍建设，既是建设创新型国家基本要求，也是我国科技创新的必然选择。新中国成立 60 多年来，特别是改革开放 30 多年以来，在党中央、国务院的正确领导下，我国高校科研队伍建设取得了令人瞩目的成就，为我国高等教育事业的全面协调可持续发展，为我国社会主义现代化建设提供了强有力的人才和智力支持，为国家科技创新做出了不可忽视的贡献。但与此同时，我国高校科研队伍建设也还存在许多不足之处，影响了国家科技创新，有待进一步完善。

一、队伍规模稳定增长，但专职科研人员增长缓慢

高等学校拥有丰富的科技人力资源，是开展科学研究活动的有利条件。从 1999—2008 年的 10 年间，我国高等学校的数量从 1071 所增长到 2263 所，增加了 1192 所。在高等学校数量不断增长的同时，高校科技活动人员一直处于增长趋势，从 1999 年的 341910 人增长到 2008 年的 579707 人，增长了 237797 人。研究与发展（R&D）全时当量人员从 1999 年的 17.6 万人增长到 2008 年的 26.6 万人，增长了 9 万人（见表 1.1），创造了历史新高。

表 1.1　1999—2008 年高校科技活动人员、R&D 人员全时当量变化情况

	1999	2000	2001	2002	2003	2004	2006	2007	2008
科技活动人员（人）	341910	352231	366410	383004	410995	436807	508711	542158	579707
R&D 人员全时当量（万人）	17.6	15.9	17.1	18.1	18.9	21.2	24.2	25.4	26.6

注：2005 年的数据为空缺。

数据来源：中华人民共和国国家统计局 . 国际统计年鉴 [M]. 北京：中国统计出版社，2009：275。

20 世纪 90 年代以来，我国高校研究与发展人员数量一直排在世界前 3 名之内，2007 年，我国高校研究与发展人员达到 25.4 万人，跃居第 1 位。同期相比，日本 2006 年为 23.9 万人，美国基本保持 1999 年 18.6 万人的水平，其他国家都在 11 万人以下。从高等学校研究与发展人员占本国研究与发展人员的比例来看，我国 2007 年为 14.6%，俄罗斯为 11.6%，法国为 27.8%，德国在 10% 以下（见表 1.2），我国高等学校研究与发展人员占本国研究与发展人员的比例也达到较高水平。

表 1.2　高等学校 R&D 人员的国际比较

	中国 2007	美国 1999	日本 2006	俄罗斯 2007	德国 2007	法国 2006	意大利 2006	加拿大 2005	韩国 2006	瑞典 2007
高校 R&D 人员（万人）	25.4	18.6	23.9	10.6	19.7	10.1	6.8	5.7	4.4	1.8
占本国 R&D 人员比（%）	14.6	14.8	25.5	11.6	9.8	27.8	35.3	26.6	18.6	21.4

资料来源：OECD.Main Science and Technology Indicators 2008-2[EB/OL].www.oecd.org/sti/msti.

高校科技事业的大发展促进了我国科研队伍的大发展。随着高校科研队伍建设进程的加快，全国各界科研人员开展科学研究的热情空前高涨，特别是在改革实践中，国家科研机构、企业以及高校的专职和兼职科研人员广泛参与科学研究，科研队伍的规模迅速发展起来，使我国已成为一个

科技大国。

第一，科技人力资源的增长幅度持续提升。30 多年来，我国高等教育毛入学率持续上升，已经从 1978 年的 1.55% 上升到 2009 年的 23.5%，步入高等教育大众化阶段。普通高校本专科在校生总规模位居世界前列，从扩招前 1988 年的 643 万人，增加到 2008 年的 2021.0 万人，其中本科生 1104.4 万人，专科生 916.6 万人。研究生招生规模已从 1978 年的 1 万人扩展到 2008 年的 128.3 万人（见表 1.3）。高等教育招生规模的不断扩大，使我国科技人力资源的供应能力大大增强。2007 年，我国科技人力资源总量达到 4200 万人，是 1978 年的 10.5 倍，每万人口科技人力资源为 318 人，比 1978 年增加了 276 人，增长了 6.6 倍。[6]1

表 1.3　1997—2008 年普通高校在校大学生与全国研究生（单位：万人）

	1997	1998	1999	2000	2001	2002	2003	2004	2005	2006	2007	2008
大学生	317.4	340.9	408.6	556.1	719.1	903.4	1108.6	1333.5	1561.8	1738.8	1884.9	2021.0
研究生	17.6	19.9	23.4	30.1	39.3	50.1	65.1	82.0	97.9	110.5	119.5	128.3
合计	335.0	360.8	432.0	586.2	758.4	953.5	1173.7	1415.5	1660.7	1849.3	2004.4	2149.3

数据来源：1997—2009 年教育部发展规划司《中国教育统计年鉴》

第二，出国留学人员的归国比例不断提高。1949—1977 年间，我国出国留学生不足 2 万人。改革开放以来，高校加大出国留学人员的培养力度，加之我国政府实行开放的人才流动政策，使更多人有机会出国留学，1978 年至今，出国留学生已超过 121 万人。在建设一流大学的进程中，我国高校很重视出国留学人员的引进，同时，我国政府也很重视吸引留学生学成后归国报效祖国，使留学生归国的比例不断提高，进一步壮大了科研队伍的规模。从 2000 年开始，学成后归国人员不断增加。2007 年，出国留学生达 14.90 万人，比 2000 年增长了 11.0 万人；学成归国人员为 4.40 万人，比 2000 年增长了 3.49 万人；当年归国留学人员占出国留学人员的比例达到 29.5%，远高于改革开放初期学成人员归国的比例（见表 1.4）。

表 1.4　出国留学人员与学成归国人员

	2000	2001	2002	2003	2004	2005	2006	2007
出国留学人员（万人）	3.90	8.40	12.50	11.73	11.47	11.85	13.40	14.90
学成归国人员（万人）	0.91	1.22	1.79	2.02	2.47	3.50	4.20	4.40
归国／出国（%）	23.3	14.5	14.3	17.2	21.5	29.5	31.3	29.5

数据来源：1991—2008 年《中国统计年鉴》

第三，科技活动人员的整体规模迅速扩大。自 20 世纪 90 年代以来，我国高校科技人才的生产量呈增长趋势，我国科技活动人员也逐年增长。1992年，我国科技活动人员为 227 万人，2000 年突破 300 万人大关，2006 年突破400 万人大关，至 2008 年，我国科技活动人员已达到 496.7 万人，是 1992 年的 2.2 倍。2008 年从事科技活动的科学家和工程师达到 343.5 万人，是 1992年的 2.5 倍。科学家和工程师占科技活动人员的比重达到 69.2%，比 1992 年增长了 8.4%。每万名经济活动人口中科技活动人员由 1992 年的 34 人上升到63 人；每万名经济活动人口中科学家和工程师数由 1992 年的 21 人上升到 43人；每万人中科学家和工程师数由 1992 年的 12 人上升到 26 人（见表 1.5）。

表 1.5　1992—2008 年全国科技活动人员

年份	科技活动人员总数（人）	科学家和工程师		每万名经济活动人口中科技活动人员（人）	每万名经济活动人口中科学家和工程师（人）	每万人中科学家和工程师（人）
		人数（人）	比重（%）			
1992	2270389	1372037	60.4	34	21	12
1993	2452025	1372012	56.0	36	20	12
1994	2575869	1538758	59.7	38	23	13
1995	2624734	1553943	59.2	38	23	13
1996	2903153	1687844	58.1	42	24	14
1997	2885690	1667767	57.8	41	24	13
1998	2814497	1490149	52.9	39	21	12
1999	2905635	1594623	54.9	40	22	13
2000	3223519	2045906	63.5	44	28	16
2001	3141085	2071530	65.9	42	28	16

续表

年份	科技活动人员总数（人）	科学家和工程师		每万名经济活动人口中科技活动人员（人）	每万名经济活动人口中科学家和工程师（人）	每万人中科学家和工程师（人）
		人数（人）	比重（%）			
2002	3221822	2172019	67.4	43	29	17
2003	3284005	2254721	68.7	43	30	17
2004	3481417	2251959	64.7	45	29	17
2005	3814654	2560567	67.1	49	33	20
2006	4131542	2797839	67.7	53	36	21
2007	4543868	3128687	68.9	58	40	24
2008	4967480	3435230	69.2	63	43	26

数据来源：中国科技统计年鉴（2009）

第四，研发人员的总体规模位居世界前列。研究与发展人员是国家科技创新的核心力量。增加经费投入、扩充研究与发展人员的规模是我国实现科技兴邦战略所采取的重要措施。从 2000 年以来，我国研究与发展人员总量一直保持较高的增长势头，以平均每年 9.5% 的速度增长，至 2007 年，我国研究与发展人员已达到 173.26 万人，比 2000 年增加了 81.05 万人。研究与发展科学家工程师以每年 10.8% 的速度增长，至 2007 年，研究与发展科学家工程师已达到 142.34 万人，比 2000 年增加了 72.84 万人（见表 1.6）。

表 1.6　2000—2007 年研究与发展人员、科学家工程师总量

年份	2000	2001	2002	2003	2004	2005	2006	2007
R&D 人员（万人）	92.21	95.65	103.51	109.48	115.26	136.48	150.25	173.26
R&D 科学家工程师（万人）	69.50	74.27	81.05	86.21	92.62	111.87	122.38	142.34
科学家工程师占 R&D 人员的比重（%）	71.46	77.65	78.30	78.74	80.36	81.97	81.45	82.15

数据来源：中华人民共和国科学技术部 . 中国科学技术指标 2008[M]. 北京：科学技术文献出版社，2009：239.

虽然我国高校科研队伍的规模在不断增长，但总体规模仍然偏小，高校研究与发展人员占本国研究与发展人员的比例太小。同期相比，美国在1999年就已达到14.8%，大多数OECD国家在2007年左右已超过20%，意大利在2006年达到35.3%，加拿大、日本都超过25%，远远高于我国的14.6%。同时，我国高校科研人员在每万劳动力中所占比例也很低。近十年来，我国高校科研人员总量不断增加，例如，2000—2007年，我国高校R&D全时人员人数分别为15.92万、17.11万、18.15万、18.93万、21.21万、22.72万、24.25万、25.39万、26.6万，年均增长5%左右。截至2008年，我国高校科研队伍中，科技活动人员58万人，研究与试验发展全时人员26.6万人。2007年，我国高校教学与科研人员为75万人，研究与发展人员为30万人。尽管高校科研人员总量不断增加，但是高校科研人员在每万劳动力中所占的比例仍然偏低。2007年，每万劳动力中高校R&D全时人员仅为3.23，远远低于世界平均水平。

我国高校科研队伍总体规模偏小的另一方面是专职科研人员增长缓慢，近年来基本上呈负增长趋势。我国高校的专职科研人员主要包括两部分：高校专任教师中的科研人员和高校科研机构研究人员。2004—2008年，我国高校专任教师中科研人员和科研机构人员的总量一直在减少，由44417人减少到37847人，减少了6570人（见表1.7）。但高校专任教师的总量一直处于增长态势，由2004年的936916人增长到2008年的1272369人，增长了335453人，由此使专职科研人员与专任教师之间的数量比不断拉大，已由2004年的1:21.1扩大到2008年的1:33.6（见表1.8）。

表 1.7　我国高校 2004—2008 年专职科研人员情况（单位：人）

	2004	2005	2006	2007	2008
高校专任教师中科研人员数	3855	3877	6338	4020	4256
高校科研机构人员数	40562	39512	33349	35098	33591
合计	44417	43389	39687	39118	37847

资料来源：http://www.moe.edu.cn/

表1.8 2004—2008年高校专职科研人员与专任教师情况

	2004	2005	2006	2007	2008
高校专职科研人员（人）	44417	43389	39687	39118	37847
高校专任教师（人）	936916	1036881	1137671	1229819	1272369
专职科研人员与专任教师之比	1:21.1	1:23.9	1:28.7	1:31.4	1:33.6

资料来源：http://www.moe.edu.cn/

在我国许多高校内部还没有建立起专职科研队伍，高校科研队伍的主体部分还是教师。专职科研人员所占的比例明显偏低。根据2007年教育部直属高校科研机构人员情况统计显示，高校科研机构人数占教职工人数的比例相当低，超过10%已属难得，部分高校甚至不到1%。

高校专职科研队伍的规模必然影响到国家科研队伍的规模，虽然我国科研队伍的总体规模有了很大发展，但按照万人比来计算，我国每万名劳动力中研究与发展人员数量在国际上处于落后水平。2007年我国每万名劳动力中研究与发展人员为22.1人/年，列世界第33位。芬兰、瑞典、日本、俄罗斯和韩国的每万名劳动力中研究与发展人员的比例分别是198.9人/年、154.7人/年、132.6人/年、110.5人/年和88.4人/年，分别是中国的9倍、7倍、6倍、5倍和4倍。在每百万人中，高收入国家的研究人员和技术人员平均数在2000年、2004年、2005年分别为3535.1人、3828.9人、3890.4人，而我国仅分别为547.3人、709.8人、852.0人，远远落后于高收入国家的水平。

二、创新能力显著增强，但自主创新程度有待提高

30多年来，伴随着高校科研队伍的发展，我国科研队伍的研究实力有了很大提升，在许多领域的技术创新能力大幅度提高，部分领域进入国际前列，我国科研队伍的创新能力在整体上与国际先进水平的差距进一步缩小，对世界科技发展的影响不断提高。科研队伍创新能力的提升促进了科技事业的发展，为经济社会发展和国家安全提供了强有力的支撑。

一是国际科学论文的发表数量不断增加。我国主要采取SCI、EI和ISTP

三大检索对科技论文进行统计。1999—2007年间，我国高校科研工作者发表的国际论文在我国国际论文总量中所占的比重一直保持较高的水平，而且呈持续增长趋势。SCI从1386篇增长到64381篇，EI从10223篇增长到65069篇，ISTP从4104篇增长到36864篇。2007年，高等学校的SCI、EI、ISTP论文分别占我国论文总量的72.2%、86.1%、85.5%。这些成果的增长为我国赢得了国际地位，既表明高等学校科研活动的不断增强，也反映出科研人员科研素质的不断提高。

高校国际科技论文数量稳步上升带动了我国国际科技论文数量的增长。1998—2007年10年间，我国三大检索论文总量从35003篇上升到207865篇，增长了17倍，排名从第9位上升到第2位；SCI论文从19838篇上升到89147篇，排名从第12位上升到第3位；EI论文从9892篇上升到75587篇，排名从第5位上升到第1位；ISTP论文从5273篇上升到43131篇，排名从第10位上升到第2位（见表1.9）。据SCI数据库统计，1998—2008年，我国SCI论文共被引用265万次，平均每篇被引用4.6次，排在世界第10位，比2007年提升了3位。科技论文数量与被引用次数的增加，表明我国科学研究的竞争力在不断提升，也反映了我国科研队伍的创新能力在不断提升。

二是国内科学论文的发表数量不断增加。1999—2007年间，我国高校科研工作者发表的国内科学论文也呈持续增长趋势。1999年为104073篇，2007年为305787篇，9年间增长了201714篇（见图1.1）。

我国高校国内科技论文的增长使全国科技论文总数逐年增长。1998—2007年的10年间，我国国内科技论文始终以10%以上的速度增长。1998年，国内科技论文总数为13341篇，到2007年，这一数字已达到463122，是1998年的34.7倍。国内科技论文的机构分布主要集中于高校。2007年，高校发表论文305787篇，占总数的66.0%；研究机构发表论文47188篇，占10.2%；医疗机构发表论文76328篇，占16.5%；企业发表论文14785篇，占3.2%；其他机构发表论文19034篇，占4.1%（见表1.10）。国内科技论文数量的快速增长反映出我国科技队伍建设的显著成效，也意味着科技创新能力的持续提高。

表1.9 1998—2007年SCI、EI和ISTP收录的我国科技论文情况

年份	SCI、EI、ISTP收录我国论文			SCI收录我国论文			EI收录我国论文			ISTP收录我国论文		
	收录总数（篇）	占总收录的比重（%）	位次	论文总数（篇）	占总收录的比重（%）	位次	论文总数（篇）	占总收录的比重（%）	位次	论文总数（篇）	占总收录的比重（%）	位次
1998	35003	2.56	9	19838	2.13	12	9892	4.31	5	5273	2.02	10
1999	46188	3.27	8	24476	2.51	10	14807	7.44	3	6905	2.86	8
2000	49678	3.55	9	30499	3.15	8	13163	5.87	3	6016	2.94	8
2001	64526	4.38	6	35685	3.57	8	18578	7.66	3	10263	4.47	6
2002	77395	5.37	5	40758	4.18	6	23224	10.12	2	13413	5.66	5
2003	93352	5.09	5	49788	4.48	6	24997	8.04	3	18567	4.50	6
2004	111356	6.32	5	57377	5.43	5	33500	10.49	2	20479	5.33	5
2005	153374	6.87	4	68226	5.30	5	54362	12.6	2	30786	6.20	5
2006	171878	8.37	2	71184	5.87	5	65041	14.63	2	35653	9.01	2
2007	207865	9.82	2	89147	7.03	3	75587	18.91	1	43131	9.59	2

数据来源：中华人民共和国科学技术部．中国科学技术指标2008[M]．北京：科学技术文献出版社，2009：259.

篇

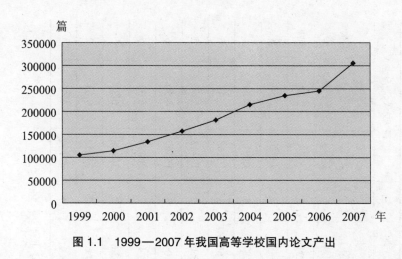

图 1.1　1999—2007 年我国高等学校国内论文产出

数据来源：中华人民共和国科学技术部. 中国科学技术指标 2008[M]. 北京：科学技术文献出版社，2009：299.

三是专利申请与授权量不断增长。专利作为专利权的简称，是法律授予发明创造者的一种独占性的知识产权。专利指标是国际进行科技实力评价、科技产出比较、市场竞争力评价的重要指标，常常作为衡量国家科技创新程度与自主创新能力的标准，也是分析评价我国发明创造能力、预测科技与经济未来发展的重要依据。1999—2007 年，我国高等学校的专利申请与授权量一直呈增长趋势。从专利申请量来看，高等学校的专利申请量在 2007 年达到3.3 万件，比 2006 年增长了 42.4%。其中发明专利申请量占专利申请总量的比例比较高，2001—2007 年间基本保持在 70% ～ 75% 的水平。从专利授权量来看，高等学校的专利授权量在 2007 年达到 1.5 万件，比 2006 年增长了41.3%，在 1999 年的基础上增长了 1.1 万件，增长了 10 倍。其中发明专利授权量占专利授权总量的比例基本保持在 55% 左右，2004 年曾达到 63.3%（见图 1.2）。专利申请与授权量的增长，特别是发明专利申请与授权量的增长，表明高校科研工作者的创新能力不断提高。

我国专利申请与授权量同高校专利申请与授权量的增加是同步而行的。1998—2007 年 10 年间，我国专利申请与授权量不断增长，至 2007 年年底，我国专利申请量已达 693917 件，是 1998 年的 5.7 倍。其中国内专利申请量达到 586498 件，是 1998 年的 6.1 倍；国际专利申请量达到 107419 件，是 1998年的 4.2 倍。我国专利授权量在 2007 年年底达到 351782 件，比 1998 年增长

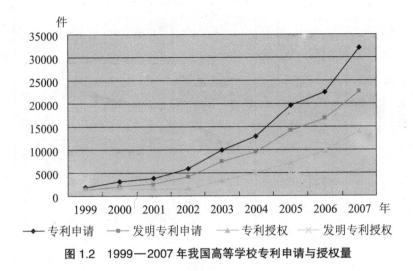

图 1.2　1999—2007 年我国高等学校专利申请与授权量

数据来源：中华人民共和国科学技术部．中国科学技术指标 2008[M]．北京：科学技术文献出版社，2009：299．

了 283893 件，增长了 4.2 倍。其中国内专利授权量达 301632 件，比 1998 年增长了 5.0 倍；国际专利授权量达 50150 件，比 1998 年增长了 7.7 倍（见表 1.11）。我国专利申请与授予量的持续增长，既显示了科技创新能力持续增长的趋势，也从一个侧面反映出科技队伍建设的成效。

以上数据说明，我国高校科研队伍的创新能力全面提高，但我们同时也必须看到，我国高校科研队伍的原始创新能力还相当不足，即高校科研队伍在研究开发方面，特别是在基础研究和高技术前沿研究领域还少有做出前人所没有的新发现或新发明，突出表现在三个方面。

第一，重大原创性成果稀缺。作为举世公认、最具原创性的诺贝尔自然科学奖是衡量科研原始创新能力的重要标尺，自 1901 年首次颁奖至今，世界上已有 500 余人获取自然科学的三大奖项，但我国本土至今尚无一人摘取此奖桂冠，而同是文明古国的印度、埃及和希腊都有学者获得过，甚至连经济并不发达的阿根廷也有 5 人获奖，对比之下，我们不得不承认高校科研队伍的原始创新能力不足。

第二，高水准学术论文不多。尽管我国高校的科学论文发表数量一直在不断增长，但在全球最权威、最能反映创新水平的学术期刊《科学》（*Science*）和《自然》（*Nature*）杂志上发表的文章却数量不多。2013 年，中国校友会网

引擎之基与活力之源——高校科研队伍建设与科技创新研究

表 1.10　1998—2007 年国内科技论文及按机构分布　（单位：篇）

	1998	1999	2000	2001	2002	2003	2004	2005	2006	2007
总计	133241	162779	180848	203229	238833	274604	311737	355070	404828	463122
高等学校	86821	104073	115626	132608	157984	181902	214710	234609	243485	305787
研究机构	25751	28327	29580	29085	28779	30123	34043	38101	42354	47188
医疗机构	7267	11363	15816	19736	25612	33242	35691	52331	91283	76328
企业	8745	12030	12931	14452	16307	15489	13673	14034	13269	14785
其他	4657	6986	6895	7348	10151	13848	13620	15995	14457	19034

数据来源：1998—2007 年中国科学技术信息研究所《中国科技论文统计与分析》

表 1.11　1998—2007 年中国专利局专利申请量和授权量　（单位：件）

		1998	1999	2000	2001	2002	2003	2004	2005	2006	2007
专利申请	国内	96233	109958	140339	165773	205544	251238	278943	383157	470342	586498
	国际	25756	24281	30343	37800	47087	57249	74864	93107	102836	107419
	合计	121989	134239	170628	203573	252631	308487	353807	476264	573178	691917
专利授权	国内	61378	92101	95236	99278	112103	149588	151328	171619	223860	301632
	国际	6511	8055	10109	14973	20296	32638	38910	42384	44142	50150
	合计	67889	100156	105345	114251	132399	182226	190238	214003	268002	351782

数据来源：1998—2007 年国家知识产权局《专利统计年报》

发布的《2013中国大学评价研究报告》显示，1998—2012年，我国共有48所大学以第一作者单位在 *Nature* 和 *Science* 杂志上发表191篇论文，其中清华大学发表论文32篇，北京大学和中国科技大学各17篇。而哈佛大学截止到2010年已分别在 *Nature*、*Science* 上发表2413篇、2408篇学术论文，这比所有中国科研机构在上述期刊上发表的论文数量总和还要多。[7]

第三，发明专利授权量偏少。1999—2007年，我国高校发明专利申请量与授权量虽然一直在持续增长，但发明专利授权量占申请量的比重一直不高，2002年之前从来没有超过45%，而且一直呈下降趋势，2002年处于最低谷，仅占15.9%，2002年之后虽然有所回升，但所占的比例都不高，从未超过40%，2004年最高，但也仅占36%（见图1.3）。发明专利申请量多，授权量少，说明专利的创新性不够高，原始创新的成分还很少，从一个侧面反映了高校科研队伍的原始创新能力不高，同时也表明，我国高校科研在从跟踪模仿为主向自主创新为主转变的过程中还有很长的路要走。

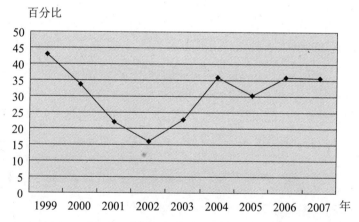

图1.3 1999—2007年我国高校发明专利授权量占发明专利申请量的比重

数据来源：中华人民共和国科学技术部.中国科学技术指标2008[M].北京：科学技术文献出版社，2009：299.

从全国层面来看，尽管我国科技队伍的创新能力一直在增强，但自主创新的程度还不高，科技对经济发展的支撑与引领作用依然不足。一方面，科技论文的增长以国内为主，国际影响力还比较缺乏。至2007年年底，国内科技论文已达到463122篇，但SCI、EI、ISTP收录我国论文只有207865篇，说明我国科技论文总体上还是"自产自销"。我国科技论文的引用次数虽然位居世界前列，但以论文平均被引用次数计，我国所有学科的篇均引用次数仅为世界平均水平的48%。[6] 64 另一方面，从专利申请与发明来看，尽管我国国内发明专利申请量一直呈快速增长势头，但发明专利的授权始终是国内低于国外，国内与国外之间存在较大差距。

三、队伍结构不断优化，但结构失衡现象依然严重

改革开放30多年以来，在党和政府的高度重视和领导下，在各地、各高校的积极行动下，我国高校科研队伍建设取得了巨大成就，结构进一步优化，主要表现在：教师学历层次明显提高，高学历教师比例明显增多，2008年具有博士研究生学历和硕士研究生学历的教师比例分别为12.3%和32.4%，分别比1984年提高11.9和29.3个百分点；一批研究型大学，教师中具有博士学位的比例达到50%以上。学缘结构进一步改善，高校教师队伍中具有海外经历或非本校学历的比例进一步增大。年龄结构更加合理，2008年，35岁以下的副教授有26644人，占副教授总数的7.8%；40岁以下的教授有8736人，占教授总数的16.3%。[8] 高校科研队伍结构的调整基本上适应了我国高等教育改革发展的需要，促进了创新型国家的建设。

高校科研队伍所取得的成绩是主要的，但我们必须同时看到，由于种种原因，我国高校科研队伍结构失衡现象依然严重，有待进一步调整。

（一）在学历结构上，总体水平逐年提高，但博士化程度仍然偏低

学历结构，指科研队伍中各学历层次的科研人员所占的比例，包括小学、初中、高中、专科、本科、研究生（硕士研究生和博士研究生）等学历层次人员的比例关系。学历结构反映出科研队伍的整体理论知识水平、业务素质和发展潜力，标志着这支队伍科研能力和学术水平的高低。学历结构层次越高，高学历人员比例越大，科研创新能力也就越强，学术水平上升得也就越快。要想有效地开展科学研究，就必须建设一支具有较高学历的科研队伍。

进入21世纪之后，我国高校专任教师的总体学历水平逐年提高。1999年，我国高校专任教师中拥有研究生学位的比例是24.54%，2008年提高到

43.19%。特别是从 2004 年开始，博士、硕士比例都分别以一个百分点左右的速度逐年递增（见表 1.12）。我国高校专任教师学历层次的不断提升反映出我国高校科研队伍整体实力的不断增强。

但是，与发达国家相比，我国高校专任教师的总体学历水平还存在巨大差距。美国学位授予单位 2003 年学术人员拥有博士学位比例是 61%，日本高等教育机构 2008 年专任教师中拥有博士学位比例是 44%，而我国 2008 年仅为 11.7%，日美两国博士学位比例几乎分别是我国的 4 倍和 6 倍。而且，国际上知名的大学，其教师博士化的程度都很高。刘念才教授等人的抽样调查显示，美国前 500 强的大学中，教师博士化的程度都高达 90% 以上，有的甚至接近 100%，比如加州理工学院高达 99.7%，马里兰大学高达 99.1%。2003 年，我国北京大学的教师拥有博士学位的比例也仅为 43.5%，清华大学为 45.5%。相反，我国高校专任教师的最低学位（学士）拥有者比例一直以来都占五成以上。学术人员总体学历层次偏低，在一定程度上说明我国高校科研队伍创新潜力欠缺、科研实力不足的状况。

（二）在学科结构上，三大学科有所调整，但重点领域还未形成

学科结构，指属于不同科学领域的科研人员的构成状态，包括自然科学、社会科学两大领域（也有自然科学、社会科学、人文科学的分法）。学科结构是科研队伍的细胞组织。所有科研都是在一定的学科领域里展开的，世界上不存在没有学科的研究领域，离开了学科，就不可能有科学研究。研究科研队伍，就必须重视学科结构的研究。

从 20 世纪 50 年代开始，我国高等教育一直存在重理轻文的倾向，自然学科教师比例偏高。经过近十年来的调整，这一偏向逐步有所转变。以 1999、2004、2008 三个年度数据做比较，专任教师所属学科比重的变化趋势是：工、农、医、经、管、教、史、哲等几大学科专任教师比重基本保持不变，其中，工科教师比重一直保持在 27% 左右，农科 3%、教育学 8%、史学 1%、哲学 3% 左右，医学从 1999 年的 8.5% 左右下降到 2004 年的 6.9% 和 2008 年的 6.7%，法学从 1999 年的 2.7%，分别上升到 2004 年的 4.3% 和 2008 年的 4.5%，管理学从 2004 年的 5.6% 上升到 2008 年的 7%（1999 年无管理学学科数据）。相反，变化较大的是理学和文学专任教师比例，其中，理学从 1999 年的 17.9%，分别下降到 2004 年的 13.0% 和 2008 年的 12.0%，文学从 1999 年的 17.6% 分别

表 1.12 我国高校专任教师学历结构变化（1999—2008 年）

年份	合计（人）	研究生毕业					本科毕业			其他	
		博士学位（人）	比重（%）	硕士学位（人）	比重（%）	无学位（人）	学士（人）	比重（%）	无学位（人）	人数（人）	比重（%）
1999	523326	23392	4.47	105017	20.07	9346	272799	52.13	76558	36214	6.92
2000	556174	28492	5.12	112459	20.22	9415	294255	52.91	75189	36364	6.54
2001	619888	35146	5.67	125938	20.32	11437	330155	53.26	78755	38457	6.20
2002	731843	44466	6.08	158068	21.60	—	486483	66.47	—	42826	5.85
2003	834342	54790	6.57	192123	23.03	—	544083	65.21	—	43346	5.20
2004	970506	72630	7.48	235576	24.27	—	618769	63.76	—	43531	4.49
2005	1072692	89693	8.36	280122	26.11	—	662060	61.72	—	40817	3.81
2006	1179168	109842	9.32	329745	27.96	—	701025	59.45	—	38556	3.27
2007	1269033	132265	10.42	375012	29.55	—	725549	57.17	—	36207	2.85
2008	1309776	153247	11.70	412415	31.49	—	711841	54.35	—	32273	2.46

数据来源：2003 年《中国教育统计年鉴》；其他数据来源于中华人民共和国教育部网站并经过整理而得。

上升到 2004 年的 21.2% 和 2008 年的 21.3%。从 2008 年的横向学科比较来看，专任教师比重从大到小的顺序是工、文、理、教、管、医、经、法、哲、农、史，它们的比例分别是 27.0%、21.3%、12.0%、8.3%、7.0%、6.7%、6.3%、4.5%、3.2%、2.5%、1.2%，其中工科和文科所占比重最大，两者占据了接近五成（见表 1.13 和表 1.14）。

另一方面，从学科角度来看，我国高校的重点研究领域还未形成。我国 2008 年高校工科专任教师 354192 人，占 27.0%，但其中计算机学科的就有 92201 人，占全体工科教师的 26.0%，而计算机核心技术基本是来源于国外。学科专任教师比重列第二位的是文学，2008 年，文学专任教师 279595 人，占全体专任教师的 21.3%，但其中外语学科的就有 126686 人，艺术学科 78233 人，两者分别占了文学专任教师的 45.3% 和 28.0%，因此，可以说，虽然工科一直以来是我国高校发展的重点，文科这几年发展也较快，在与其他学科比较而言形成了数量上和表象上的学科优势，但从国际视野来看，我国高校工科和文科的科研总体实力并未得到很大提升，特别是未形成具有国际竞争实力的拳头学科。

另外，与国外相比，我国高校专任教师队伍的学科结构还存在如下问题。一是医学专任教师比重偏低。美国 2003 年高校学术人员健康学科比重是 13.8%、日本 2007 年医药保健学科占 30.6%、英国 2002 年高等教育在医药健康学科任职的全职学术人员占 26.5%，而我国 2008 年医学专任教师仅占 6.7%；二是教育学科，虽然 2008 年我国教育学科专任教师人数达 108807 人，已占 8.3%，但一半以上（56156 人，占 51.6%）是体育学科，如果除去体育学科的专任教师数，那么教育学专任教师仅占全国专任教师总数的 4%，这与我国十年来教育事业高速发展的现实需要不相称。

（三）在学缘结构上，远缘交杂成为趋势，但近亲繁殖仍然严重

学缘结构，亦称学缘构成，即从不同教育机构取得相同（或相近）学历（或学位）的人员的比例关系。科研人员的知识修养、学术风格和创新精神都直接影响着科研队伍的创新能力。西班牙学者索莱尔（Manuel Soler）认为，学术生产率与学术近亲繁殖率呈负相关。[9] 优化学缘结构，使科研队伍的学缘构成更加多元，有利于激发创新精神和促进学术争鸣。

学缘结构与近亲繁殖强弱紧密相关。所谓近亲繁殖，也叫近亲交配，或

表 1.13　1999—2008 年我国高校专任教师学科结构变化

年份		1999	2000	2001	2002	2003	2004	2005	2006	2007	2008
总计（人）		425682	462772	531910	707280	834342	970506	1072692	1179168	1269033	1309799
自然学科	理	76095	78904	87762	101999	113307	125339	135187	144855	152681	157614
	工	117940	127758	141908	189850	222009	256468	283982	314589	340565	354192
	农	14959	15494	17422	20393	22253	25769	28531	29907	31760	32581
	医	35958	36266	37915	43979	54904	66940	72837	79787	84768	87786
小计（人）		244952	258422	285007	356221	412473	474516	520537	569138	609774	632173
比重（%）		57.54	55.84	53.58	50.37	49.44	48.89	48.53	48.27	48.05	48.27
社会学科	经	33785	37772	34234	45571	54722	63759	69962	75893	81423	82129
	法	11637	14097	18274	28506	34644	42134	47366	53884	58070	58913
	管	—	—	18480	32217	41465	54240	64372	76666	86406	91600
	教	38246	44416	52335	63347	74222	84028	92122	99487	106159	108807
小计（人）		83668	96285	123323	169641	205053	244161	273822	305930	332058	341449
比重（%）		19.67	20.81	23.19	23.99	24.58	25.16	25.53	25.95	26.17	26.07
人文学科	文	74725	84009	98299	145596	176618	206011	228682	251033	270473	279595
	史	8074	8387	8052	11233	11809	13164	13711	14510	15023	15254
	哲	14263	15669	17229	24589	28389	32654	35940	38566	41705	41328

续表

年份	1999	2000	2001	2002	2003	2004	2005	2006	2007	2008
小计（人）	97062	108065	123580	181418	216816	251829	278333	304109	327201	336177
比重（%）	22.80	23.35	23.23	25.65	25.99	25.95	25.95	25.79	25.78	25.67

注：1999、2000、2001 年数据仅指普通高校专任教师分科情况，2002 年包含普通高校和成人高校数据，2004、2006—2008 年含普通高校，成人高校和民办的高等教育机构数据。

数据来源：2003 年《中国教育事业统计年鉴》；2002 年中国教育统计网 http://www.stats.edu.cn/tjfx/htm，2008 年教育统计分析资料汇编；其他数据来源于教育部网站。

表 1.14 我国高校专任教师学科结构变化（1999、2002、2004、2005、2008）

		1999	%	2002	%	2004	%	2005	%	2008	%
总计		425682	100.00	707280	100.00	970506	100.00	1072692	100.00	1309799	100.00
自然学科	理	76095	17.88	101999	14.42	125339	12.91	135187	12.60	157614	12.03
	工	117940	27.71	189850	26.84	256468	26.43	283982	26.47	354192	27.04
	农	14959	3.51	20393	2.88	25769	2.66	28531	2.66	32581	2.49
	医	35958	8.45	43979	6.22	66940	6.90	72837	6.79	87786	6.70
	小计	244952	57.54	356221	50.37	474516	48.89	520537	48.53	632173	48.27
比重（%）		57.54	—	50.37	—	48.89	—	48.53	—	48.27	—

续表

		1999	%	2002	%	2004	%	2005	%	2008	%
社会学科	经	33785	7.94	45571	6.44	63759	6.57	69962	6.52	82129	6.27
	法	11637	2.73	28506	4.03	42134	4.34	47366	4.42	58913	4.50
	管	—	—	32217	4.56	54240	5.59	64372	6.00	91600	6.99
	教	38246	8.98	63347	8.96	84028	8.66	92122	8.59	108807	8.31
	小计	83668	19.67	169641	23.99	244161	25.16	273822	25.53	341449	26.07
	比重（%）	19.67	—	23.99	—	25.16	—	25.53	—	26.07	—
人文学科	文	74725	17.55	145596	20.59	206011	21.23	228682	21.32	279595	21.35
	史	8074	1.90	11233	1.59	13164	1.36	13711	1.28	15254	1.16
	哲	14263	3.35	24589	3.48	32654	3.36	35940	3.35	41328	3.16
	小计	97062	22.80	181418	25.65	251829	25.95	278333	25.95	336177	25.67
	比重（%）	22.80	—	25.65	—	25.95	—	25.95	—	25.67	—

数据来源：2003 年《中国教育事业统计年鉴》；2002 年中国教育统计网 http://www.stats.edu.cn/tjfx/htm，2008 年教育统计分析资料汇编；
其他教据来源于教育部网站。

称近交，指血统或亲缘关系相近的两个个体间的交配，也就是指基因型相同或相近的两个个体间的交配。近亲繁殖的强度可根据亲缘远近分为全同胞、半同胞和表兄妹动植物的交配，称为自交。由于自交的雌雄来源于同一血缘，因而它是近亲繁殖中最极端的近亲繁殖。遗传学研究表明，近亲繁殖的后代特别容易得遗传病或基因变异病，很难治愈，而且会代代相传；近亲繁殖的强度越高，后代体力、智力、生活力、繁殖力越低。近亲繁殖的反面就是远亲杂交，其后代一般被认为是综合素质最高的。为了减少近亲繁殖，中国的《婚姻法》规定，三代内旁系血亲禁止结婚。在高校教师队伍的建设中，近亲繁殖比喻主要以本校的一种理论、一种思想、一种模式来组建教师队伍，其成员常常在本校取得学位后留下来任教，延续本校的学脉。近亲繁殖强度是教师队伍学缘结构是否合理的一个重要评价指标，标志着教师队伍的来源水平，预示着其潜在的创新能力。一般情况下，近亲繁殖的强度越高，越难以形成百花齐放、百家争鸣的氛围，越难以提供充分竞争的学术土壤，越难以开出自主创新的花朵。一所高校的教师队伍如果要充满活力，要不断创新，其教师应尽量减少近亲繁殖，即本校毕业的学生或研究生不应当直接、更不应该一直留在本校任教。目前，中国高校中近亲繁殖十分严重，其负面影响正在逐步显现，引起了社会各界的广泛重视。为了深刻了解高校教师学缘结构近亲繁殖的强度，并对近亲繁殖现象进行正确的认识，本文从宏观定量的角度出发，对牛津大学、斯坦福大学、东京大学和国内三所重点大学进行比较分析。

1. 研究设计。本文的研究是一种统计调查研究，为此，必须首先确立统计分析的原则，包括样本的选取思路、计算方法等。本研究的具体设计如下：

第一，为了使样本具有代表性，本研究在各大学各抽取 3 个院系为研究对象，对其教学与科研人员的学历情况进行统计分析。院系选取以信息公开全面度为原则，以 70% 以上的教师有较为全面的学缘信息为准则。

第二，本研究将教师与本校的学缘关系分为以下 8 种情况：本、硕、博均毕业于本校；本、硕毕业于本校；硕、博毕业于本校；本、博毕业于本校；博士毕业于本校；硕士毕业于本校；本科毕业于本校；本、硕、博均毕业于外校。

第三，教师的国外、校外经历只考虑是否获得学位，其他如进修、做访问学者、兼职教授等均不列为研究内容。

第四，根据学位对研究者影响力的大小，以 1 为单位，将在本校取得博士学位、硕士学位和学士学位的近亲繁殖强度分别记为 0.5、0.3 和 0.2，三级学位均不在本校取得记为 0。计算方法如下：

如果将本、硕、博毕业于本校的教师数记为 a，其近亲繁殖强度则为 a；

本、硕毕业于本校的教师数记为 b，其近亲繁殖强度则可记为 $0.5b$；

硕、博毕业于本校的教师数记为 c，其近亲繁殖强度则可记为 $0.8c$；

本、博毕业于本校的教师数记为 d，其近亲繁殖强度则可记为 $0.7d$；

博士毕业于本校的教师数记为 e，其近亲繁殖强度则可记为 $0.5e$；

硕士毕业于本校的教师数记为 f，其近亲繁殖强度则可记为 $0.3f$；

本科毕业于本校的教师数记为 g，其近亲繁殖强度则可记为 $0.2g$。

如果将教师的近亲繁殖强度记为 M，教师人数记为 N，则可有：

$$M = \frac{a + 0.5b + 0.8c + 0.7d + 0.5e + 0.3f + 0.2g}{N}$$

社会科学与自然科学不同，许多问题的研究没有唯一的答案，只有相对的科学合理。检验的标准就目前的情况来看，还没有更好的方法可以替代这一计算方法。以 1 为单位计算强度是数学统计中的基本做法，也是近亲繁殖强度的定义所要求，无须另找什么依据。至于把本校取得博士学位、硕士学位和学士学位的近亲繁殖强度分别记为 0.5、0.3 和 0.2，这样的处理是否合适，可以进一步讨论。

第五，部分教师既在本校又在外校或研究机构获得同一级学位者，比如双学博士，以外校获得的学位为记分依据。

第六，本调查中，国外三所大学的资源全部来自互联网，以其官方网站为主。国内 A、B、C 三所大学的资料全部来自各院系 2010 年的人事档案。由于每一所大学的人事处都没有如此详细的学缘信息，本研究采取抽样的方式，深入各院系对三所大学进行调查，每所大学抽取四个院系。鉴于该调查涉及教师个人信息较多，特此说明本调查仅用于研究之用，不含有其他任何目的。

2. 国内外高校教师学缘结构的近亲繁殖强度分析。在国外研究对象的选择上，综合考虑样本的代表性、教师学缘信息的可获取性、与中国文化的相关性等因素，特选取斯坦福大学、牛津大学和东京大学。根据研究设计，通过对国外大学官方网站上公布的教师信息进行个人链接的方式，获得了较为原始的资料，经过统计分析，得出以下结果：

第一，斯坦福大学。斯坦福大学一流的教学质量、雄厚的师资、高效的科研产出，足以作为当今世界一流大学的代表。在斯坦福大学的官方网站上，教师学缘信息公布较完整的院系有物理学院、生化学系、射线肿瘤学系等，物理学院、生化学系、射线肿瘤学系共 88 名教师，其中 73 人有较详细的学缘信息，其近亲繁殖强度为 0.17，其中本、硕、博均毕业于本校的有 3 人，占 4.11%；硕、博毕业于本校的有 9 人，占 12.33%；博士毕业于本校的有 4 人，占 5.48%；硕士毕业于本校的有 1 人，占 1.37%；本、硕、博均毕业于外校的有 56 人，占 76.71%；其他情况为 0（见图 1.4）。

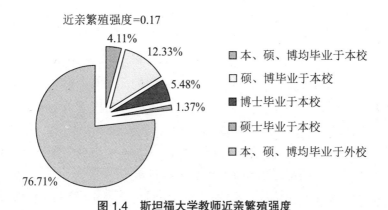

图 1.4 斯坦福大学教师近亲繁殖强度

资料来源：http://med.stanford.edu/profiles（点击个人信息链接取得）

第二，牛津大学。牛津大学是世界上最古老的大学之一，其久远的办学历史，优良的办学传统，可谓古典大学的典范。牛津大学新学院、药理学系、哲学学院共 212 名教师，其中 145 名教师有较详细的学缘信息。统计分析显示，其近亲繁殖强度为 0.25，其中本、硕、博均毕业于本校有 11 人，占 7.58%；本、硕毕业于本校的有 3 人，占 2.07%；硕、博毕业于本校的有 13 人，占 8.96%；本、博毕业于本校的有 2 人，占 1.38%；博士毕业于本校的有 10 人，占 6.90%；硕士毕业于本校的有 5 人，占 3.45%；本科毕业于本校的有 9 人，占 6.22%。本、硕、博均毕业于外校的有 92 人，占 63.44%（见图 1.5）。

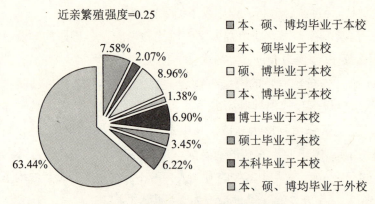

图 1.5　牛津大学教师近亲繁殖强度

资料来源：http://www.pharm.ox.ac.uk/research（点击个人信息链接取得）

　　第三，东京大学。东京大学是亚洲最优秀的大学，与中国在文化上同根同源，对教师选聘、任用、晋升有着极其相似的文化观。对东京大学246人的学缘信息统计发现，有相当多的教师都与本校有着亲密的学缘关系，因而其近亲繁殖强度相当高，达到0.60。其中本、硕、博均毕业于本校的高达153人，占62.20%；本、硕毕业于本校的有17人，占6.91%；硕、博毕业于本校的有5人，占2.03%；本、博毕业于本校的有11人，占4.47%；博士毕业于本校的有9人，占3.66%；硕士毕业于本校的有2人，占0.82%；本科毕业于本校的有14人，占5.69%；本、硕、博均毕业于外校的只有35人，占14.23%（见图1.6）。

　　为了深刻了解国内高校科研队伍的学缘结构，我们对国内A、B、C三所重点大学的学缘结构进行了深度调查。在对象的选取上，尽量考虑大学的不同特色，兼顾人文、理工、农医等。鉴于调查要涉及每位教师的人事档案，而各高校人事处都没有相应的信息，只能深入各院系进行统计，基于统计的难度，本研究对每所大学抽取4个有代表性的院系进行调查。根据研究设计，得出以下统计分析结果。

　　第一，A大学。A大学在人文社会科学方面具有特色。对A大学4个学院289名教师的调查结果显示，教师学缘结构的近亲繁殖强度为0.33，其中本、硕、博均毕业于本校有42人，占14.53%；本、硕毕业于本校的有71人，占24.57%；硕、博毕业于本校的有6人，占2.08%；本、博毕业于本校的有

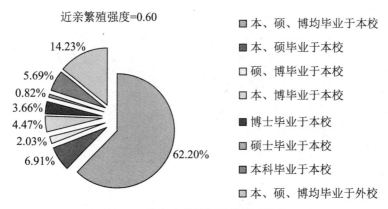

图 1.6 东京大学教师近亲繁殖强度

资料来源：http://www.e.u-tokyo.ac.jp/fservice/faculty/view.htm（点击个人信息链接取得）

2 人，占 0.69%；博士毕业于本校的有 1 人，占 0.35%；硕士毕业于本校的有 11 人，占 3.81%；本科毕业于本校的有 33 人，占 11.42%；本、硕、博均毕业于外校的有 123 人，占 42.55%（见图 1.7）。

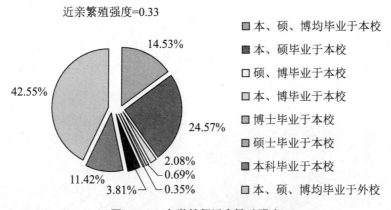

图 1.7 A 大学教师近亲繁殖强度

第二，B 大学。B 大学是一所典型的理工科大学。对 B 大学 4 个学院 217 名教师的调查结果显示，教师学缘结构的近亲繁殖强度为 0.23。其中本、硕、博均毕业于本校有 12 人，占 5.53%；本、硕毕业于本校的有 25 人，占 11.52%；硕、博毕业于本校的有 10 人，占 4.61%；本、博毕业于本校的有 1 人，占 0.46%；博士毕业于本校的有 6 人，占 2.76%；硕士毕业于本校的有 39 人，占 17.97%；本科毕业于本校的有 9 人，占 4.15%；本、硕、博均毕业于外校的有 115 人，占 53.00%（见图 1.8）。

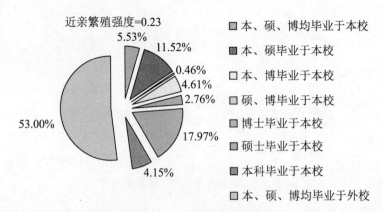

图 1.8　B 大学教师近亲繁殖强度

第三，C 大学。C 大学是一所综合性大学，对其 4 个学院 215 名教师的调查结果显示，其近亲繁殖强度为 0.59。其中本、硕、博均毕业于本校 100 人，占 46.51%；本、硕毕业于本校 36 人，占 16.74%；硕、博毕业于本校 3 人，占 1.40%；本、博毕业于本校 1 人，占 0.47%；博士毕业于本校 7 人，占 3.26%；硕士毕业于本校 3 人，占 1.40%；本科毕业于本校 6 人，占 2.79%；本、硕、博均毕业于外校 59 人，占 27.43%（见图 1.9）。

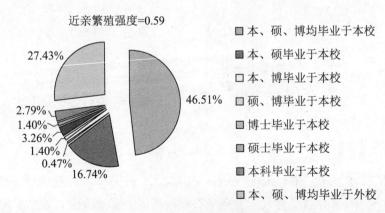

图 1.9　C 大学教师近亲繁殖强度

3. 国内外高校教师学缘结构的近亲繁殖强度差异。通过对比分析可以得出以下几点结论。

第一，国外高校教师的学缘结构更倾向于远亲杂交。斯坦福大学特别倾向于聘用外来教师，其教师的教育经历和工作经历比国内高校教师更为丰富，其近亲繁殖强度十分低，仅为 0.17。斯坦福大学培养出来的学生不仅很少留在本校工作，而且变动较为频繁。并且，不少大学教师的初任国籍不属于本国，而是在该国接受高等教育后留在那里，因而我们可以在这些大学里经常见到华人的身影。牛津大学也注重教师的远亲杂交，但重视程度不如斯坦福大学那么高，因而其近亲繁殖强度高于斯坦福大学，为 0.25。

第二，远亲杂交有利于学术创新。由于斯坦福大学和牛津大学教师的学缘结构取向于远亲杂交，其学术创新成就斐然。至 1999 年，斯坦福大学已培养出 16 位诺贝尔奖获得者，在 1100 名学术委员会成员中，有 14 位国家科学奖获得者，62 位国家科学院成员，95 位美国艺术和科学院成员，24 位国家工程科学院成员，7 位国家教育科学院成员。[10] 在牛津大学的毕业生中，先后涌现了 4 位英国国王，46 位诺贝尔奖获得者，30 位英国首相。[11]2009 年，在上海交大的学术排行榜上，斯坦福大学居全球第 2 名，牛津大学位居全球第 4 名。

第三，我国高校教师学缘结构不断优化。改革开放以来，随着我国高校人才结构的调整，我国高校教师学缘结构的近亲繁殖强度得到了一定程度的缓解，A、B、C 三大学都有意识地引进"外员"，促进学缘结构的远缘化。从本、硕、博均毕业于外校教师这一指标来看，B 大学占 52%，超过了半数；A 大学占 42%，接近于半数；C 大学为 27%，高出东京大学 14%；三所大学的平均值为 40.3%，接近于半数，说明学缘结构优化的成效显著。

第四，我国高校教师近亲繁殖依然严重，阻碍了学术科研创新。从整体上对比，国内 A、B、C 三大学近亲繁殖强度的平均值达 0.38，而斯坦福大学、牛津大学、东京大学近亲繁殖强度为 0.35，说明我国高校的近亲繁殖强度的平均水平仍然高出国际水平。就个体而言，斯坦福大学的近亲繁殖强度只有 0.17，而我国 A、B、C 三所大学的近亲繁殖强度分别为 0.23、0.33、0.59，分别是斯坦福大学的 1.4 倍、1.9 倍、3.5 倍。对比分析表明，同斯坦福大学这类世界一流大学相比，我国高校教师学缘结构的近亲繁殖强度仍然严重。由于近亲繁殖比较严重，我国高校原创性学术成果十分稀缺，不仅诺贝尔奖无人问津，而且高水平原创性学术论文也不多。2002—2004 年，我国北京大学、南京大学、中国科技大学、浙江大学、清华大学、复旦大学等 6 所一流大学共在 *Science* 和 *Nature* 上发表论文 34 篇，仅相当于哈佛、剑桥和东京 3 所世界一流大学在其上发表论文总数的 5%。[12]

第五，国外高校教师的近亲繁殖也能开出创新的花朵。需要指出的是，近亲繁殖也并非不能创新。东京大学的博士毕业生基本上是自产自销，高校教师的近亲繁殖强度是所有调查大学中最高的，达 0.60，但这并没有阻碍它的创新。至 2008 年，东京大学已培养出 4 位诺贝尔奖获得者。[13]东京大学的近亲繁殖强度虽然高，但它仍然是世界一流大学。在世界大学学术排行榜上，东京大学一直位居前列，2009 年，东京大学位居全球第 20 名。[14]东京大学的成功案例说明，把优秀的毕业生留下，让他们继承正宗的衣钵，延续优秀的学脉，同样也能开出创新的花朵。

（四）在年龄结构上，新生力量不断充实，但新老交替进程缓慢

年龄结构，指同一时期各个年龄段科研人员的组合比例，包括老年、中年、青年科研人员的构成比例。年龄结构反映出科研队伍的精力、活力、创造力和发展潜力，体现出科研水平的兴衰趋势。最佳的年龄结构应体现人才成长的规律，有利于科研人员的新老交替，保证科研事业的可持续发展。要使科研队伍有发展后劲，必须均衡年龄结构，形成合理的老中青梯队。有研究表明，科技人员发明创造的最佳年龄在 25～45 岁，最佳峰值为 37 岁，老化的临界年龄平均为 50 岁，25～50 岁是一个人记忆力和理解力同时处于最佳状态的时期，也是精力充沛、体力强健的时期，因此，最佳的年龄结构要求这一年龄区的人数大于其他年龄区的人数。[15]

从年龄结构来看，我国专任教师年轻化特征非常明显，35 岁以下的年轻教师几乎占据半壁江山，随着年龄段的增大，专任教师比例逐渐下降，而且这种状况十年来并未出现较大改变。以 2008 年为例，30 岁以下专任教师占 28.76%、31～40 岁占 35.13%、41～50 岁占 24.9%、51～60 岁占 9.51%、61 岁以上占 1.7%，30 岁以下人数比例超过四分之一，接着在 31～40 岁年龄段有个小峰值，然后快速下降，其他年度也存在相似的趋势。从人的创造力峰值年龄段（36～45 岁）的人数比例来看，1999 年比例是 27.9%，2004 年是 32.6%，2008 年又回到 32.8%，基本保持在 30% 左右，与发达国家的情况相差不大。（见表 1.15）

诚然，专任教师的年轻化会给整个队伍带来源源不断的新鲜血液，但年轻化也存在与之相伴的问题。一是长时期的年轻化或过度的年轻化必然带来

表 1.15 1999—2008 年我国高校专任教师年龄结构变化

	合计	30 岁以下	31～35 岁	36～40 岁	41～45 岁	46～50 岁	51～55 岁	56～60 岁	61～65 岁	66 岁及以上
1999	523326	140756	115888	89062	56841	33332	37560	38893		10994
比重（%）	100.00	26.90	22.15	17.02	10.86	6.367	7.18	7.43		2.10
2000	556174	150975	111180	111378	60588	38112	36894	35841		11206
2001	619888	170012	115476	135059	66731	46916	36837	36102		12755
2002	707280	193452	129940	160201	74567	59943	37859	37212	10891	3215
比重（%）	100.00	27.35	18.37	22.65	10.54	8.48	5.35	5.26	1.54	0.46
2003	834342	232318	154458	173619	96723	75502	44095	40247	13112	4268
2004	970506	274381	179883	182814	133173	88507	51051	41658	13916	5123
比重（%）	100.00	28.27	18.54	18.84	13.724	9.12	5.26	4.29	1.43	0.53
2005	1072692	310532	200109	185255	165344	92494	57438	41254	14592	5674
比重（%）	100.00	28.95	18.66	17.27	15.41	8.62	5.35	3.85	1.36	0.53
2006	1179168	346583	218563	190353	196264	96913	66312	41162	16172	6846
2007	1269033	375419	235475	201527	217095	99438	76169	40260	16496	7154
2008	1309799	376642	246369	213817	215058	111024	83174	41395	15216	7104
比重（%）	100.00	28.76	18.81	16.32	16.42	8.48	6.35	3.16	1.16	0.54

注：1. 1999—2002 年数据仅包括普通高校和成人高校，不包含民办的高等教育机构；
2. 2003—2008 年包括普通、成人、民办的高等教育机构。

数据来源：2002 年《中国教育统计年鉴》；其他数据来源于教育部网站。

老中青队伍结构的比例失调，大量年轻人缺乏中老学长的帮扶，整个队伍缺乏数量足够的引领者，也不利于年轻人专业的快速成长。二是年轻化并不符合所有学科领域对科研队伍年龄结构的需要。实践表明，一般而言年轻人在工科具有较大优势，但人文学科中中老年教师就具有更大的优势。比如，英国 2004—2008 年中 35～54 岁学术人员的比例都保持在 55% 左右，35 岁以下仅占 26% 左右；美国 2003 年高等教育专任教师 35～44 岁占 24.9%，但 35 岁以下仅占 8.7%；日本 2008 年高校专任教师 36～45 岁占 28.6%，35 岁以下占 15.3%。总的说来，年龄结构不优既影响队伍的新陈代谢能力，也影响当前队伍的整体科研实力。

随着高校科研队伍结构的不断优化，高校人才产出的结构也发生了根本性的变化，为国家科技创新奠定了人才基础。国家科研队伍为适应科研创新的要求，完成多样性的科研任务，在高校人才产出结构不断优化的基础上进行了相应的结构调整并发生了可喜的变化。

第一，学历结构趋向高层化。1998 年我国高等教育扩招以来，高学历人员的产出不断提高，我国科研队伍的学历结构也随之发生了非常明显的变化，高学历的科研人员不断增多，使科研队伍的学历结构不断趋向高层化。2000年，我国科技人力资源总量为 2500 万人，本科及以上学历人数为 1000 万人，占科技人力资源总量的 25%；2007 年，我国科技人力资源总量达到 4200 万人，其中大学本科及以上学历的人数约为 1800 万人，占科技人力资源总量的 42.9%，比 2000 年提高了 17.9%（见表 1.16）。2006 年美国具有大学学位的科学工程劳动力总量为 1700 万人。我国本科及以上学历的科技人力资源总量已经赶上美国。

表 1.16　2000—2007 年我国科技人力资源概况（单位：万人）

	2000	2001	2002	2003	2004	2005	2006	2007
大专及以上学历人数	3150	3400	3800	4200	4800	5400	6000	6700
科技人力资源总量	2500	2600	2800	3000	3200	3500	3800	4200
本科及以上学历人数	1000	1050	1100	1200	1300	1450	1600	1800

数据来源：中华人民共和国科学技术部.中国科学技术指标 2008[M].北京：科学技术文献出版社，2009：239.

第二，学科结构日益交叉化。学科交叉，实质上就是进行跨学科研究，是当代科学探索的一种新范型，其目的在于超越以往分门别类的研究方式，打破学科的壁垒，实现对问题的整合性研究。目前国际上许多有影响力的创新团队都具有交叉学科性质。我国于 1985 年召开"交叉科学大会"，跨学科一词在科学界逐渐传播开来，并成为我国科研队伍学科结构调整的一个重要价值取向。经过 20 余年的发展，我国科研队伍的跨学科研究呈现出学科跨度加大、数目增加、方式日趋复杂、界限越来越模糊、自觉化程度不断提高等特点，在艾滋病、SARS、禽流感等重大传染病的防控技术方面取得了重大突破，在基因等创新药物研制、航天探索、地震灾难的救治研究等方面取得了重要进展。

第三，学缘结构不断远缘化。近年来，科研人员的学术背景更为丰富多样，"远缘杂交"的程度不断提高，使科研队伍的学缘结构不断优化，具体表现在三方面。一是本校博士生毕业后留校的比例逐渐减少。一些高校对本校博士毕业生留校实行严格控制制度。比如上海师范大学 2008 年招聘制度规定，每年招收录用的毕业生中，本校博士毕业生不能超过 5%。二是国外留学生毕业后在中国留校的比例逐渐增加。2002 年，我国普通高校留学生在校学生数为 54223 人，2009 年这一数字上升到 106870 人，其中博士生为 3221 人，一些博士生毕业后留在了中国的高校。三是出国留学生学成后归国的比例逐渐增加。2000—2007 年，我国出国留学生的比例从 23.5% 上升到29.5%，上升了 6.0%。

第四，年龄结构更加年轻化。随着高等教育规模的扩大，越来越多的青年学生从高校毕业后加入科研队伍，使科研队伍的年龄结构呈现年轻化的特征。以高校专任教师的年龄结构为例，2003—2008 年，我国高校专任教师从72.5 万人增长到 123.7 万人，增加了 51.2 万人。其中，青年教师的增长速度相当快。30 岁以下的教师 5 年间增加了 15.1 万人，31～35 岁的教师增加了 9.9万人，61～65 岁的教师仅增加 3484 人，66 岁及以上的教师仅增加 3049 人。至 2008 年，高校专任教师的年龄结构已趋向年轻化，30 岁以下的教师已占总专任教师数的 28.9%，31～35 岁的教师已占总专任教师数的 18.9%，两者之和的比例达到 47.8%；61～65 岁的教师仅占总专任教师的 1.2%，66 岁及以上的教师仅占总专任教师的 0.5%，两者之和的比例仅为 1.7%（见表 1.17）。总体而言，高校专任教师的年龄结构呈现年轻化的特征。

表 1.17　普通高校专任教师的年龄结构（2003—2008 年）（单位：人）

	2003	2004	2005	2006	2007	2008
30 岁以下	206107	246246	283264	320176	349401	357507
31～35 岁	134745	159483	180642	199954	217412	233748
36～40 岁	151790	161372	166075	172084	183974	201652
41～45 岁	82615	117917	149314	179883	200721	203499
46～50 岁	64593	77328	81975	86960	89644	103946
51～55 岁	36170	43542	50240	59325	69072	77687
56～60 岁	34081	36037	36230	36626	36122	38322
61～65 岁	10879	11913	12884	14624	15245	14363
66 岁及以上	3678	4555	5215	6357	6709	6727
总计	724658	858393	965839	1075989	1168300	1237451

数据来源：http://www.moe.edu.cn/

（五）在职称结构上，高级职称逐年增多，但合理的梯度仍未形成

高校教师队伍的职称结构是指高校教师队伍中相同职称或不同职称教师之间的数量匹配关系的整体规定性。在以学术为本位的高校组织中，职称就是专业实力和学术竞争力的基本衡量尺度和集中体现，教授特别是著名教授就是学校的品牌，具有引领、聚才和辐射的作用。高校教师队伍的职称结构在一定程度上反映着队伍的学术阅历、学术经验、学术能力、学术产量、学术贡献等总体状况，也是衡量高等学校学科层次和人才培养层次的重要尺度。[16]

在新中国成立的相当长时期里，由于高等教育事业走过一段曲折之路，我国高校教师队伍的总体职称层次非常低。1980 年，我国全国高校教师队伍中，拥有高级职称的教师比例仅占 6.8%（其中正高 1.5%、副高 5.3%），相反，初级及无职称教师比例几乎占据了半壁江山，为 48.0%（其中初级 26.7%、无职称 21.3%）；直到 20 世纪 90 年代，我国高校教师队伍的职称结构才步入持续稳定的不断优化的新阶段。1999 年即大扩招初始年，全国高校的高级职称教师比例达到 36.4%（其中正高 7.9%、副高 28.5%），无职称教师比例急剧

下降到 4.9%；2009 年，高级职称教师比例占 38.2%（其中正高 10.4%、副高 27.8%）。

不可否认，进入 21 世纪之后，我国高校教师队伍职称结构不断优化，呈现良好的发展势头，但是，调整和优化的步伐仍较为缓慢，跟我国高等教育事业的大改革、大发展、大提高的形势不相适应。比如，2009—2010 年间，高校正高职称教师比例仅从 10.4% 提高到 10.8%，提高了 0.4 个百分点；副高职称教师比例仅从 27.8% 提高到 28.0%，提高了 0.2 个百分点；其他职称层次教师比例变化也很小（见表 1.18）。2011 年，本课题组对中部几所建校历史较长的普通本科高校的教师队伍职称状况进行随机抽样调查，调查发放 830 份问卷，收回有效问卷 804 份，收回率为 96.87%，调查结果显示，总体教师队伍的正高职称比例为 10.2%（其中 211 高校 11.8%、地方高校 9.2%）、副高教师比例 34.3%（其中 211 高校 38.8%、地方高校 31.6%）（见表 1.19）。可见，我国高校教师队伍职称结构跟发达国家相比差距还相当大。因此，进一步提升高校教师队伍的整体素质、优化教师队伍的职称结构，是今后一段相当长的时期内我国高校教师队伍建设面临的一项重大改革任务。

表 1.18 我国高校专职教师队伍职称结构状况

年份	总人数（人）	比例（%）	各级职称教师所占比例（%）				
			正高	副高	中级	初级	无职称
1980	246862	100.0	1.5	5.3	45.3	26.7	21.2
1985	344262	100.0	1.4	8.3	39.6	39.3	11.4
1990	394567	100.0	3.8	21.3	37.6	34.2	3.1
1995	498949	100.0	6.5	25.6	42.9	19.6	5.4
1999	523326	100.0	7.9	28.5	38.7	20.1	4.8
2000	556174	100.0	8.1	29.1	37.7	19.9	5.2
2001	619888	100.0	8.5	29.6	36.6	19.7	5.6
2002	707280	100.0	9.1	29.7	35.2	19.6	6.4
2003	834342	100.0	9.1	29.5	34.2	20.2	7.0
2004	970506	100.0	9.2	28.9	33.6	21.3	7.0

续表

年份	总人数（人）	比例（%）	各级职称教师所占比例（%）				
			正高	副高	中级	初级	无职称
2005	1072692	100.0	9.5	28.6	33.0	22.2	6.7
2006	1179168	100.0	9.7	28.2	33.3	22.2	6.6
2007	1269033	100.0	9.8	27.8	34.2	22.0	6.2
2008	1309799	100.0	10.2	27.7	35.4	20.9	5.8
2009	1363531	100.0	10.4	27.8	37.0	19.2	5.6
2010	1406808	100.0	10.8	28.0	38.5	17.4	5.3
2010 年普通高校	1343127	100.0	11.1	28.1	38.5	17.2	5.1

说明：1995 年之前数据仅指普通高校数据，1995—2002 年数据包括普通高校和成人高校数据，不含民办的高等教育机构数据，2003—2010 年数据包括普通高校、成人高校和民办的高等教育机构。

资料来源：1980 年数据来源于中华人民共和国教育部计划财务司．中国教育成就统计资料（1949—1983）[Z]．北京：人民教育出版社，1984:102；其他年度数据来源于相关年度的《中国教育统计年鉴》。

表 1.19 普通高校教师队伍职称结构状况

学校层次	教师数（人）	计（%）	各级职称教师所占比例（%）				
			教授	副教授	讲师	助教	教员	未知
211 高校	304	100.0	11.8	38.8	39.6	5.9	3.9	0
地方高校	500	100.0	9.2	31.6	52.8	3.6	2.8	0
样本平均	804	100.0	10.2	34.3	47.8	4.5	3.2	0

需要指出的是，尽管我国科研队伍的结构有了较大程度的优化，但结构失衡的问题依然较为严重，还需要进一步进行优化。在学历结构方面，若以万人比计算，在每万名科技活动者中，拥有博士学位的人员并不多；在学科结构方面，跨学科研究虽然已成为趋势，但在我国还没有形成潮流，不同学科基本上还是各自为政；在学缘结构方面，任人唯亲的思想还没有从根本上消除，

近亲繁殖现象还十分普遍；在年龄结构方面，虽然年轻学者在科研队伍中占据较大的份额，但领衔人物基本上还是老年学者；在职称结构方面，高职称教师所占比例在不断提升，但职称结构还没有形成合理的梯度，亟须进一步优化。

四、创新体系渐趋合理，但创新团队建设力度有限

创新团队是高校科研队伍建设的重要内容，在培养创新型人才、建设创新型高校、取得创新性成果等方面具有重要作用。近年来，在政府的高度重视下，在国家有关部委、各地方政府的大力支持以及高校的积极行动下，我国高校创新团队建设进程不断加快。到 2009 年为止，国家自然科学基金投入总经费 13 亿多元，资助创新研究群体 225 个，10 年来平均每年资助 22.5 个；教育部实施的《长江学者与创新团队发展计划》至 2008 年已遴选资助来自全国 100 所左右高校的 317 个团队，每个团队投入 300 万元。此外，国家在创新团队领军人物方面，特别是在推动创新人才年轻化方面成绩显著，国家创新群体学术带头人获资助时的平均年龄为 45.16 岁，其中 175 人为杰出青年科学基金获资助者，占总数的 88.183%。[17] 然而，由于我国高校创新团队建设起步较晚，经验缺乏，同发达国家相比，我国高校创新团队的规模增长相对缓慢，一是国家自然科学基金的"创新研究群体科学基金"每年仅资助 20 个左右，二是教育部实施的《长江学者与创新团队发展计划》每年仅增长 1 个。另一方面，尽管国家的财力在提高，国家也在加大对自然科学基金的投入，但高校所占的份额很小，由此导致了高校创新团队的学术产出不高及创新团队的内部活性不足。

高校创新团队发展的滞后性阻碍了国家创新体系的发展。改革开放以前，我国沿袭苏联计划式的科技体系，政府科研机构研发社会需要的产品和技术，提供给社会使用，企业和高校基本上不具备研发能力，也不开展研发活动，科技创新相当乏力。改革开放初期，计划经济时期形成的经济与科技"两张皮"的现象依然存在，在社会主义市场经济不断发展的过程中，这种现象才逐步得以解决。一方面，通过体制改革和政策鼓励促进科技资源向企业和高校集聚，使企业和高校有机会进行科技创新活动，如鼓励科技人员去企业或高校兼职，鼓励科技人员创办企业，建立技术市场等。另一方面，企业和高校为了生存和发展，加大了研发能力的建设，提高了科技创新能力。此外，

政府也通过设立科技计划鼓励新技术新产品的研发，使国家创新体系呈阶段式推进。20 世纪 80 年代，国家实施了高技术改造计划、星火计划、军转民科技开发计划、国家科技攻关计划、火炬计划、国家高技术研究发展计划等；20 世纪 90 年代，国家实施了科技成果重点推广计划、国家工程（技术）研究中心建设、生产力促进中心建设、"产学研"联合开发工程计划、技术创新工程等；进入 21 世纪，为了全面建设小康社会和加速社会主义现代化建设进程，建设创新型国家成为国家战略，增强自主创新能力成为创新型国家建设的核心要素。《国家中长期科学和技术发展规划纲要（2006—2020 年）》提出了建立产学研结合的技术创新体系，国家通过制定财税、金融、科技计划等政策措施鼓励和保障科技创新活动，使科技创新体系日趋合理。科技创新体系的建立使我国高新技术领域取得了一批标志性成果，掌握了一批重大关键技术和产业核心技术，培育了一批新兴产业的生长点，培养和凝聚了一批高技术创新型人才和团队，为创新型国家建设奠定了基础。

值得注意的是，在中国现实社会条件下生成的创新团队，不可避免地会遇到许多现实的困境，从而使创新团队建设走在一条艰难的道路上。事实证明，一方面，国家对科研创新团队建设的政策扶持力度还十分有限，在面临资源挤压、利益冲突等问题时，其争取政策支持的能力还很低。另一方面，国家对科研创新团队建设的投入相当不足。目前我国创新团队主要是由科研项目来催生的，而项目是与科研资源紧密联系在一起的，这就意味着科研资源决定着创新团队的建设。由于受国家经济发展水平的制约，R&D 经费占 GDP 的比例不高。《国家中长期科学和技术发展规划纲要（2006—2020 年）》提出，中国的 R&D 投入到 2020 年达到国内生产总值的 2.5%，但目前许多发达国家已经超过了这一比例。我国自然科学基金的年度经费还比不上 20 世纪 90 年代美国一个国家实验室的年度经费。1990 年，美国的劳伦斯·利弗莫尔国家实验室和洛斯·阿拉莫斯国家实验室的年度经费都超过了 10 亿美元。我国 2005 年国家自然科学基金全年实际安排的资金约 35 亿元人民币，2006 年也只有 44.63 亿人民币，远远落后于发达国家。

五、经费投入逐年上升，但高校所占份额相对较低

"十一五"期间，《国家中长期科学和技术发展规划纲要（2006—2020 年）》

开始实施，我国科研队伍的建设进入了新的发展时期，国家对科研队伍建设的经费投入持续增长，社会各界也广泛关注科技事业的发展，全社会 R&D 经费投入持续增长，使我国科技创新活动更广泛地开展起来，为我国经济社会持续健康发展奠定了基础。

1.国家科技财政拨款逐年上升。2000 年，国家财政总支出为 15886.5 亿元，其中科技财政拨款为 575.6 亿元，占财政总支出的比重为 3.62%；至 2008 年，国家财政总支出上升到 62592.7 亿元，其中科技财政拨款上升到 2581.8 亿元，占财政总支出的比重上升为 4.12%；近 10 年间科技财政拨款上升了 2006.2 亿元，占财政总支出的比重上升了 0.5%（见表 1.20）。

表 1.20　国家财政科技支出

	2000	2001	2002	2003	2004	2005	2006	2007	2008
国家财政总支出（亿元）	15886.5	18902.6	22053.2	24650.0	28486.9	33930.3	40422.7	49781.4	62592.7
国家科技财政拨款（亿元）	575.6	703.3	816.2	944.6	1095.3	1334.9	1688.5	2113.5	2581.8
科技拨款占财政总支出比重（%）	3.62	3.70	3.70	3.83	3.84	3.93	4.20	4.25	4.12

数据来源：国家统计局，科学技术部.中国科技统计年鉴 2009[M].北京：中国统计出版社，2009：2.

2. R&D 经费投入强度逐年提高。1998 年，我国 R&D 经费投入为 551.1 亿元，占 GDP 的比例为 0.62%。2007 年，我国 R&D 经费已增长到 3710.2 亿元，占 GDP 的比例上升到 1.44%。R&D 经费在 1998 年的基础上翻了 6.73 倍，比 2006 年增长了 15.0%。2000—2007 年，我国 R&D 经费以平均每年 18.0% 的速度增长，而同期 GDP 年均增长速度为 10.4%，R&D 经费的增长速度是 GDP 增长速度的 1.7 倍（见表 1.21）。

尽管我国科研经费的投入呈不断增长趋势，但其流向却极不均衡。2000 年，研究与开发机构、企业和高等学校三大机构的 R&D 经费分别是 258.0

亿元、537.0 亿元和 76.7 亿元，分别占总数的 28.8%、60.0% 和 8.6%（其他占 2.6%）。在近 10 年的发展中，高校 R&D 经费所占的份额一直处于较低的地位，总量的增长也较为缓慢。2007 年，高校 R&D 经费为 314.7 亿元，占总数的 8.48%，比 2000 年下降了 0.08%，大约 72.3% 的政府 R&D 经费投向了企业（见表 1.22）。

高等学校 R&D 经费占本国总经费的比重是反映高等学校 R&D 活动活跃程度的一项重要指标，也可用于衡量高校在全国 R&D 活动中的地位。同发达国家相比，我国高等学校 R&D 经费所占的份额十分有限。目前，许多发达国家的高校 R&D 经费都占本国 R&D 经费的 10% 以上，有的甚至高达 36%，而我国仅为 8.50%，在世界上处于较低水平（见图 1.10）。高校是人才培养的主阵地，也是科技创新的动力源，在科研队伍建设中发挥着关键作用。政府对高校投入强度不够必然影响到国家科技创新，这是我国作为发展中大国，与发达国家相比依然存在较大差距的重要原因。

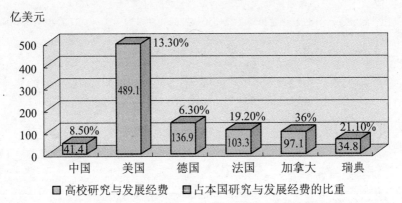

图 1.10　2007 年部分国家高等学校 R&D 经费及占本国 R&D 经费的比重

数据来源：中华人民共和国科学技术部. 中国科学技术指标 [M]. 北京：科学技术文献出版社，2009：113.

六、组织建设引起重视，但组织文化培育十分不足

学术组织是高校科研队伍的基本组成部分。新中国成立以前，我国高校依照欧美大学建制，实行"校—院—系（所）"的管理模式。系和研究所是最常见的基层学术组织，管理模式相对单一。20 世纪 50 年代初，高校进行了院

表 1.21 1998—2007 年 R&D 经费增长速度及占 GDP 的比例

年份	1998	1999	2000	2001	2002	2003	2004	2005	2006	2007
R&D 经费（亿元）	551.1	678.9	895.7	1042.5	1287.6	1539.6	1966.3	2450.0	3003.1	3710.2
GDP（亿元）	88402	89677	99215	109655	120333	135823	159878	183218	211924	257306
比例（%）	0.62	0.76	0.90	0.95	1.07	1.13	1.23	1.34	1.42	1.44
R&D 经费增长率（%）	—	24.8	29.3	14.0	22.8	16.5	19.5	20.0	18.3	15.0

数据来源：国家统计局，科学技术部. 中国科技统计年鉴 2009[M]. 北京：中国统计出版社，2009：6.

表 1.22 1998—2007 年按执行部门分组的研究与发展经费支出（单位：亿元）

年份	1998	1999	2000	2001	2002	2003	2004	2005	2006	2007
R&D 经费	551.1	678.9	895.7	1042.5	1287.6	1539.6	1966.3	2450.0	3003.1	3710.2
研究与开发机构	234.3	260.5	258.0	288.5	351.3	399.0	431.7	513.1	567.3	687.9
企业	—	—	537.0	630.0	787.8	960.2	1314.0	1673.8	2134.5	2681.9
高等学校	57.3	63.5	76.7	102.4	130.5	162.3	200.9	242.3	276.8	314.7
其他	—	—	24.0	21.6	18.0	18.1	19.7	20.8	24.5	25.7

数据来源：国家统计局，科学技术部. 中国科技统计年鉴 2009[M]. 北京：中国统计出版社，2009：7.

系调整，苏联大学的基层学术组织模式在中国落户，以教研室为主体，同时伴有少量专门研究机构的基层学术组织模式开始形成，但仍然没有摆脱结构单一的局面。"文化大革命"结束后，重点大学的科学研究工作受到很大的重视。1985 年《中共中央关于教育体制改革的决定》是我国重点大学基层学术组织发展中具有里程碑意义的文件，它一方面提出重点学科相对集中的大学既要成为教育中心，也要成为科研中心；另一方面提出扩大高校办学自主权。在这个文件的指导下，1988 年《国家教育委员会直属高等学校科学技术研究机构管理暂行办法》规定："为了长期稳定地进行重大科学研究，形成先进的科研、教学基地，高等学校可以有重点地设立相对稳定、确有特色而又精干的研究机构，或与校外单位合办研究机构。"由此推动了国家重点实验室、开放实验室和其他重点机构在我国重点大学的蓬勃发展。20 世纪 90 年代以后，国家实施了"211 工程"和"985 工程"，研究院、跨学科研究中心、官产学研甚至与国外研究机构合作成立的联合实验室成为我国研究型大学基层学术组织的前沿新秀。概而观之，在国家的高度重视下，在高校的积极行动下，我国高校学术组织得到了空前发展，系、研究所成为我国大学基层学术组织的主体，国家实验室、科技创新平台、创新团队等新型学术组织不断涌现，一种学术组织唱主角的现象一去不复返了。

如上所述，我国高校学术组织建设已引起相当的重视，但组织文化培育并没有引起相应的重视，主要表现在三个方面：一是物质文化比较贫乏，缺乏深厚的人文底蕴，难以形成激发创新的学术环境；二是制度文化相对淡薄，官本位思想比较突出，对学术人员的管理制度僵化有余，弹性不够，学术自由缺少必要的制度空间；三是精神文化严重缺失，大学里普遍溢满着急功近利的思想，尊重科学、崇尚学术、追求真理的科学精神发生异变甚至被抛弃。组织文化是组织发展的核心动力，组织文化培育不足必然导致组织发展缓慢，进而影响组织成员的学术创新。我国高校科研队伍创新力不足，在某种意义上讲与组织建设不无相关。

第二章

高校科研队伍的规模与科技创新

当今世界，科技创新能力已经成为影响一个国家竞争力的最重要因素，是建设创新型国家不可替代的基础支撑，一支高水平的科学研究队伍是保证科技创新实力的关键所在。高校是国家科技创新体系的重要组成部分，面对我国建设创新型国家的重大战略决策，高校有责任不断加强科学研究能力、提升科技创新水平，建设一支符合国家战略需求、引领科技创新的高水平科研队伍，服务国家需求、实现自身发展。建设专职科研队伍是高校在重要历史机遇期，承担社会责任、实现自我价值重要而有效的途径。

第一节　高校科研队伍规模概述

一、高校科研队伍规模的含义

我国高校科研队伍是指高校内从事科研的工作人员，这由两部分组成：高校师资队伍和高校专职科研队伍。高校师资队伍是指既从事教学也从事科研的高校教师，由于高校的三大职能是教学、科研和社会服务，所以，高校教师除了教学工作之外，还需要进行科研工作，因此他们是高校科研队伍的重要力量。高校专职科研队伍是指高校内专门从事科研工作的研究人员。以上三个概念的关系如图2.1所示。

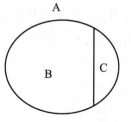

A：高校科研队伍
B：高校师资队伍
C：高校专职科研队伍

图2.1　高校师资队伍与科研队伍的关系图

二、研究型大学建设专职科研队伍的必要性

一是国际形势发展的客观需要。面对当前国际竞争日趋激烈的新形势，面对建设创新型国家的新任务，我国比以往任何时候都更加迫切需要强大的科研实力和有力的人才支撑。高等学校尤其是研究型大学作为国家创新体系的重要组成部分，应义不容辞地肩负起汇集科研精英、推动科技进步的历史使命。国外许多一流的研究型大学都有一支利用科研经费支撑的专职科研队伍，他们是这些大学从事高水平研究工作的重要力量。有数据表明，目前我国高等院校所获得的科研经费占全国科研总经费的52%，因此，作为高校科研工作领头羊的研究型大学，更应该率先建立起一支高素质的专职科研队伍，以肩负起高校的科研使命。

二是国家政策导向的必然要求。自2008年起，国家对重大科技专项、"973计划"、"863计划"都实施了严格的课题经费预算制管理，在课题经费的使用过程中必须严格按照预算计划执行。同时，财政部、科技部颁布的《公益性行业科研专项经费管理试行办法》明确规定：高校不能从国家项目中支取具有工资性收入教职员工的人员经费，这部分经费只能支付外聘的科研人员和参加课题的研究生。如果剩下的未使用的经费超过一定比例，国家财政就要收回。高校的科研管理和科研队伍建设要适应这种课题经费预算制管理改革，探索出一条利用科研经费作为支撑的外聘专职科研队伍建设新途径。

三是研究型大学自身发展的必然选择。长期以来，我国的研究型大学普遍面临专职科研队伍总体规模偏小、科研任务日趋繁重的状况。同时，国家对高校一概采用以鼓励教学与招生为主的"生均经费拨款模式"划拨高校事业经费，并未考虑到研究型大学的专职科研人员经费，这就意味着研究型大学承担的国家科研任务越多，从事专职科研工作的人员越多，学校的人均收入就越低；此外，我们现在还做不到为了提高科研队伍的素质，辞退该队伍中能力差又不做贡献的人，当前的人事制度要解聘一个人是很困难的。因此，单靠现在的人事管理制度要从根本上解决专职科研队伍的编制是不现实的，我们要另辟蹊径，通过机制创新来扩大专职科研队伍的体量。尽管这几年来，国内的研究型大学在高层次人才引进、青年教师培养等方面出台诸多政策，但是从研究型大学的办学目标来看，科研队伍的质量和体量还远远达不到要

求。我国研究型大学在争创世界一流大学的过程中，已经普遍面临科研量剧增而科研工作缺乏高素质专职科研队伍有力支撑的发展瓶颈，所以要加大专职科研队伍建设的力度。

三、我国高校科研队伍规模现状

第一，高校科研人员总量不断增加，但在每万劳动力中所占比例太低。近十年来，我国高校科研人员总量不断增加，例如，2000—2007年，我国高校R&D全时人员人数分别为15.92万、17.11万、18.15万、18.93万、21.21万、22.72万、24.25万、25.39万、26.6万，年均增长5%左右。截至2008年，我国高校科研队伍中，科技活动人员58万人，研究与试验发展全时人员26.6万人。2007年，我国高校教学与科研人员为75万人，研究与发展人员为30万人。尽管高校科研人员总量不断增加，但是高校科研人员在每万劳动力中所占的比例仍然偏低。2007年，每万劳动力中高校R&D全时人员仅为3.23人，远远低于世界平均水平。

第二，专兼职科研人员比例失调，专职科研人员增速太慢。在我国高校内部，还没有建立起专职科研队伍，高校里科研队伍的主体部分还是教师。专职科研人员所占的比例明显偏低。根据2007年教育部直属高校科研机构人员情况统计表（见表2.1）显示，高校科研机构人数占教职工人数的比例相当低，大于10%已属难得，部分高校甚至不到1%。

表2.1　部分高校人员结构

学校名称	科研机构人数（人）	教职工人数（人）	所占比例（%）
北京大学	1381	9475	14.6
清华大学	2033	10791	18.8
北京科技大学	14	2814	0.5
吉林大学	472	11282	4.2
复旦大学	372	5716	6.5
上海交通大学	781	7692	10.2

续表

学校名称	科研机构人数（人）	教职工人数（人）	所占比例（%）
华东师范大学	140	3903	3.6
南京大学	595	4549	13.1
浙江大学	821	8489	9.7
西安交通大学	630	5583	11.3
中国农业大学	92	2826	3.3
西北工业大学	377	3303	11.4

资料来源：《教育部直属高校 2007 年基本情况统计资料汇编》

　　从研究型大学的办学目标来看，科研队伍的质量和体量还远远达不到要求。国外一流的研究型大学，专职科研人员数一般都超过专任教师数，而目前我国研究型大学中的专职科研人员仅从数量上来看就相当薄弱。以 C9 联盟为例，C9 联盟的 9 所高校是中国最高水平研究型大学的代表，2009 年其专职科研人员与专任教师的比例都低于 1:1（见表 2.2）。

表 2.2 C9 高校教学与科研人员情况

学校名称	科研机构人员（人）	教师人数（人）	比例
清华大学	2370	2698	0.88:1
北京大学	1486	3018	0.49:1
浙江大学	562	3471	0.16:1
复旦大学	434	2420	0.18:1
南京大学	452	2086	0.22:1
上海交通大学	774	3130	0.25:1
中国科学技术大学	286	1162	0.25:1
西安交通大学	630	2391	0.26:1
哈尔滨工业大学	221	3113	0.07:1

第二节 国外高校科研队伍规模建设的现状及经验

一、国外高校科研队伍规模建设的现状

从国外大学情况来看，海外一流大学都拥有一支庞大的专职科研队伍。美国 MIT 学术队伍中以科研为主的教师为 4051 人，专职科研人员为 1722人，占全校教职工总数的 50.1%。其中，专任教师与专职科研人员之比为 1009∶1722（见表 2.3），哈佛大学的这一比例为 1900∶3800。英国大学教师队伍的结构中，肩负教育和研究双重职责的教师占教师总数的 60%，专门从事研究工作的占 30%，只从事教育的占 10%。海外一些著名的研究型大学，专职科研队伍超过教师总数的 50%。可见，国外一流高校专职科研人员所占比例大多达到 30%。

二、麻省理工学院高校科研队伍规模建设的经验

第一，建立了专职研究员系列，专职科研队伍的类型多样，结构合理，职责清晰，分工明确。麻省理工学院（Massachuses Institute of Techonology，MIT）专职科研人员主要分为两大类：长期聘任的资助研究人员和短期聘任的学术研究员。长期聘任的资助研究人员又分为首席研究科学家、首席研究工程师、首席副研究员，研究科学家、研究工程师、副研究员，研究专家、副技术员、技术助理，科研管理人员，林肯实验室人员等。短期聘任的学术研究员分为高级学术科学家、高级学术工程师、副研究员，高级博士后助理研究员，博士后助理研究员、博士后成员、高级博士后成员、研究成员，访问工程师、访问科学家、访问学者，研究会员和大学宾客等。

首席研究科学家、首席研究工程师、首席副研究员是研究项目或计划的主要负责人。研究科学家、研究工程师、副研究员主要承担研究过程中实验的设计、安排和执行。研究专家、副技术员、技术助理接受指导，为研究项目或计划提供专业、技术及其他方面的服务。科研管理人员在研究机构中发挥管理作用，大学通常会授予他们主任助理、行政主管等头衔。

表 2.3 2000—2009 年 MIT 人力资源结构表（单位：人）

人员构成 \ 年份	2000	2001	2002	2003	2004	2005	2006	2007	2008	2009
专任教师	931	947	956	966	974	983	992	998	1008	1009
以科研为主的教师	2552	2679	2865	2849	2952	3093	3350	3794	3879	4051
专职科研人员	1022	1068	1139	1153	1198	1411	1456	1474	1637	1722
卫生保健人员	152	147	121	125	110	102	103	110	110	113
行政管理人员	1427	1567	1770	1873	1840	1784	1837	1886	1965	2096
后勤人员	1517	1531	1589	1595	1564	1565	1637	1575	1641	1657
服务人员	797	799	807	853	866	866	843	890	871	864
总计	8398	8738	9247	9414	9504	9504	10218	10727	11111	11512

数据来源：http://web.mit.edu/ir/pop/faculty

按照规定，首席研究人员（包括首席研究科学家、首席研究工程师、首席副研究员）的数目一般不得超过所属实验室专职科研人员和相关教员总数的 15% 或院系教师总数的 15%。高级学术研究人员（包括高级学术科学家、高级学术工程师）的数量一般不得超过所属实验室专职科研人员和终身教授数总数的 10% 或者所属院系终身教师数的 20%。例外情况由院长或实验室主任和高级管理人员提出，并经教务长的同意，同时教务长负责实施监督限制条款。

学校划分科研岗位结构的目的，主要是为了鼓励 MIT 开展长期的科研事业。这种长期的科研事业，完全独立于课堂教学，并有专项拨款支持。对美国研究型大学来说，让各院系研究室和研究中心专门从事专业性研究的工作方式，是维持大学开展研究、开拓新的研究领域以及引进新的研究成员的主要方式。

MIT 的短期学术岗位主要是为了满足一些人的特殊需求，特别是为那些刚刚获得博士学位的人，在进入大学、工商业领域和政府之前，提供 2～3 年丰富的科研经历。博士后成员和博士后助理研究员就是这类职务的典型代表。对于那些获得博士或低一级学位就参加工作的人员来说，这些职位也为他们提供了在大学学习做研究的知识和技能的机会；另外，也为那些接受过专业培训的人提供了在专业领域中创新知识的机会。

第二，专职科研人员的薪酬体系完备。MIT 的专职科研人员根据不同职位享有不同的薪资福利待遇。首席研究科学家、首席研究工程师、首席副研究员可以被授予首席研究者职位。根据相关规定，被任命者享有相应的薪酬福利且每年有 3 周假期，工作超过 5 年之后有 4 周假期。

其他长期聘任的专职研究人员无权被授予首席研究者职位，根据不同级别享有相应的薪酬福利，每年有 3 周的假期，工作超过 5 年之后有 4 周假期。林肯实验室人员与学校的专职研究人员级别设置相同，福利待遇和权利也一样。

高级学术科学家、高级学术工程师和副研究员可以被授予首席研究者职位，被任命者享有相应的薪酬福利。任职满 1 年的人员每年有 4 周假期。

高级博士后助理研究员、博士后助理研究员由学校聘任，享有雇员福利待遇，在职者无权被授予首席研究者职位，没有顾问资格的权利。

博士后成员、高级博士后成员、研究成员这些职位的人员不是学校的员工，不参与 MIT 退休计划，不享有学校员工的福利待遇。

访问工程师、访问科学家和访问学者有访问性的职位，他们可以是专职的，也可以是兼职的，专职一般有薪酬，兼职则一般无薪酬。由于这些职位是临时性的，访问学者不享有教员福利，只有权享受医疗保险计划。

第三，专职科研人员的晋升及评价体系。首席研究科学家、首席研究工程师、首席副研究员等职位一般是终身性的，任职的期限不会因为组织调整、院系关闭或个人被委任到其他学术单位而缩短，但根据相关规定，必须每 4 年接受一次评估检查，如解聘会提前 1 年通知，并且有 1 年的观察期。

研究科学家、研究工程师和副研究员每 4 年接受一次考察评估，如果没有通过考察评估，职务将被终止。

研究专家、副技术员和技术助理职位的人员工作满 5 年后有机会晋升副研究员。科研管理人员不具有顾问资格的权利，他们必须每年向院长报告所从事的职业外的其他活动。

高级学术科学家、高级学术工程师和副研究员，具体依据其所任职的部门单位，每 5 年接受一次考核评估，成员会被告知考核的结果。如果决定要解聘，在解聘前有 1 年的观察期。

三、美国密西根大学建设专职科研队伍的启示

密西根大学（University of Michigan）是美国 TOP 10 的综合性公立大学之一，也是世界上主要的研究型大学之一。作为"美国公立大学的典范"，密西根大学自 1817 年建校以来，孕育了无数世界级学术大师，历史上共有 7 位教授或校友荣获过诺贝尔奖，4 位荣获过国家科学奖章，这与其雄厚的科研实力密不可分。所以，以密西根大学为个案研究，对密西根大学专职科研队伍的情况进行详细分析解剖，有利于为我国研究型大学建立专职科研队伍提供一些借鉴和启示。

（一）密西根大学专职科研队伍的定位与规模

密西根大学的教职工由教学人员、专职科研人员和其他人员等构成。教学人员中有常规教学人员，如（终身职）教授、副教授、助理教授，临床教学人员、讲习教师，协议下的讲习教师也属于常规教学人员；除常规教学人员

外，还有其他教学人员，如协议下兼职教学人员、兼职临床教学人员、访问
教学人员。专职科研人员可以分为三类：研究教授系列、研究员系列和其他研
究人员，其中研究教授系列主要包括教授、副教授和助理教授，研究员系列
主要包括研究员、副研究员、助理研究员和调研员，其他研究人员则由兼职
研究人员和访问研究人员组成。密西根大学的主要科研力量见图 2.2。

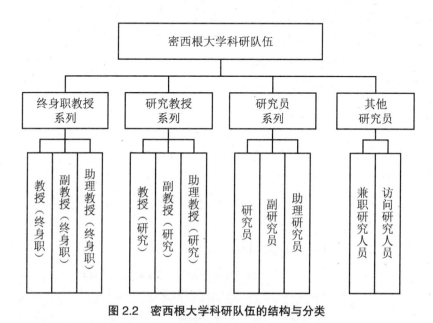

图 2.2　密西根大学科研队伍的结构与分类

资料来源：根据 http://www.provost.umich.edu/faculty/handbook/5/5.D.htm 网页整理

　　密西根大学的专职科研人员主要指属于研究员系列（Research Scientist）
和研究教授系列（Research Professors）的人员。专职科研人员的主要职责不
是教学，而是研究，且专职科研人员不属于终身聘用。密西根大学针对专职
科研人员建立了相应的能力和评价指标，运用于聘用和晋升过程中。通过聘
用杰出的专职科研人员，学校各机构都扩展了研究范围，增加了研究的深度，
同时开发了新的研究领域。专职科研人员的设立提高了研究生产力、研究资
金，增加了本科生、研究生以及博士生的研究培训机会，从而丰富了校园的
研究环境，确保学校始终立足国际科学前沿。而专职科研人员也通过他们的
研究成果和学术工作创造了新知识，提升了学校的学术声誉。专职科研人员
卓越的国内外声誉为学校带来了荣誉，同时也吸引来优秀的学生和教师。

（二）密西根大学专职科研人员的类型与结构

密西根大学专职科研人员分为以下几种类型：

研究教授系列（Research Professor Track）。研究教授系列包括教授（Research Professor）、副教授（Associate Research Professor）和助理教授（Assistant Research Professor）。研究教授系列的教授或副教授需要具备自主承担项目的能力，在国内外享有盛誉，创新前沿的研究方向，稳定的研究资助保障，持久的研究指导经历。教授（研究）和副教授（研究）的聘用需要由学校常务副校长（学术）和科研副校长批准，院长或者主要研究中心的主任具有聘用助理教授（研究）的权利。

研究员系列（Research Scientist Track）。研究员系列包括研究员（Research Scientist）、副研究员（Associate Research Scientist）、助理研究员（Assistant Research Scientist）和调研员（Research Investigator）。该系列研究人员在学术环境中开展工作，可能也会参与一些指导活动。研究员和副研究员的聘用需要由学校常务副校长（学术）和科研副校长批准，院长或者主要研究中心的主任具有聘用助理研究员的权利。

其他研究人员（Supplemental Research Faculty）。其他研究人员包括兼职研究人员与访问研究人员（Adjunct and Visiting Research Faculty）。兼职研究人员指主要职责在校外或在学校其他职能机构的研究人员。兼职人员职务的聘用和晋升条件由学院决定，兼职人员的续聘每年由院长、中心主任或执行委员会审核。而访问研究人员指以另一高等教育机构学生的身份加入研究机构的研究人员。访问研究人员事宜也由学院和机构决定，聘用要求与其他同等正式职位的聘用条件一致。

（三）密西根大学专职科研人员的聘用

密西根大学专职科研人员的聘任与晋升主要从学术能力、学术独立性、教学指导经历和服务四个方面进行评价。研究教授系列与研究员系列在这四个指标上的要求各不相同，每个类别各级别的指标要求也各有不同。其中教学和服务不是要求研究员系列必需的活动。

研究教授系列各级研究人员的聘用有严格的标准。对于研究教授系列中教授（Research Professor）、副教授（Associate Research Professor）、助理教授（Assistant Research Professor）的学术能力要求均需参照对应的终身职教授、终身职副教授和终身职助理教授的学术能力要求，并且程度相当；在学术独立性方面，要求教授（研究）和副教授（研究）都必须能够独立从事学术活动，并获得研究资助，而教授（研究）获得的研究资助需要是持续的，对于助理教授（研究）来说，只需有发展成为独立学者的巨大潜力，并有过获得校外资助的经历或巨大潜力即可；关于教授（研究）、副教授（研究）和助理教授（研究）教学指导经历的要求均一致，需要有丰富的非讲授型教学经历，以及在研究领域中指导博士后、初级研究人员以及各级学生的经历；在服务方面，要求教授（研究）、副教授（研究）和助理教授（研究）必须有社区服务经历，但不要求达到对应终身职的水平。

研究员系列各级研究人员的聘用标准也十分严格，研究员系列的主要职责不是教学，因此对于研究员（Research Scientist）、副研究员（Associate Research Scientist）、助理研究员（Assistant Research Scientist）和调研员（Research Investigator）等均不要求正式的教学活动经历和社区服务，而关于学术能力和学术独立性则有具体的、不同层次的要求。在学术能力方面，要求研究员基于持续的研究成果和稳定的国内外学术声誉，发表有大量同行评议的学术论文，是专业学术会议的重要参与者；对于副研究员则要求其具有持续的研究成果和稳定的当地学术声誉、逐渐增长的国家学术声誉即可，有能力成为较大项目的研究骨干，其学术论文只要有同行评议即可，专业学术会议也只要求参与即可；对于助理研究员的学术能力要求和副研究员大致相同，只是对研究成果和学术声誉方面的要求以具有学术发展潜力代替；对于调研员的要求最低，相当于刚毕业的博士或博士后的学术水平即可。在学术独立性方面，要求能够独立从事学术活动以及获得研究资助；对于副研究员、助理研究员和调研员则均无独立性的要求，但是要求副研究员和助理研究员有独立从事研究的潜力；对于调研员的要求最低，只要求其将独立性作为发展目标。

（四）密西根大学专职科研人员的晋升与考核

密西根大学的专职科研人员有完善的晋升和考核制度。专职科研人员不但具有在本系列中晋升的机会，而且还可以跨系列进行流动和晋升。研究教授系列与研究员系列之间可以进行双向的人员流动，这种灵活的人员晋升与考核机制，不但保证研究人员的通畅流动，也激发出研究人员的进取心和良性竞争，能更好地促进科学研究活动的开展。

1. 研究教授系列的晋升与考核。

密西根大学研究教授系列的晋升及考核制度详见表 2.4 和表 2.5，该系列中副教授（研究）和助理教授（研究）均有晋升机会。

表 2.4　密西根大学研究教授系列的晋升及考核制度一览表

专职科研人员	晋升岗位	批准主管	考核周期
副教授（研究）	副教授（研究）	常务副校长（学术）	该职位没有时间限制。入职三年后，可申请进行晋升考核。每六年，按规定须进行正式的晋升考核。
助理教授（研究）	助理教授（研究）副研究员	常务副校长（学术）科研副校长	该职位的第一轮聘任阶段为 3 年。第二轮聘任阶段为 6 年。

资料来源：根据 http://www.provost.umich.edu/faculty/handbook/5/index.html 资料整理

表 2.5　密西根大学研究员系列的晋升及考核制度一览表

专职科研人员	晋升岗位	批准主管	考核周期
研究员	教授（研究），或副教授（研究）	常务副校长（学术）	该职位没有时间限制。入职三年后，可申请进行晋升研究副教授或研究教授的考核。每到六年，按规定须进行正式的晋升考核。
副研究员	教授（研究），或副教授（研究）	常务副校长（学术）	该职位没有时间限制。入职三年后，可申请进行晋升研究副教授或研究教授的考核。每到六年，按规定须进行正式的晋升考核。
	研究员	科研副校长	
助理研究员	副教授（研究）	常务副校长（学术）	该职位的第一轮聘任阶段为 3 年。第二轮聘任阶段为 6 年。
	副研究员	科研副校长	
调研员	助理教授（研究）	该机构主管	聘任周期最长为 4 年。
	助理研究员	该机构主管	

资料来源：根据 http://www.provost.umich.edu/faculty/handbook/5/index.html 资料整理

副教授（研究）在考核合格或符合晋升标准时，并经常务副校长（学术）批准后，可以晋升为教授（研究）。对于副教授（研究）的任期没有时间限制，入职三年后，可以申请进行晋升考核；按规定每六年必须进行正式的晋升考核。

助理教授（研究）在考核合格或符合晋升标准时，并经常务副校长（学术）批准后，可以晋升为副教授（研究），或经科研副校长批准后晋升为副研究员。对助理教授（研究）的第一轮聘任期限为三年，第二轮聘任期则延长至六年。

2. 研究员系列的晋升与考核。

密西根大学研究员系列的晋升及考核制度详见表2.5，该系列中所有人员均有晋升机会。研究员在考核合格或符合晋升标准时，并经常务副校长（学术）批准后，可以晋升为教授（研究）或副教授（研究）。对研究员的任期没有时间限制，在入职三年后，可以申请进行晋升考核；按规定每六年必须进行正式的晋升考核。

副研究员在考核合格或符合晋升标准时，并经常务副校长（学术）批准后，可以晋升为教授（研究）或副教授（研究），或由科研副校长批准晋升为研究员。对副研究员的任期没有时间限制，在入职三年后，可以申请进行晋升考核；按规定每六年必须进行正式的晋升考核。

助理研究员在考核合格或符合晋升标准时，并经常务副校长（学术）批准后，可以晋升为副教授（研究），或经科研副校长批准后晋升为副研究员。对助理研究员的第一轮聘任期限为三年，第二轮聘任期则延长至六年。

调研员在考核合格或符合晋升标准时，并由本机构主管批准后，可以晋升为助理教授（研究）或助理研究员。对调研员的聘任期最长不超过四年。

（五）密西根大学专职科研人员的薪酬与奖励

密西根大学的薪酬中包括工资和福利两部分。密西根大学有几十亿的运营预算，而其中的60%用于教职工的薪酬。薪酬基金的来源多样，可以来自于学费和州政府拨款的常规教学资金（General Funds），可以来自于常规资金之外的横向研究资金（Sponsored Research Grants），还可以来自于健康服务的收入等。教职工的具体薪酬根据其合同聘期、岗位职责和工作量来决定。所有拥有学年聘期（University-Year）或12个月聘用合同的教师都将获得工资。学年聘任指包含了三个学期中的任意两个的聘期形式。固定任期合同的教师在任期内分期付酬。全年（或 12 个月）无限期聘期的教师薪酬每月最后一个工作日支付。

密西根大学为教师提供了灵活的福利计划，教师可以根据个人需要和生活方式选择最适合的福利项目。

此外，密西根大学设置有大学研究教授奖、专职科研人员成就奖和专职科研人员表彰奖等奖项，专门奖励为科学研究以及大学社区做出杰出贡献的专职科研人员。

大学研究教授奖：密西根大学非终身职系列人员中，凡是聘期内四分之三以上的阶段是作为教授(研究)的专职科研人员均具有申请此项奖励的资格。该奖励给研究者提供连续 5 年每年 2000 美元的研究津贴。

专职科研人员成就奖：该奖项奖励以卓越研究为密西根大学学术环境做出突出贡献的人员。凡是聘期内四分之三以上的阶段是作为副研究员、副教授、研究员和教授（研究）的专职科研人员均具有申请此项奖励的资格。终身职系列人员不具备这一资格。该奖项提供 1500 美元的津贴。

专职科研人员表彰奖：该奖项奖励以卓越的研究为大学学术环境做出突出贡献的研究人员。凡是聘期内四分之三以上的阶段是作为助理研究员、副研究员、助理教授（研究）和副教授（研究）的专职科研人员均具有申请此项奖励的资格。终身职系列人员不具备这一资格。该奖项提供 1000 美元的津贴。

（六）专职科研队伍建设的借鉴与启示

1. 在高水平研究型大学加快建设专职科研队伍。一流大学大都拥有高水平的专职科研队伍。这支队伍是科技创新体系的核心力量之一，建立一支高水平的专职科研队伍是加快建设世界一流大学的必要条件。美国一流大学中的高水平专职科研队伍不承担教学任务而全力进行科学研究，使得大学始终保持研究活力、不断吸纳来自世界各地的科学家；扩展了大学的研究范围，增加了研究的深度，开发了更新的研究领域；提高了大学的研究水平，增加了研究资金，为本科生、研究生以及博士生提供了最前沿的研究培训机会，丰富了校园的创新氛围。

从密西根大学的个案看，世界一流大学不仅有高水平大规模的专职科研队伍，而且类型与结构多样化。密西根大学的专职科研队伍结构，不仅有包括研究员、副研究员、助理研究员等在内的研究员系列，而且有研究教授系列，包括教授（研究）、副教授（研究）和助理教授（研究）。我国研究型大学可借鉴其成功经验，对科研队伍进行结构优化。将专职科研人员分为两个系列：研究教授系列和研究员系列，研究教授系列包括教授（研究）、副教授（研究）、助理教授（研究）；研究员系列细分为研究员、副研究员、助理研究员，并对各个级别的专职科研人员明确标准、职责、权利和义务。

2. 建立高标准、充满活力的聘任、流动、晋升和激励机制。首先，专职科研人员的学术标准要求与专任教师的要求相当，如密西根大学对教授（研究）的聘任标准就有明确的要求，必须与终身职教授一致（除课程教学外）。其次，对专职科研人员的聘任要非常严格和谨慎，而且有规范的流程。最后，还要建立完善的科研评价制度，按不同工作性质和价值取向设计不同的晋升标准及考核制度。

建立有利于交流沟通的跨系列流动与晋升机制。如密西根大学的专职科研人员有完善的晋升和考核制度，专职科研人员不但具有在本系列中晋升的机会，而且还可以跨系列进行流动和晋升。研究教授系列与研究员系列之间可以进行双向的人员流动，这种灵活的人员晋升与考核机制，不但保证研究人员的通畅流动，也激发出研究人员的进取心和良性竞争，能更好地促进科学研究活动的开展。

建议我国研究型大学根据专职科研队伍特点设计不同的、灵活的考核和晋升体系，重点在科研经费、科研成果、专利以及技术转移等方面对专职科研人员的科研能力进行综合评定，兼顾公平和效率，使专职科研人员得到充分激励，保持评价体系的公正性，强化外部专家评价机制。同时，建立规范的专职科研人员的退出机制，当科研人员的工作表现不令人满意、资助资金短缺或其他正当理由可以随时终止科研人员的任期，而且需要针对不同的情况明确相应的处理措施。

借鉴美国一流研究型大学专职科研队伍薪酬体制建设的经验，薪酬基金的来源多样化，如密西根大学的薪酬基金可以来自于学费和州政府拨款的常规教学资金，可以来自于常规资金之外的横向研究资金，还可以来自于健康服务的收入等。专职科研队伍的薪酬可以列入科研预算，而且为了激励专职科研人员，大学都会出台相应的政策补贴或奖励制度。如密西根大学设置有大学研究教授奖、专职科研人员成就奖和专职科研人员表彰奖等奖项，专门奖励为科学研究以及大学社区做出杰出贡献的专职科研人员。

第三节　中外高校科研队伍规模比较

一、从宏观上看，我国高校科研队伍规模偏小

数据显示：我国每万劳动力中高校 R&D 人员仅 3.23 人，不仅远远低于 20～60 人的世界发达国家水平，也低于 6 人左右的发展中国家水平。例如，欧盟 25 国为 33.05，南非为 6.3，墨西哥为 6.0。

与国际水平相比，我国高校科研人员占科研人员总数的比例明显偏低，仅为 15%，远远低于 30% 的国际平均水平，绝大多数国家这一比例高于 25%。同时，我国高校科研人员与研究机构科研人员的比例也明显偏低，二者接近 1:1。但是，国际绝大多数国家高校与科研机构的科研人员之比大于 1。表 2.6 显示，在 36 个国家（地区）中，有 28 个国家的高校与科研机构的科研人员之比大于 1，且大多在 2 以上。

二、从微观上看，高校专职科研队伍所占比例偏低

在我国高校内部，还没有建立起专职科研队伍，高校科研队伍的主体部分还是教师。专职科研人员所占的比例明显偏低。根据 2007 年教育部直属高校科研机构人员情况统计表显示（见表 2.1），高校科研机构人数占教职工人数的比例相当低，大于 10% 已属难得，部分高校甚至不到 1%。而同年统计的美国斯坦福大学专职科研人员达 2624 人，专任教师为 1910 人，专职科研人员与专任教师的比例为 1.37:1；哈佛大学学术队伍中专职科研人员超过 3800 人，专任教师约为 1900 人，比例为 2:1；MIT 专职科研人员约为 1474 人，专任教师为 998 人，比例高到 1.48:1。

以上数据显示，无论从宏观还是微观上看，我国高校的专职科研队伍规模明显不足，远远低于世界平均水平，更低于发达国家水平。因此，需要大力发展专职科研队伍规模。

表 2.6 部分国家（地区）R&D 全时人员按执行部门分布（单位：万人/年）

国家（地区）	年份	合计	企业	高校	每万劳动力中高校 R&D 全时人员	研究机构	高校 R&D 全时人员占总数之比	高校与研究机构 R&D 全时人员之比
中国	2007	173.62	118.68	25.4	3.23	25.55	0.15	0.99
澳大利亚	2006	12.58	4.6	5.88	54.60	1.63	0.47	3.61
奥地利	2007	5.3	3.66	1.36	32.28	0.26	0.26	5.23
比利时	2007	5.62	3.25	1.94	41.01	0.39	0.35	4.97
加拿大	2005	21.39	13.77	5.7	32.75	1.79	0.27	3.18
捷克	2007	4.92	2.57	1.25	24.03	1.09	0.25	1.15
丹麦	2007	4.6	3	1.24	42.89	0.34	0.27	3.65
芬兰	2007	5.62	3.19	1.65	61.27	0.73	0.29	2.26
法国	2006	36.39	20.22	10.11	36.67	5.45	0.28	1.85
德国	2007	49.8	32	9.8	23.52	8	0.20	1.23
希腊	2007	3.56	1.17	1.92	39.05	0.46	0.54	4.17
匈牙利	2007	2.6	1.03	0.78	18.36	0.78	0.30	1
冰岛	2005	0.32	0.15	0.07	42.61	0.08	0.22	0.86
爱尔兰	2006	1.77	1.08	0.56	26.42	0.12	0.32	4.67

续表

国家（地区）	年份	合计	企业	高校	每万劳动力中高校 R&D 全时人员	研究机构	高校 R&D 全时人员占总数之比	高校与研究机构 R&D 全时人员之比
意大利	2006	19.2	8.01	6.77	27.47	3.62	0.35	1.87
日本	2006	93.52	61.92	23.88	35.88	6.32	0.26	3.78
韩国	2006	23.76	17.16	4.42	18.44	1.9	0.19	2.32
卢森堡	2007	0.46	0.37	0.02	5.80	0.07	0.04	0.28
墨西哥	2005	8.94	4.8	2.52	6.00	1.48	0.28	1.70
荷兰	2007	9.11	4.92	2.97	33.97	1.21	0.33	2.45
新西兰	2005	2.32	0.62	1.39	64.29	0.31	0.60	4.48
挪威	2006	3.17	1.65	0.99	40.54	0.53	0.31	1.87
波兰	2006	7.36	1.42	5.15	30.30	1.77	0.70	2.91
葡萄牙	2007	3.46	1.24	1.4	24.92	0.45	0.40	3.11
斯洛伐克	2007	1.54	0.27	0.85	32.12	0.42	0.55	2.02
西班牙	2006	18.9	8.29	7.09	32.86	3.46	0.38	2.05
瑞典	2007	8.17	6.08	1.75	36.18	0.34	0.21	5.15
瑞士	2004	5.23	3.31	1.84	42.22	0.08	0.35	23

续表

国家（地区）	年份	合计	企业	高校	每万劳动力中高校R&D全时人员	研究机构	高校R&D全时人员占总数之比	高校与研究机构R&D全时人员之比
土耳其	2006	5.44	1.8	2.67	10.55	0.97	0.49	2.75
英国	1993	25.7	15	6.6	22.05	3.43	0.26	1.92
阿根廷	2007	5.32	0.82	1.82	9.48	2.56	0.34	0.71
罗马尼亚	2007	2.9	1.31	0.69	6.90	0.88	0.24	0.78
俄罗斯	2007	91.23	50.74	10.56	14.06	29.59	0.12	0.35
新加坡	2006	3.01	1.76	1.01	39.29	0.24	0.34	4.20
斯洛文尼亚	2007	1.07	0.54	0.22	21.30	0.31	0.21	0.71
南非	2005	2.88	1.22	1.06	6.33	0.56	0.37	1.89

资料来源：国家统计局、科学技术部《中国科技统计年鉴 2008》

第四节　我国高校与研究机构科研队伍的比较

对我国高校与研究机构的科研队伍进行比较，主要从投入和产出两方面进行，目的在于揭示高校和研究机构的科研成果效率，为评价高校科研队伍规模是否合理提供依据。为直观起见，本节的小规模数据比较运算用除法，比值小于1，说明高校的投入或产出少于研究机构，反之亦然。

一、高校与研究机构的科研投入比较

从经费支出方面看，表2.7显示，高校的R&D经费支出远远低于研究机构，尚不及后者的一半。二者之比多数低于0.5，表明高校的研究经费投入不足。

表2.7　高校和研究机构的R&D经费支出比较（单位：亿元）

	2000	2001	2002	2003	2004	2005	2006	2007
高校	76.7	192.4	130.5	162.3	200.9	242.3	276.8	314.7
研究机构	258	288.5	351.3	399	431.7	513.1	567.3	687.9
二者之比	0.30	0.67	0.37	0.41	0.47	0.47	0.49	0.46

资料来源：2001—2008年《中国科技统计年鉴》

从人员投入方面看，表2.8显示，高校R&D全时人员与研究机构基本上保持相等，二者之比基本上稳定在1:1的水平。

表2.8　高校与研究机构R&D全时人员（单位：万人/年）

	2000	2001	2002	2003	2004	2005	2006	2007
高校	15.92	17.11	18.15	18.93	21.21	22.72	24.25	25.39
研究机构	22.88	20.50	20.59	20.39	20.33	21.53	23.19	25.55
二者之比	0.70	0.83	0.88	0.93	1.04	1.06	1.05	0.99

资料来源：2001—2008年《中国科技统计年鉴》

二、高校与研究机构的科研产出比较

（一）专利申请受理数和发明专利数

第一，专利申请受理数比较。表2.9显示，2002年以来，高校专利申请受理数远远多于研究机构，前者是后者的1.77倍以上，且一直保持增加趋势。

表2.9　专利申请受理数（单位：件）

	2002	2003	2004	2005	2006	2007	2008
高校	6778	10770	14888	20094	24490	29860	40610
研究机构	3820	4836	5464	6814	8026	9802	12536
二者之比	1.77	2.23	2.72	2.95	3.05	3.05	3.24

资料来源：2003—2009年《中国统计年鉴》

第二，发明专利申请受理数比较。表2.10显示，2002年以来，高校发明专利申请受理数远远多于研究机构，前者是后者的1.76倍以上，且一直保持增加趋势。

表2.10　发明专利申请受理数（单位：件）

	2002	2003	2004	2005	2006	2007	2008
高校	4677	7852	10622	14673	18059	21864	29337
研究机构	2651	3454	4081	5064	6200	7782	9864
二者之比	1.76	2.27	2.60	2.90	2.91	2.81	2.97

资料来源：2003—2009年《中国科技统计年鉴》

第三，专利申请授权数比较。表2.11显示，2002年以来，高校专利申请授权数远远多于研究机构，前者是后者的1.41倍以上，且一直保持增加趋势。

表 2.11 专利申请授权数（单位：件）

	2002	2003	2004	2005	2006	2007	2008
高校	2251	3954	6399	8843	12043	14111	19248
研究机构	1601	2249	3009	3234	3499	4196	5048
二者之比	1.41	1.76	2.13	2.73	3.44	3.36	3.81

资料来源：2003—2009 年《中国统计年鉴》

第四，发明专利申请授权数比较。表 2.12 显示，2002 年以来，高校发明专利申请受理授权数远远多于研究机构。2002 年前者是后者的 1.07 倍，此后一直保持增加趋势，2008 年达到 3.29 倍。

表 2.12 发明专利申请授权数（单位：件）

	2002	2003	2004	2005	2006	2007	2008
高校	881	2042	3562	4715	6650	8251	10216
研究机构	824	1393	1972	2088	2191	2587	3102
二者之比	1.07	1.47	1.81	2.26	3.04	3.19	3.29

资料来源：2003—2009 年《中国科技统计年鉴》

（二）重大科技成果

表 2.13 显示，2005 年以前，高校重大科技成果总体上略少于研究机构，但是 2005 年以来，高校重大科技成果开始明显超过研究机构，且基本保持增加趋势，2006 年略有减少。

表 2.13 重大科技成果（单位：项）

	2000	2001	2002	2003	2004	2005	2006	2007
高校	6508	6156	5640	6546	6857	7469	7064	7592
研究机构	7859	6244	5543	6794	6869	6140	6495	6263
二者之比	0.83	0.99	1.02	0.96	1.00	1.22	1.09	1.21

资料来源：2001—2008 年《中国科技统计年鉴》

（三）发表科技论文

表 2.14 显示，2002 年以后，高校发表的科技论文数远远多于研究机构。2002 年，前者是后者的 5.90 倍，以后一直保持增加趋势，2008 年达到 7.31 倍。

表 2.14 发表科技论文（单位：篇）

	2002	2003	2004	2005	2006	2007	2008
高校	541390	612738	668520	728082	830948	905985	964877
研究机构	91827	97500	104699	109995	118211	126527	132072
二者之比	5.90	6.28	6.39	6.62	7.03	7.16	7.31

资料来源：2003—2009 年《中国科技统计年鉴》

由于单纯比较高校与科研机构的投入或产出不能真正反映二者的投入效率，只有结合投入与产出进行比较，才能准确了解二者的效率。为此，下面分别比较二者的单位经费支出和单位 R&D 全时人员的产出比。

三、高校与研究机构的单位经费支出／产出比

（一）单位经费支出的专利申请受理数和发明专利数

第一，单位经费支出的专利申请受理数比。表 2.15 显示，2002 年以后，高校与研究机构的单位经费支出的专利申请受理数产出之比达到 5 以上，表明高校的单位经费支出所产出的专利申请受理数是研究机构的 5 倍以上，且呈现上升趋势。

表 2.15 高校与研究机构的单位经费支出的专利申请受理数之比

	2002	2003	2004	2005	2006	2007
专利申请受理数之比	1.77	2.23	2.72	2.95	3.05	3.05
经费支出之比	0.37	0.41	0.47	0.47	0.49	0.46
单位经费支出的专利申请受理数产出之比	4.78	5.44	5.79	6.28	6.22	6.63

资料来源：2003—2008 年《中国科技统计年鉴》

第二，单位经费支出的发明专利申请受理数之比。表 2.16 显示，2002 年以后，高校与研究机构的单位经费支出的发明专利申请受理数产出之比达到 5以上，表明高校的单位经费支出所产出的发明专利申请受理数是研究机构的 5倍以上。

表 2.16　高校与研究机构的单位经费支出的发明专利申请受理数之比

	2002	2003	2004	2005	2006	2007
发明专利申请受理数之比	1.76	2.27	2.60	2.90	2.91	2.81
经费支出之比	0.37	0.41	0.47	0.47	0.49	0.46
单位经费支出的发明专利申请受理数产出之比	4.76	5.54	5.53	6.17	5.94	6.11

资料来源：2003—2008 年《中国科技统计年鉴》

第三，单位经费支出的专利申请授权数产出之比。表 2.17 显示，2002年以后，高校与研究机构的单位经费支出的专利申请授权数产出之比达到 4以上，表明高校的单位经费支出所产出的专利申请授权数是研究机构的 4 倍以上。

表 2.17　高校与研究机构的单位经费支出的专利申请授权数产出之比

	2002	2003	2004	2005	2006	2007
专利申请授权数之比	1.41	1.76	2.13	2.73	3.44	3.36
经费支出之比	0.37	0.41	0.47	0.47	0.49	0.46
单位经费支出的专利申请授权数产出之比	3.81	4.29	4.53	5.81	7.02	7.30

资料来源：2003—2008 年《中国科技统计年鉴》

第四，单位经费支出的发明专利申请授权数产出之比。表 2.18 显示，2002 年以后，高校与研究机构的单位经费支出的发明专利申请授权数产出之比达到 3 以上，表明高校的单位经费支出所产出的发明专利申请授权数是研究机构的 3 倍以上，且呈现上升趋势。

表 2.18　高校与研究机构的单位经费支出的发明专利申请授权数产出之比

	2002	2003	2004	2005	2006	2007
发明专利申请授权数之比	1.07	1.47	1.81	2.26	3.04	3.19
经费支出之比	0.37	0.41	0.47	0.47	0.49	0.46
单位经费支出的发明专利申请授权数产出之比	2.89	3.59	3.85	4.81	6.20	6.93

资料来源：2003—2008 年《中国科技统计年鉴》

（二）单位经费支出的重大科技成果产出比

表 2.19 显示，2001 年以后，高校与研究机构的单位经费支出的重大科技成果产出之比达到 2 以上，表明高校的单位经费支出所产出的重大科技成果是研究机构的 2 倍以上。

表 2.19　高校与研究机构的单位经费支出的重大科技成果产出之比

	2000	2001	2002	2003	2004	2005	2006	2007
重大科技成果之比	0.83	0.99	1.02	0.96	1.00	1.22	1.09	1.21
经费支出之比	0.30	0.67	0.37	0.41	0.47	0.47	0.49	0.46
单位经费支出的重大科技成果产出之比	2.77	1.48	2.76	2.34	2.13	2.60	2.22	2.63

资料来源：2001—2008 年《中国科技统计年鉴》

（三）单位经费支出的科技论文产出之比

表 2.20 显示，2002 年以后，高校与研究机构的单位经费支出的科技论文产出之比达到 13 以上，表明高校的单位经费支出所产出的科技论文是研究机构的 13 倍以上。

表 2.20　高校与研究机构的单位经费支出的科技论文产出之比

	2002	2003	2004	2005	2006	2007
科技论文之比	5.90	6.28	6.39	6.62	7.03	7.16

续表

	2002	2003	2004	2005	2006	2007
经费支出之比	0.37	0.41	0.47	0.47	0.49	0.46
单位经费支出的科技论文产出之比	15.95	15.32	13.60	14.09	14.35	15.57

资料来源：2003—2008年《中国科技统计年鉴》

四、高校与研究机构的单位 R&D 全时人员／产出比

（一）单位 R&D 全时人员的专利产出比

第一，单位 R&D 全时人员的专利申请受理数之比。表 2.21 显示，2002 年以后，高校与研究机构的单位 R&D 全时人员的专利申请受理数产出之比达到 2 以上，表明高校的单位 R&D 全时人员所产出的专利申请受理数是研究机构的 2 倍以上，且呈现上升趋势。

表 2.21 高校与研究机构的单位 R&D 全时人员的专利申请受理数之比

	2002	2003	2004	2005	2006	2007
专利申请受理数之比	1.77	2.23	2.72	2.95	3.05	3.05
全时人员之比	0.88	0.93	1.04	1.06	1.05	0.99
单位全时人员的专利申请受理数产出之比	2.01	2.40	2.62	2.78	2.90	3.08

资料来源：2003—2008年《中国科技统计年鉴》

第二，单位 R&D 全时人员的发明专利产出比表。表 2.22 显示，2002 年以后，高校与研究机构的单位 R&D 全时人员的发明专利申请受理数产出之比达到 2 以上，表明高校的单位 R&D 全时人员所产出的专利申请受理数是研究机构的 2 倍以上。

表 2.22　高校与研究机构的单位 R&D 全时人员的发明专利申请受理数之比

	2002	2003	2004	2005	2006	2007
发明专利申请受理数之比	1.76	2.27	2.60	2.90	2.91	2.81
全时人员之比	0.88	0.93	1.04	1.06	1.05	0.99
单位全时人员的发明专利申请受理数之比	2.00	2.44	2.50	2.74	2.77	2.84

资料来源：2003—2008 年《中国科技统计年鉴》

第三，单位 R&D 全时人员的专利申请授权数比。表 2.23 显示，2002 年以后，高校与研究机构的单位 R&D 全时人员的专利申请授权数之比达到 1.6 以上，表明高校的单位 R&D 全时人员所产出的专利申请授权数是研究机构的 1.6 倍以上。

表 2.23　高校与研究机构的单位 R&D 全时人员的专利申请授权数之比

	2002	2003	2004	2005	2006	2007
专利申请授权数之比	1.41	1.76	2.13	2.73	3.44	3.36
全时人员之比	0.88	0.93	1.04	1.06	1.05	0.99
单位全时人员的专利申请授权数之比	1.60	1.89	2.05	2.58	3.28	3.39

资料来源：2003—2008 年《中国科技统计年鉴》

第四，单位 R&D 全时人员的发明专利申请授权数比。表 2.24 显示，2002 年以后，高校与研究机构的单位 R&D 全时人员的发明专利申请授权数之比达到 1.5 以上，表明高校的单位 R&D 全时人员所产出的发明专利申请授权数是研究机构的 1.5 倍以上。

表 2.24　高校与研究机构的单位 R&D 全时人员的发明专利申请授权数之比

	2002	2003	2004	2005	2006	2007
发明专利申请授权数之比	1.07	1.47	1.81	2.26	3.04	3.19
全时人员之比	0.88	0.93	1.04	1.06	1.05	0.99

续表

	2002	2003	2004	2005	2006	2007
单位全时人员的发明专利申请授权数之比	1.22	1.58	1.74	2.13	2.90	3.22

资料来源：2003—2008年《中国统计年鉴》

（二）单位 R&D 全时人员的重大科技成果产出之比

表2.25显示，2000年以后，高校与研究机构的单位R&D全时人员的重大科技成果产出之比达到1以上，表明高校的单位R&D全时人员所产出的重大科技成果大于研究机构。

表2.25 高校与研究机构单位全时人员的重大科技成果产出之比

	2000	2001	2002	2003	2004	2005	2006	2007
重大科技成果之比	0.83	0.99	1.02	0.96	1.00	1.22	1.09	1.21
全时人员之比	0.70	0.83	0.88	0.93	1.04	1.06	1.05	0.99
单位全时人员的重大科技成果产出之比	1.19	1.19	1.16	1.03	0.96	1.15	1.04	1.22

资料来源：2001—2008年《中国科技统计年鉴》

（三）R&D 全时人员的科技论文产出之比

表2.26显示，2002年以后，高校与研究机构的R&D全时人员的科技论文产出之比达到6以上，表明高校的R&D全时人员所产出的科技论文是研究机构的6倍以上。

表2.26 高校与研究机构的 R&D 全时人员的科技论文产出之比

	2002	2003	2004	2005	2006	2007
科技论文之比	5.90	6.28	6.39	6.62	7.03	7.16
全时人员之比	0.88	0.93	1.04	1.06	1.05	0.99
单位全时人员的科技论文产出之比	6.70	6.75	6.14	6.25	6.70	7.23

资料来源：2003—2008年《中国科技统计年鉴》

从以上对比可以发现，我国高校科研队伍的产出效果和效率都高于研究机构。单位经费支出和平均全时人员的各项产出都更高。按照经济学的效率原则（指只有当资源向高效率的领域投入时，才能发挥资源的最大作用），这意味着我国高校科研队伍规模还偏小，研究经费投入也不足，所以应该进一步扩大高校科研队伍规模，增加高校科研经费投入。

第五节　扩大高校专职科研队伍规模的建议

一、扩大高校专职研究队伍规模面临的困难

第一，国家对高校的拨款机制和经费使用限制不利于专职研究队伍扩大现有规模。目前，国家对高校采用以教学为主的生均经费拨款模式来划拨事业经费，与学校应聘用或实际聘用的教职工人数没有直接关联。这对于高校来说，因科研工作需要聘用的人员越多负担就越重。尽管重点高校有"985工程"、"211工程"等专项经费的投入，但是这些经费的使用受到国家的严格控制。为了保证高校的正常运行、提高教师的收入待遇，学校不得不想方设法筹集资金、甚至调整科研经费的使用政策来鼓励教师积极承接科研项目，通过科研经费扣管理费的方式来补充学校运行经费的不足，通过科研经费提成的方式来弥补从事科研工作人员工资性收入不足的问题。自财政部、科技部颁布《公益性行业科研专项经费管理试行办法》以后，高校无法再从国家项目中支取具有工资性收入人员的经费。这就意味着高校承担国家科研任务越多，从事研究的人员越多，他们的人均收入就越低。这对于高校鼓励教师承接国家经济和社会发展的重大研究课题，特别是基础研究和前沿技术的战略性研究课题是十分不利的，对于决心建立或扩大专职研究队伍规模的高校来说也是致命的。

第二，高校内部现行的分配机制不利于专职研究队伍加快建设步伐。由于高校用于分配的经费总量有限，在教师总收入中，学校用于保障性收入分配的比例较低，而通过各种其他途径获得的收入占有较高比例。这使得部分教师，尤其是生活压力较大的教师从收入中获得的满足感远远超过从事业中获得的成就感，从而造成教师对事业归属感的相对缺失。要从科研活动中快

速获得回报，唯有通过承担低水平、重复性的项目。因此，这种分配方式，不利于高校教师研究水平和教学水平的提高，甚至遏制了教师聘用专职研究人员的愿望。高校要完成建设创新型国家过程中必须承担的任务，改革现有的分配制度势在必行。对教师要实施上要封顶，提高教师保障性收入比例，降低绩效比重。对专职研究人员要实施上不封顶，扩大绩效收入在工资性收入中的比例。

第三，观念上的误区不利于专职研究队伍提高整体水平。现在社会上的优秀人才大都认为到高校工作是自然而然的。因此高校必须为专职研究人员营造一个良好的工作与发展环境，以吸引更多高层次人才全身心投入科研事业创造条件。只要做到人尽其才、才尽其用、用尽其效，无论在什么岗位，都能够实现人力资源集成、学科交叉集成和重大项目集成。这才能真正发挥高校的优势，培养出创新人才，培育出创新成果。

二、扩大高校专职研究队伍规模的实施建议

借鉴国外的经验和国内的实际情况，可以从多方面采取多种措施，以扩大我国高校专职科研队伍。

（一）改善外部环境

一是调整现有教师队伍，为专职研究队伍输送合适人才。国家对高校的规模是通过编制加以控制的，高校的教师不可能无限制地扩张。随着高校人事制度改革的进一步深化，能进能出、能上能下的机制已基本形成。高校应设法在现有编制控制范围内进一步优化教师队伍，根据教师的水平、能力、价值追求以及个人发展阶段，可将一部分教师分流至专职研究岗位，通过不同的考核标准、薪酬分配模式和管理方式，促使他们更好地发展。

二是建立流动机制，为专职研究人员提供发展空间。从现有教师队伍中选择一部分教师进入专职研究队伍，是难以满足高校科研发展需要的，还必须通过各种渠道大量引进优秀人才进入专职研究队伍。能否提供一个良好的发展空间与平台，对于他们来说是至关重要的。上面所示的金字塔应成为他们向上发展的目标。专职研究岗位不是他们事业的归宿，而是他们事业的起点，随着他们的学术水平、能力、价值取向和发展阶段发生变化，他们完全

有权利、有机会改变最初的选择去实现自己的发展目标。

三是探索多样化科研组织模式，为专职研究人员实施集成战略。目前高校人事管理体制大都以专业院系为单位对个人进行人事管理与考核。这种"单位制"式的管理是造成高校科研人力资源难以集成、学科难以交叉、重大研究项目无力承接的罪魁祸首。高校应以提高科研绩效为目标，充分发挥科研人力资源潜力的原则，提倡科研组织的多样化，淡化条块分割的人事管理体制，探索弹性的"项目制"人事管理体制，以实现科研人力资源、物力资源和信息资源最为合理和有效的配置。高校应尝试通过承接国家重大科研项目来凝聚各类学科研究人员，尤其是专职研究队伍，通过一系列的鼓励政策形成力量的集成，实施重点突破，最终形成一批高水平的研究团队。

（二）扩大经费来源

高校要组建一支专职研究队伍必须有新的经费注入，尤其是人员经费。目前经费来源主要是以下两种途径：

一是国家专项经费投入。为贯彻落实《国家中长期科学和技术发展规划纲要（2006—2020 年）》，国家设立了国家（重点）实验室专项经费。目前依托高校建设的国家实验室 11 个，国家重点实验室 173 个（含筹）。为完善高校科研经费投入制度，提高高校的自主创新能力和高层次人才培养能力，从2008 年起中央财政设立中央高校基本科研业务费专项资金，2009 年国家财政为此支出经费 15 亿元。

二是科研经费投入。从 2008 年《中国科技统计年度报告》中可以发现，2007 年高校 R&D 经费为 314.7 亿元，其中 177.7 亿元来自政府，110.3 亿元来自企业。由于政府经费主要采用的是由国家依据立项项目向项目主持人所在高校拨款的"项目制"科研经费管理制度，所得科研经费以科学研究为主，包含有外聘人员的报酬，即不得开支有工资性收入的人员工资、奖金、津补贴和福利支出。来自企业的经费则包含有科研人力资源费的开支。即使政府经费能够包含所有科研人力资源投入经费，教师在申请项目过程中，为了提高竞争力，往往也会把人员经费压得很低。这样不利于专职研究人员的聘用。为此，政府部门应该积极探索一种新的科研经费拨款模式，以利于高校科研的发展。

（三）改革人员聘用

一是加强编制管理。高校内部可以通过设置编制的方式限制专职研究人员规模的无限扩张。专职研究编制可分为全额拨款、差额拨款和自筹经费三类。全额拨款编制由学校全额划拨人员经费，差额拨款编制由学校根据实际情况发放人员基本工资，保障基本福利，绩效工资从科研经费中支付。自筹经费编制则是由科研经费支付所聘人员的全额工资和福利。

二是改革聘用方式。专职研究人员可以通过事业编制、人才派遣和博士后三种途径进行聘用。事业编制主要针对现在在校在编人员。人才派遣主要针对新引进人员。博士后通过博士后流动站进行聘用。由于人才派遣是高校与人才派遣机构签订劳务合同，人才派遣机构与工作人员签订劳动合同，并将工作人员派遣到各高校。高校与所用人员没有劳动关系，只是劳务关系。这使得国拨经费中人员经费的使用不再局限于研究生，人才派遣人员也可以作为学校的外聘人员而获得经费的支付。为了让人才派遣人员有一个更好的归属感，学校应适时通过遴选让一部分优秀的专职研究人员进入事业编制。博士后是专职研究队伍的重要力量。高校应该通过提高博士后在站待遇等各种措施积极鼓励各博士后流动站招收博士后研究人员，扩大博士后招收规模。

专职研究人员的聘用可以由学校、学院、研究机构、研究基地、项目负责人等多种主体来决定。招聘选拔由各主体自行组织，聘用人员所需费用由各主体自筹经费承担，经全成本核算后，可依据学校同类人员享受所有待遇。

三是制定鼓励政策。为了快速扩大专职研究人员规模，高校应鼓励由多种主体分担筹建队伍。可以适当给予除学校以外的主体以补贴，补贴形式可以多样化。比如：增加资源的核拨、提供部分全额拨款编制或差额拨款编制、减少自筹经费中的上缴比例、扩大人员经费的使用额度、承担所聘人员社保金的支付，等等。

为了实施重点突破战略，高校应鼓励创新团队的快速成长，经过遴选选拔出一批有明确国家重大科研任务、科研经费充足、经过学校的重点支持与扶持、通过若干年的积累能够成为学校的科技制高点，形成学校独有的"杀手锏"技术或成为国内外公认的学术高地的优秀团队。为了凝聚和稳定这批优秀团队，学校可给予团队一些特殊政策：如给予团队相对独立的编制、岗位；赋予团队负责人以相对独立的聘用权、解聘权和分配权；给予团队负责人和研究骨干以优厚待遇，给予人员聘用以特殊补贴等。

（四）完善考核与晋升机制

从我国高校的人事管理制度看，目前依然基本沿用过去的人事管理体制。大家都在这个制度框架中。虽然对所有人员都进行考核评估，也采用了聘任制、职员制，但是本质上还是过去的那一套老制度，只"考"不"核"、只奖"勤"不罚"懒"。现在我们的用人机制已经成为束缚各高校轻装上阵求发展的障碍。我们在建设专职科研队伍的时候必须立足于现实，解放思想，在稳定的前提下寻求新的思路，推进专职科研队伍建设更好更快的发展。

对专职科研人员应该试行如下考核方式：首席研究员、研究员、副研究员、助理研究员岗位聘任人员的分年度考核和聘任期期满考核。年度考核即参加设岗单位年度考核，考核结果由设岗单位向学校汇报，考核不合格者学校有权解除聘任合同；学校有权对聘用人员单独进行年度考核。聘任期满考核即聘任人员根据岗位要求的工作任务和工作目标向设岗单位考核小组汇报履行岗位职责情况和工作进展情况，单位对受聘人在聘期内完成的科研工作情况进行考核。单位确定考核结果并与聘任人员进行协商，最后将考核结果报到学校人事部门；学校人事部门将组织专家对聘任期期满人员进行考核，根据考核结果与双方意向确定是否续签聘任合同。对于研究助理岗位聘用人员考核按人才派遣岗位考核方式进行。

在发展空间上，可以参照国外一流研究型大学的"tenure-track"模式。美国大学普遍实行"tenure-track"制度，也被称作"up-or-out"（不升即离）制度，目的是吸引人才、淘汰庸才。具体来讲：最高研究职位可以是全职或者非全时职位，称之为"tenure"，该职位有机会成为终身研究员；在其下面的职位称为"tenure track"，经过激烈竞争进入"tenure track"的人员才有资格最终参与"tenure"的竞争。对在聘期内表现优秀的首席研究员、研究员和副研究员，可参加本校的教授和副教授的公开招聘，为他们提供转入教师系列的机会。

（五）推行和完善项目助理制

项目助理制是指在学校各学院和专职科研机构中，按照公开、自愿、双向选择的原则，在所承担的民口科技重大专项、973计划、863计划、科技支撑计划项目以及国家自然科学基金的重大重点项目实施过程中，根据专项任务的需要，在一定的范围内选聘符合条件的工作人员，并支付劳动报酬的用人制度。基本特点是用人岗位由项目负责人（或单位）自主提出，采用聘用合同进行管理，不占用教育事业编制；聘期视项目任务需要可长可短；受聘人员以毕业且未就业的本科生、研究生为重点；受聘人员在聘期内专门从事聘用主体提出的工作任务，并享有合理劳动报酬和社会保险等合法权益。聘用双方采用聘用合同进行管理。

总之，国内很多大学的政策研究机构和相关学者很早就着手研究国内大学建设专职科研队伍的模式，各高校也在积极探索通过科研专项经费把优秀科研人才汇聚到大学中来。这不仅是为提升研究型大学科研实力做贡献，为国家的科学事业发展做贡献，更是基于中国国情、对研究型大学如何实现跨越式发展的一种有意义的探索。全力打造一支专职科研队伍，凝聚高水平研究人员形成大科研团队，使大学保持研究活力并不断吸纳来自世界各地的科学家，最终扩展大学研究范围，增加研究深度，开发更新的研究领域，已经成为目前国内一流研究型大学的共同选择。我们要紧紧抓住队伍建设这条主线，以机制创新为出发点，力争通过十年乃至更长时间的努力，逐步建成一支精干高效、充满活力和富有创新能力、团结协作的向国际一流看齐的高水平专职科研队伍，切实提高中国研究型大学的科研竞争力，开创我国科研方面快出成果、出好成果、成果辈出的新局面。

第三章

高校科研队伍的结构与科技创新

第一节　高校科研队伍结构的现状描述

改革开放以来，尤其是进入 21 世纪以来，我国高等教育事业步入发展快车道，高校科研队伍的规模快速膨胀，结构调整取得可喜成绩，但与此同时，不论与发达国家相比，还是从我国科学事业发展以及经济社会发展的需要来看，我国高校科研队伍结构仍存在着诸多问题。下面以全国高校专任教师队伍为例，分析我国高校科研队伍的总体结构状况。

一、年龄结构有所调整，但青黄不接仍较明显

我国高校科研队伍结构具有明显的年轻化特征。2010 年全国高校专任教师队伍中，30 岁以下教师比例占 25.0%、35 岁以下占 46.2%，而 50 岁以上教师比例仅有 11.1%、55 岁以上教师仅为 4.9%。年轻教师比例显著高于中年和老年教师比例。2010 年与 2000 年相比，年轻教师比例有所下降，中年教师有所充实，但 55 岁以上的老龄教师显得更为稀少（见表 3.1）。

表 3.1　全国高校专任教师队伍年龄结构状况

	人数（人）	各年龄段教师所占比例（%）							
		≤30	31~35	36~40	41~45	46~50	51~55	56~60	≥61	计
2000 年总体	556174	27.2	20.0	20.0	10.9	6.9	6.6	6.4	2.0	100.0
2010 年总体	1406808	25.0	21.1	16.6	14.4	11.7	6.2	3.3	1.7	100.0
2010 年普通高校	1343127	25.0	21.2	16.6	14.4	11.7	6.2	3.3	1.6	100.0

说明：2000 年数据仅包括普通高校和成人高校，不包含民办高等教育机构数据；2010 年总体数据包括普通、成人和民办高等教育机构数据。

资料来源：教育部网站 http://www.moe.edu.cn/

二、学历结构逐年优化，但教师学历仍然偏低

我国高校科研队伍的学历水平近年来得到很大提高，但总体而言层次仍然偏低。2010 年全国高校专任教师队伍中拥有博士教师比例为 14.3%、硕士 33.8%、本科 50.0%、专科及以下 1.9%。2010 年与 2000 年相比，拥有博士学历的教师比例提高了两倍，硕士比例增长了 11.9 个百分点，但由于基础过于薄弱，目前队伍中拥有本科及以下学历的教师比重仍占据半壁江山，本科生指导本科生的现象在地方高校仍较为普遍，博士学位教师比例偏低。在一些地方高校里，"零博士"二级学院现象并不稀奇（见表 3.2）。

表 3.2　全国高校专任教师队伍学历结构状况

	人数（人）	各学历教师所占比例（%）				
		博士	硕士	本科	专科及以下	计
2000 年总体	556174	5.1	21.9	66.5	6.5	100.0
2010 年总体	1406808	14.3	33.8	50.0	1.9	100.0
2010 年普通高校	1343127	14.9	34.5	48.9	1.7	100.0

说明：2000 年数据仅包括普通高校和成人高校，不包含民办高等教育机构数据；2010 年总体数据包括普通、成人和民办高等教育机构数据。2000 年 21.9% 的硕士中含 1.7% 的无学位者，66.5% 的本科中含 13.5% 的无学位者。

资料来源：http://www.moe.edu.cn/

三、职称结构缓慢改善，但教授比重仍然偏小

近年来，我国高校科研队伍职称层级得到缓慢爬升，但拥有教授职称的教师比重仍然偏小。2010 年全国高校专任教师队伍中拥有教授职称的教师比例为 10.8%、副教授 28.0%、讲师 38.5%、助教 17.4%、无职称 5.3%。2010

年与 2000 年相比，教授比例上升了 2.7 个百分点，其他职称教师比例变化很小（见表 3.3）。可见，职称结构调整的步伐较为缓慢，总体上教授比例仍比较低，一些地方高校的二级学院仍存在"零教授"现象。

表 3.3　全国高校专任教师队伍职称结构状况

人数（人）	各职称教师所占比例（%）					
	教授	副教授	讲师	助教	无职称	计
2000 年总体　556174	8.1	29.1	37.7	19.9	5.2	100.0
2010 年总体　1406808	10.8	28.0	38.5	17.4	5.3	100.0
2010 年普通高校　1343127	11.0	28.1	38.5	17.2	5.2	100.0

说明：2000 年数据仅包括普通高校和成人高校，不包含民办高等教育机构数据；2010 年总体数据包括普通、成人和民办高等教育机构数据。

资料来源：http://www.moe.edu.cn/

四、学科结构日趋融合，但校际趋同和校内分化仍较为严重

从全国整个高校科研队伍的学科结构来看，2009 年自然、社会、人文三大学科教师比例分别是 48.0%、26.3% 和 25.6%，前者约占一半，后两者分别约为四分之一。在小学科上，工文理为三大学科，各学科教师比例分别为 26.9%、21.3%、11.9%，学科教师比例都在 10% 以上；史农哲为三小学科，各教师比例分别是 1.2%、2.5%、3.1%，学科教师比例都在 3% 以下。2009 年与 1999 年相比，工科有所下降、文科有所上升、农科有所下调、管理学成为一级学科并占有较大比例（见表 3.4、表 3.5）。但值得注意的几个数据是，外语、计算机、体育学科教师比例较大，其中，在普通高校系统里，外语教师占文科教师总数的 44.7%，占全国高校教师总数的 9.5%；计算机教师占工科教师总数的 24.7%，占全国高校教师总数的 6.7%；体育教师占教育学教师总数的 50.8%，占全国高校教师总数的 4.3%。之所以出现部分小学科比例过高的现象，跟高校盲目趋同发展一些热门学科相关。

从高校层面看，我国科研队伍学科结构存在校际趋同布局和校内分化设

置并存的问题。一方面，高校之间学科建设"同质化"，就连新建本科院校也盲目模仿老牌高校特别是高水平大学的办学和发展模式，走多学科、综合化和研究型之路。[18]另一方面，高校内部二级学院设置过于细化，一所高校设置十几二十个专业学院在我国是一个普遍现象，人为阻隔了不同学科教师之间的交流。对广西目前所有的 15 所普通本科院校（除医类和艺术类高校外）的二级学院设置情况进行考察后发现，虽然它们都是地方高校，其中 7 所是新建院校，但平均每所高校仍设置有 16 个二级学院（系）、其中平均每所高校设置二级专业学院（系）14 个。

表 3.4　全国高校专任教师队伍学科结构状况（单位：%）

	理	工	农	医	计	经	法	管	教	计	文	史	哲	计
1999 年总体	17.9	27.7	3.5	8.5	57.5	7.9	2.7	—	9.0	19.7	17.6	1.9	3.4	22.8
2009 年总体	11.9	26.9	2.5	6.7	48.0	6.2	4.5	7.2	8.4	26.3	21.3	1.2	3.1	25.6
2009 年普通高校	12.0	27.2	2.6	6.9	48.6	6.0	4.4	7.2	8.4	26.0	21.2	1.2	3.0	25.4

说明：1999 年数据仅包括普通高校和成人高校，不包含民办高等教育机构数据；2009 年总体数据包括普通、成人和民办高等教育机构数据。

资料来源：http://www.moe.edu.cn/

表 3.5　全国高校专任教师队伍三大学科分布状况（单位：%）

	自然学科	社会学科	人文学科
1999 年总体	57.5	19.7	22.8
2009 年总体	48.0	26.3	25.6
2009 年普通高校	48.6	26.0	25.4

资料来源：http://www.moe.edu.cn/

五、学缘结构趋向远缘化，但近亲繁殖仍较严重

一方面，随着研究生教育的大发展，高校师资来源变得更加多样化，即高校可以从更多的高校招聘合格毕业生；另一方面，随着教师学历标准的提

升，没有或只有很少硕士点博士点的地方高校逐渐失去了近亲繁殖的条件，我国高校科研队伍的近亲繁殖问题得到一定程度的缓解。但是，当前我国高校科研队伍的学缘结构仍存在一定程度的失衡，表现在老牌高校近亲繁殖问题仍较突出，学缘类别多样性偏低、学缘来源高校的地理覆盖面偏窄、毕业于著名大学的学缘即优质学缘比例仍较小等几个方面。

第一，学缘类别不够丰富多样。一是表现在教师来源本地化甚至本校繁殖。一项全国性调查显示，2007—2008学年度样本教师最高学历毕业于本校的比例达28.3%，其中直属高校57.4%、发达地区高校35.4%、研究型大学56.5%，另医农工史哲学科教师本校近亲率分别为42.7%、42.3%、34.2%、33.3%和31.7%，都超过三成，并存在男比女高、职称越高近亲率越高、年龄越大近亲率越高、教龄越长近亲率越高的变化规律[19]（见表3.6）。二是表现在教师异地繁殖。即有较高影响力和话语权的高校科研和管理人员一般乐于推荐或招聘母校毕业生，从而在一定程度上排斥了异类学缘的引进，制约了学缘类别多样性的提高。

表 3.6　2007—2008 年不同管辖权、地区、层次、类型
高校教师"近亲繁殖"状况（单位：%）

	类别	近亲率	非近亲率	缺失率	总体%（份）
1	直属高校	57.4	39.7	2.9	100（755）
2	地方高校	23.0	72.3	4.7	100（4132）
1	发达地区	35.4	60.1	4.5	100（1298）
2	中等地区	27.0	68.3	4.7	100（2012）
3	欠发达地区	24.1	72.0	3.9	100（1577）
1	研究型大学	56.5	40.9	2.6	100（915）
2	普通本科院校	29.8	66.4	3.8	100（2637）
3	高职高专院校	6.0	87.2	6.8	100（1335）
	总体平均	28.3	67.3	4.4	100（4887）

资料来源：林杰. 中美两国大学教师"近亲繁殖"之比较 [J]. 高等教育研究, 2009(12):44.

第二，学缘来源高校的地理覆盖面较为狭窄。表现在高校学缘本地化程度较高，教师队伍中毕业于本省甚至本市的教师比例偏高，有的高校有近七成甚至超过七成的教师毕业于本省市高校，来源于省外和国外高校的分布点既少又小。分布点少意指学缘来源于极少数省（国家或地区）的少数高校，分布点小即毕业于别省和别国高校的教师比例很小。

第三，学缘来源高校的层次性偏低。即地方高校教师队伍中毕业于211、985 高校和国外高校的比例偏低，国内重点大学教师队伍中来源于世界著名大学的学缘比例较小。远缘杂交重在和优种学缘杂交，学缘来源高校的层次性偏低或者比例偏小，也就是缺乏优种学缘。这种情况不可避免地会制约高校教师和前沿学术流派、先进科研方法之间的接触、学习与借鉴。

第二节　国外高校科研队伍结构优化的经验

发达国家位于世界科学体系的中心地带，高校科研实力雄厚，这与发达国家高校拥有较为优化的科研队伍结构密切相关。发达国家高校在长期的改革和发展过程中，较好地秉承优良传统，尊重教育发展规律和科研发展规律，加强自主调整构建，以结构优化促进科研队伍功能的不断增强和实力的不断提升。发达国家高校调整科研队伍结构的做法和经验具有借鉴和启示意义。

一、国外高校科研队伍的结构特征

（一）中年占优、均衡对称的年龄结构

发达国家高校科研队伍年龄结构具有中年占优、均衡对称的显著特点，即四五十岁的中年科研人员所占最大比例，年轻和老龄科研人员比例分别随着年龄越小或年龄越大逐渐变小，形成类正态分布。比如，在全国高校专任教师队伍中，40 ～ 60 岁教师比例美国为 62.2%、英国为 67.0%、日本为 55.3%，40 岁以下教师比例美国为 20.0%、英国为 23.0%、日本为 29.8%，60 岁以上教师比例美国为 17.8%、英国为 10.0%、日本为 14.9%，这种结构既符合高层次人才的"长积累高起点长发挥"的成长和使用规律，又有

利于中年科研骨干团队的建设和整个队伍的新陈代谢，因而结构较为优化（见表 3.7）。

表 3.7 美、英、日高校专任教师队伍年龄结构状况

	教师数（千人）	各年龄段教师所占比例（%）					
		<30	30～39	40～49	50～59	>60	其中 >65
美国	681.8	1.8	18.2	29.0	33.2	17.8	6.4
英国	7.5	2.0	21.0	35.0	32.0	10.0	未知
日本	18.3	4.6	25.2	28.0	27.3	14.9	4.7

说明：美国数据指专职教师（full-time faculty）和教学人员（instructional staff）。英国数据指英格兰地区。日本年龄分段为 ≤30、31～40、41～50、51～60、≥61 岁、其中 ≥66 岁，其统计口径跟美英稍有不同。英国数据中其中大于 65 岁教师比例为"未知"。

资料来源：美国数据来源于 U.S. Department Education.Digest of Educational Statistics 2009：370；英国数据来源于 Staff Employed at HEFCE-Funded HEIs: Update-Trends and Profiles 1995-96 to 2008-09，25，日本数据来源于日本总务省统计局政府统计综合窗口 http://www.e-stat.go.jp/SG1/estat/NewList.do?tid=000001016172.

（二）博士为主、比例适当的学历结构

在高等教育大发展的现代社会，学历已经成为衡量个体知识基础、发展潜力、专业水平等综合素质的第一标准，是个体进入社会正规职业的第一块敲门砖。由于高等学校是发明和授予学位以及培养学位拥有者的唯一机构（极少数国家如我国例外，独立研究机构也可以授予研究生学位），离开了高校教师就没有高级学位现象。拥有高级学位授予权的机构——高等学校，其从业人员必需拥有一定的学位。当前，发达国家高校教师队伍的总体学历层次较高，世界一流大学的专任教师队伍中绝大部分甚至几乎拥有本学科领域的最终学位。比如，全国高校教师队伍中，拥有博士学位教师比例在美国达到 67.8%，在英国达到 45.0%，在日本达到 43.9%（见表 3.8）。

表 3.8 美、英、日高校专任教师队伍学历结构状况

	教师数（千人）	各学历教师所占比例（%）				
		博士	硕士/高级学位和研究生学历/修士	学士/第一学位	其他	未知
美国	681.8	67.8	26.4	4.3	1.5	0
英国	8.8	45.0	26.0	15.0	10.0	4.0
日本	18.3	43.9	26.5	29.6	0	0

说明：美国博士比例含10%左右的第一级专业学位，因为美国第一级专业学位是最终学位，一般都是博士，相当于我国专业博士，"其他"栏为研究生未得学历者和学士学位以下。美国的学位序列是博士、硕士、学士；英国是博士、高级学位、研究生学历、第一学历，其中英国的高级学位也称研究生学位课程，部分是硕士、部分是博士，相当于美国第一专业学位，类似于我国的专业硕士和专业博士，表中数据26.0%中含23.0%的高级学位和3.0%的研究生学历，英国的其他学历栏数据指高等教育文凭证书（Diploma in Higher Education）和高等文凭证书（Higher Diploma）等。日本的修士学位栏中已含专门职学位，日本的专门学位就是专业学位，和修士学位平行，有些是硕士，有些是博士。日本的学士栏数据29.6%已含其他学历。

资料来源：美国数据来源于 U.S. Department Education. Digest of Educational Statistics 2009：370；英国教师数来源于 Department for Education and Skills.Recruitment and Retention of Aacademic Staff in Higher Education：43，学位情况来源于 UK Department for Educatin and Skills. Recruitment and Retention of Academic Staff in Higher Education 2005：59，62；日本数据来源于日本总务省统计局政府统计综合窗口 http://www.e-stat.go.jp/SG1/estat/NewList.do?tid=000001016172.

（三）教授为重、匹配合理的职称结构

在专业技术领域，职称是教育科研工作者能力、实力、贡献的重要体现，优化高校科研队伍的职称结构其实就是不断提高科研队伍总体实力。从理论上讲，一所高校所有教师全部都是教授最好，但由于学术职业任务的多样性、职称晋升的阶段性、各类学校目标使命的多样性，以及受到办学成本等条件的制约，现实中的高校并不像追求教师学位的极高博士化（可以逼近甚至达到100%）那样，过于简单追求教授拥有率的无限增长。从实践来看，一国高校教师队伍的平均教授拥有率达到四五成就算是很高了，少数著名大学当然可以通过非升即走和采取一步到位的引入模式

提高本校教师队伍的教授比例。目前，发达国家高校科研队伍职称层级普遍较高。比如，2009年全美高校专任教师队伍中，拥有教授职称的比例为24.4%、副教授是20.5%，英国专兼职教师队伍中教授比例为14.0%、高级讲师／研究员比例是23.0%，日本专职教师队伍中教授比例为40.0%、准教授比例是24.1%。虽然美国全国高校教师队伍平均教授比例只有近25%，但美国的副教授和助教授含金量较高，都拥有指导研究生的资格，并非分别等同于我国的副教授和助教。上述的英国高校教师队伍教授比例也较低，但如果剔除兼任教师，其专任教师队伍的教授比例也较高（见表3.9）。

表3.9 美、英、日高校教师队伍职称结构状况

	教师数（千人）	各职称教师所占比例（%）					
		教授	副教授／高级讲师和研究员／准教授	助教授	讲师	教员／研究员／助教／助手	未知
美国	729.0	24.4	20.5	23.5	4.6	14.3	12.7
英国	11.8	14.0	23.0	0	38.0	24.0	1
日本	18.8	40.0	24.1	0	11.8	23.7	0.4

说明：美国教师指专任教师（full-time instructional faculty、full-time regular instructional faculty、full-time faculty and instructional staff）。英国教师含专任和兼任教师，所以教授比例较低，英国数据仅指英格兰地区学术人员（Staff with academic roles excluding very low activity and inactive contracts）。日本教师为专任教师。美国职称序列为教授、副教授、助教授、讲师、教员，英国职称序列为教授、高级讲师／高级研究员、讲师、研究员，日本职称序列为教授、准教授（也称副教授）、讲师、助教／助手。美国的助教授不同于日本的助教和助手，也不同于我国的助教。美国助教授拥有指导研究生的资格。

资料来源：美国数据来源于U.S. Department Education. Digest of Educational Statistics 2010：380；英国数据来源于Staff employed at HEFCE-funded HEIs: update—Trends and profiles 1995-96 to 2008-09：9；日本数据来源于日本总务省统计局政府统计综合窗口 http://www.e-stat.go.jp/SG1/estat/NewList.do?tid=000001016172.

（四）特色鲜明、交叉渗透的学科结构

发达国家对待高校教师队伍学科关系的态度是尊重科学发展规律、立足

现实发展条件、紧扣国家发展战略、服务现实社会需要，表现出学科师资配置上的重点突出、统筹兼顾、强调特色、注重交融。在国家层面上，美、英、日高校教师队伍学科结构见表 3.10、表 3.11。

表 3.10　美、英、日高校专任教师队伍学科结构状况

	美国	排序	学科	英国	排序	学科	日本	排序
年份	2003			2008—2009			2007	
总人数（千人）比重（%）	682			11.8 比重（%）			18.3 比重（%）	
人文	13.2	3	人文	4.8	8	人文	14.1	3
创意艺术	6.3	并列 6	创意艺术 / 设计	5.1	并列 6	艺术	3.4	8
社会	10.3	4	政治 / 经济 / 社会	9.5	3	社会	13.2	4
教育	7.5	5	教育	4.9	并列 7	教育	6.3	6
商贸	6.3	并列 6	商贸 / 行政学	4.9	并列 7			
法学	1.5	12	法学	2.1	11			
农学与家政	2.5	10	兽医 / 农业及相关学科	12.0	并列 2	农学	3.7	7
自然	22.1	1	生物	14.4	1	工学	16.4	2
健康	13.8	2	医药 / 医科 / 牙科等	12.0	并列 2	保健	30.6	1
工程	4.8	7	工程 / 技术 / 制造 / 建筑	7.5	5	家政	2.0	9
通信	2.3	11	电脑 / 图书馆 / 信息	4.4	9	商船	0.06	11
职业特别课程	4.0	9	综合和未知	0.9	12			
其他	4.3	8	语言学	5.1	并列 6	其他	1.8	10

续表

美国	排序	学科	英国	排序	学科	日本	排序
		物理	9.3	4	理学	8.5	5
		数理	2.9	10			

说明：美国科研队伍指专职学术人员。英国科研队伍指英格兰高等教育机构（English HEIs）学术人员，不包括低参与度和短期合同学术人员（Staff with academic roles excluding very low activity and inactive contracts），含兼职。日本的"其他"栏数据包括其他学科和未确定学科。

资料来源：美国数据来源于 U.S. Department Education. Digest of Educational Statistics 2009：376；英国数据来源于 Staff employed at HEFCE-funded HEIs:update — Trends and profiles 1995-96 to 2008-09：10；日本数据来源于日本总务省统计局政府统计综合窗口，即学校教员统计调查（平成 10、13、16、19 年度）[EB/OL]. http://www.e-stat.go.jp/SG1/estat/NewList.do?tid=000001016172.

表 3.11　美、英、日高校专任教师队伍三大学科分布状况（单位：%）

	美国（2003）	英国（2008—2009）	日本（2007）
自然学科	49.5	67.4	59.3
社会学科	25.6	16.5	21.4
人文学科	19.6	15.0	17.5
综合/未知/其他	5.3	1.1	1.8
总计	100	100	100

在高校层面，发达国家高校注重特色发展和交叉融合，既不求大求全，美国很多高校长期保持在两三千人规模；也不刻意模仿尤其是不趋同高层次高校发展模式，实践型、教学型、研究型各同类高校之间相互竞争激烈，但不同类型高校不相互模仿。同时，通过综合化学院设置和多学科发展中心建设促进不同学科教师之间的交流。比如，美国庞大的"哈佛帝国"只设置 10 个专业学院、麻省理工学院设置 6 个学院、斯坦福大学设置 7 个专业学院，英国苏塞克斯大学组建了 13 个学群、利物浦大学设置 6 个专业学院（faculty）、约克大学设置 8 个学院，日本的东京和京都大学分别只设置 15 个学部（相当于我国学院）和 15 个研究科、筑波大学有 7 个学部 8 个研究

科等（见表 3.12）。

表 3.12　美、英、日部分高校二级专业学院（学群）设置状况（单位：个）

编号	美国大学	学院数	编号	英国大学	学院数	编号	日本大学	学院数
1	哈佛大学	10	1	苏塞克斯	13	1	东京大学	10/15
2	麻省理工	6	2	利物浦	6	2	京都大学	10/15
3	斯坦福	7	3	约克大学	8	3	筑波大学	7/8
4	耶鲁大学	12	4	伯明翰	19	4	广岛大学	10/15
5	俄亥俄州立	9	5	克兰菲尔德	5	5	大阪大学	11/15

说明：日本栏中的第一个数据为学部数，即本科专业学院，第二个数据为大研究院的学科数。

资料来源：各高校网站以及国务院学位委员会办公室. 透视与借鉴——国外著名高等学校调研报告（2008 年版）（上、下）[R]. 北京：高等教育出版社，2008.

（五）优质多样、远缘杂交的学缘结构

发达国家高校科研队伍学缘结构总体较优化，具有多样性、远域性和高质性，体现出学缘丰富多样、促进多元交流，学缘包容四海、促进远缘杂交，学缘高位优质、促进优势占据和前沿引领的特点。在学缘结构方面，地处东方的日本和美英等欧洲各国存在各自不同的特点。

美英高校科研队伍学缘类别体现出多样性，学缘来源于世界各地、毕业于重点大学的比重较大。以高校专任教师队伍为例，2009 年美国高校专任教师队伍中，白人占 75.6%、黑人占 5.4%、西班牙人占 3.8%、亚太人占 8.2%，另有 6.4% 为未知民族。另有有关调查显示，2004 年美国高校教师队伍中，有 5.0% 教师的最高学位是在海外高校获得（另有 3.1% 调查对象未知相关信息），6.3% 教师拥有海外国籍（另有 3.1% 调查对象未知相关信息），15.5% 的教师出生于海外（另有 3.1% 调查对象未知相关信息）。虽然民族、国籍和出生地并不等同于学缘，但海外民族、外国国籍、海外出生的教师很有可能在相应国家或地区接受某一阶段的高等教育，进而建立某种形式的学缘关系。在英联邦，2001—2002 学年度中，有 24.0% 高校教师来源于英伦四岛之外，2009—2010 学年度则为 20.0%，海外教师学缘的地理来源覆盖全球各地。因此，教师队伍中毕业于海外高校比例较高以及教师民族多样性、国籍多样性和出生国的多样性可以

从一定程度上说明教师学缘的多样性和学缘来源地理范围的广阔性（见表 3.13、表 3.14、表 3.15、表 3.16）。另外，美国高校教师队伍中毕业于重点大学的教师比例较高，有学者曾做过统计，美国实力排前 20 位的大学，其博士教师队伍中的 70.6% 毕业于排名前 20 位的大学；实力排在 21～100 位的大学，其博士教师队伍中的 84.4% 毕业于排名前 100 位的大学；实力排在 101～200 位的大学，其博士教师队伍中的 77.2% 毕业于排名前 200 位的大学；实力排在 201～400 位的大学，其博士教师队伍中的 86.6% 毕业于排名前 300 位的大学（见表 3.17）。

表 3.13　美国高校教师队伍的人种（民族）构成状况

教师数（千人）	各种族教师所占比例（%）						
	总计	白人	黑人	西班牙人	亚太地区	印第安和阿拉斯加本地	未知 / 未统计
2009 专任　728977	100.0	75.6	5.5	3.8	8.2	0.5	6.4
2009 兼职　710167	100.0	74.2	7.8	4.2	3.7	0.5	9.6
2009 合计　1439144	100.0	74.9	6.6	4.0	6.0	0.5	8.0

资料来源：相关年度的《美国教育统计年鉴》（Digest of Education Statistics）

表 3.14　2004 年美国高校教师的海外高校毕业、海外国籍、海外出生状况（单位：%）

	美国	其中博士授予高校	海外	未知	合计
最高学位毕业高校所在地	91.9	66.2	5.0	3.1	100.0
高校教师国籍	90.6	—	6.3	3.1	100.0
高校教师出生地	81.4	—	15.5	3.1	100.0

说明：这里的教师是指专兼职教师（All faculty and instructional staff）。

资料来源：

http://nces.ed.gov/dasolv2/tables/varDetails.asp?comeFrom=1&entryNo=80&varName=X14Q17&fileNumber=28.

http://nces.ed.gov/dasolv2/tables/varDetails.asp?comeFrom=1&entryNo=39&varName=Q81&fileNumber=28.

http://nces.ed.gov/dasolv2/tables/varDetails.asp?comeFrom=1&entryNo=38&varName=Q80&fileNumber=28.

表 3.15　2001—2002 年英联邦高校教师来源状况（单位：%）

	所有高校	高校类型			
		老大学	新大学	学院	技术学院
英联邦国籍	76.0	73.0	81.0	92.0	77.0
英联邦外国	24.0	27.0	19.0	8.0	23.0
总　计	100.0	100.0	100.0	100.0	100.0

说明：这里的教师指高校学术队伍（academic staff），含兼职。

资料来源：Department for Education and Skills.Recruitment and Retention of Aacademic Staff in Higher Education.

表 3.16　2008—2009 年英格兰高校专职教师来源状况

教师来源	人数（人）	比例（%）
英联邦本土	59990	79.8
西欧和斯堪的那维亚半岛	5825	7.7
美澳加新	2625	3.5
东欧和中欧	1535	2.0
中日等东亚地区	1050	1.4
中东和中亚	1035	1.4
其他非欧洲国	885	1.2
未知来源国	2240	3.0
非英联邦本土小计	15195	20.2
全体教师总计	75185	100.0

说明：这里的教师具有长期合同的学术人员（permanent academic staff）。

资料来源：HEFCE.Staff employed at HEFCE-funded HEIs: Trends and profiles 1995-96 to 2008-09[EB/OL]. [2011-10-20]. http://www.hefce.ac.uk/pubs/hefce/2010/10_06/.

表 3.17　美国著名大学拥有博士学位教师的学缘来源状况

学校排位	拥有博士学位教师总数（人）	教师毕业高校的排名状况（%）						
		计	前 20	21～100	101～200	201～300	301～500	后 500
前 20 位	4342	100	70.6	21.1	2.3	1.1	0.5	4.4
21～100 位	5030	100	40.3	44.1	6.2	4.1	1.8	3.5
101～200 位	4722	100	19.5	38.2	19.5	7.7	3.9	11.2
201～400 位	2824	100	19.6	43.7	12.8	10.5	7.4	6.0

资料来源：姜远平，刘少雪，刘念才.美国一流大学教师学缘结构分析 [EB/OL]. [2010-09-10]. http://www.dost.moe.edu.cn/outpart/literature/20050113007.doc.

在高校科研队伍的学缘构成上，日本与欧美等国存在较大差异。由于地处东亚，深受儒家文化、家族观念影响，其状况跟中国有较大相似性，即近亲繁殖较严重、学阀现象较突出。但是，日本在很早时期就自觉学习和汲取西方的开放文化和竞争文化，通过其他方式逐步化解近亲繁殖和学阀现象的消极影响，形成了"间断性近亲繁殖—高层次型"学缘结构，即本校毕业教师比例较高，但大多数不是应届毕业生直接留校而是在其他部门履职一段时期后回母校任教，同时来源于较高层次高校的学缘比例较高。东西方文化相互融合在日本高校教师队伍学缘结构上得到较为充分体现。从这一角度上说，日本高校教师队伍学缘构成与中国存在较大差异。具体表现在以下几个方面。

首先，日本高校教师近亲繁殖较为严重。一是高校应届毕业生如选择高校教师职业的，倾向于留校，校方乐于接受留校生。比如，2007 年日本大学共招聘 1659 名应届毕业生从教，其中 62.4% 是留校生，只有 37.6% 是外校应届毕业生。[20] 其他年度情况类似（见表 3.18）。二是大学教师队伍中本校毕业率较高。2007 年，日本大学专任教师队伍中，34.0% 的教师是本校毕业生，其中近亲最高的学科是商船，达 72.3%，这也许跟该学科教师规模极小并主要集中在数量少的高等专科学校有关；[21] 其次是保健学科，近亲率达到 55.3%；再次是农学 43.4%；接下来是工学 33.9%、家政 31.6%，这两者也都超过 30%；最小是人文学科也达到 16.1%（见表 3.19）。在著名大学，教师的近亲繁殖更为严重。2006 年的东京、京都、庆应和早稻田大学的法学部"本校毕业率"分别为 81.7%、75.4%、72.3 % 和 57.1%。[22]437

其次，日本高校教师学阀现象比较明显。即名牌大学毕业生占领全国大学教师主要市场。据统计，日本 10 所名牌大学在"教授市场的占有率"超过 50%，其中东京大学为 15.4%，京都大学为 9.3%，其他级别教师在各个学科上也是名牌大学的占有率最高，[22] 436 而且这种趋势一直居高不下。[23] 虽然学阀并不完全等同于近亲繁殖，但两者有高度相关性，近亲繁殖往往产生学阀，学阀控制往往又反过来强化近亲繁殖。如果一所大学的毕业生占据了另一所高校教师队伍较大比例（学阀的体现），我们可以将这种现象称为"异地近亲繁殖"。

表 3.18　日本大学招聘应届毕业生的学缘状况

1998	招聘应届生总数（人）	1852
	其中本校毕业（人）	1176
	%	63.5
2001	招聘应届生总数（人）	1793
	其中本校毕业（人）	1130
	%	63.0
2004	招聘应届生总数（人）	1577
	其中本校毕业（人）	975
	%	61.8
2007	招聘应届生总数（人）	1659
	其中本校毕业（人）	1035
	%	62.4

资料来源：日本总务省统计局政府综合统计窗口 http://www.e-stat.go.jp/SG1/estat/NewList.do?tid=000001016172.http://www.e-stat.go.jp/SG1/estat/NewList.do?tid=000001011528.

表 3.19　2007 年日本大学各学科专职教师来自于本校的情况（单位：%）

平均计	人文	社会	理学	工学	农学	保健	商船	家政	教育	艺术	其他
34.0	16.1	16.4	25.0	33.9	43.4	55.3	72.3	31.6	17.5	22.8	19.5

资料来源：http://www.e-stat.go.jp/SG1/estat/List.do?bid=000001017860&cycode=0

二、国外高校科研队伍结构优化的基本经验

概括起来，发达国家高校在调整和优化科研队伍结构过程中，采取了如下做法与措施，值得我们思考和借鉴。

（一）尊重职业特点，注重新老交替，优化年龄结构

个体的年龄增长是不可控的自然过程，但群体的年龄结构又是一个可以通过人为调控的社会现象，其主要手段就是合理控制进口和出口，形成合理、有序、有效的流动机制。

一是尊重学术职业特点，通过完善入职和退休制度调整年龄结构。首先，提高入职学历标准，调整年龄结构。发达国家规定了高校教师较高的资格认定和职业应聘学历标准，适当延长职前的知识积累和专业训练过程，促进教师心身成熟，以便更适合于履行高校学术和教育工作。在发达国家，博士学位成为学术职业的第一"敲门砖"，而博士学位的获得是一个非常艰难的过程，经过七八年奋斗才取得博士学位是件常事，因此，发达国家博士生的毕业年龄都比较大，从而避免了类似我国的队伍年轻化问题。发达国家正是通过提高入职学历标准、强化博士学位的高质量（客观上延长博士学习年限）以及实施灵活的工读交换制度（客观上丰富了教师阅历和经验，也延长了学习年限）等措施促进高校教师身心成熟和素质提高，并在这一过程中调整和优化了年龄结构。其次，提高求职者的素质、阅历和经验标准，调整年龄结构。发达国家规定高校教师入职者不仅具有相应的学位，一般还要经过一段较长时间的包括助教助研、社会实践等职业预备期，高校招聘教师非常看重应聘者的能力、阅历和工作经验。在我国，没有任何高校教学研究经历的应届研究毕业生直接走上大学讲台是一件非常普遍的事情，而在发达国家，这种现象是很少见的，甚至是被严格禁止的。在发达国家，一般在学术职业的

最初口，即在教师资格认定时就要求考取者要有一定的高校教学研究经历，在校研究生从事助研助教工作是发达国家研究生教育的普遍现象，对于立志终身从事学术职业的研究生而言，更是重视相关技能、阅历和经验的积累。比如，德国采用编外教师制度对学术职业求职者限定了极为苛刻的条件，编外教师要想取得正式入编资格需要经过七八年甚至更长的艰苦磨炼的过程。因此，发达国家高校强调求职者的阅历、经验和能力，使得教师队伍年龄相对我国而言普遍较大。再次，完善"双制度"，调整年龄结构。西方建立有较完善的终身教职制度和灵活的退休制度，既充分尊重和保护了教师的学术自由，也延长了教师的从业年限，满足老龄教师的从教乐趣，并能充分发挥高层次人才发挥周期长的优势。其中，终身教职制度使得拥有资格者有选择退休年龄的权利。另外，西方高校教师退休制度比较灵活，不像我国一刀切地规定男性 60 岁、女性 55 岁为退休年龄，各校尤其是私立高校规定可以不一样，有的规定为 60 岁，有的规定 63 岁或 65 岁甚至更长。因而，发达国家高校教师队伍才形成了目前以 30 ～ 60 岁为主要职业年龄段，中年教师比例占优，总体年龄较大（尤其和我国相比）的结构特征。实践证明，这种年龄结构更符合学术职业特点。

二是尊重学术职业特点，通过拓宽用人渠道调整年龄结构。发达国家教师招聘渠道多样，不是走"从学校到学校"的单一路径，而是重视从社会其他部门和自由职业队伍中招聘符合自身需要的教师，尤其是那些面向社会和市场、职业型和实践型的高校和课程。在西方高校，有一定比例的教师是从行政、企业、研究机构、其他社会组织和自由职业者半路转行过来的，他们当中有些完全是基于对学术职业产生乐趣，很多还是各行各业的成功人士。在兼职教师队伍中这种招聘模式表现得更为突出。随着高校与社会关系的日益密切，发达国家高校更是重视与社会之间的沟通、交流、合作，其中教师流动就是一个方面，这有利于学产研用四者之间的紧密联系和一体化的形成。比如 2007 年日本大学招录教师 11528 人中，应届毕业生仅占 14.6%，其余的 85.6% 是来自社会各界和自由职业者的年龄较大的往届毕业生，上述 11528 人中老中青皆有，其中大于 45 岁的占 18.9%。[24]

三是尊重学术职业特点，以能力为本、年龄公平的招聘和流动模式自然调整年龄结构。能力的公平竞争必然引起队伍年龄结构的自然调整。首先，发达国家在教师招聘上没有年龄歧视。通过查看发达国家高校的教师招聘广告，其重点内容是描述岗位对应聘者学历、阅历、能力的要求，特别是学术业绩，一般都没有年龄规定的条款。其次，发达国家在教师职称晋升上没有年龄歧视，少有论资排辈现象。再次，发达国家在教师流动上没有年龄歧视，无论是"非升即走"，还是跳槽转行，抑或是兼职教师的雇佣等，一般不论年龄，重点看能力和岗位的匹配度。在发达国家，年龄歧视和民族歧视、性别歧视、残疾歧视等其他形式的歧视一样，长期受到社会的批评，政府也不断完善制度以保障公平竞争。如果教师在求职中遇到年龄歧视，还可以通过投诉、起诉等法律手段来维护自身的平等权利。公平竞争促进教师的有序流动，教师的有序流动又推动了教师队伍年龄结构的有序调整。

（二）提高学历标准，重视师资储备，优化学历结构

高校教师队伍学历结构的形成和调整受到诸多因素影响，个体的学历获得需要经过一个较长的周期，优化教师队伍学历结构需要很大的资源投入、采取合理的措施，并经过一个长期的过程。归纳起来，发达国家优化科研队伍学历结构主要采取如下做法：

第一，提高职业学历标准，优化学历结构。英、美、日等国将博士学位作为踏入学术职业第一条件的做法已有很长一段时期。早在1900年前后的美国，哲学博士（PH.D）学位证书就已经成为大学中讲授主要学科的资格证书。1904年，纽约的城市学院（the City College）要求其所有教授必须具有哲学博士学位，8年以后对其讲师也提出了同样的要求。1905年，伊利诺伊大学（University of Illinois）宣布未来的教授只从受过严格训练的哲学博士学位获得者中晋升。[25]从此之后，博士学位开始成为研究型大学学术职业的准入标准。之所以出现这种状况主要是基于两方面原因：一方面，大学之间的竞争使得大学之间争夺有实力教师的竞争愈演愈烈，而哲学博士学位代表持有人已经接受了长期的、专业的和理论性训练，标志着学位持有者有以增长人类知识为服务意向和相应能力；另一方面，自20世纪70年代中期开始，随着学术劳动力市场从供不应求转变到供大于求，整个社会和高校对学术职业从业人员素质提出了更高的要求，学术职业学历准入标准明显提高。这时候几乎所有的大学和学院都要求申请人员拥有博士学位，也使得教师队伍高学历化趋势从研究型大学向一般高校扩散成为可能。1972年，全美高校（包括大学和学院）专任教师博士拥有率就达到35.8%，1992年达到53.7%，2003年达到

59.6%。如果包括获得第一级专业学位（这种学位大部分就是本学科领域的最高学位），这一比例则更高。① "博士学位成为进入学术职业的必需品"在美国已经成为一种基本的入职准则和行业惯例。[26] 如今在美国，要想成为大学教师，除艺术和警校外，首要条件就是必须获得博士学位。在英国，博士学位也几乎成为高校尤其是四年制高校教师入职的先决条件；德国也不例外，即使是作为通往教授的过渡性职业的助教也要求拥有博士学位；法国高校教师的学历要求是法定的，除受聘几年后可能会申请终身职位的助手无须拥有博士学位外，其他专职讲师和教授都要拥有博士学位。[27] 日本是一个学历社会，高校教师入职学历条件也非常高，高校学术职业的学历标准从 20 世纪 60 年代随着高等教育大众化和普及化的实现也逐步提高。1998 年日本全国高校专任教师博士学位比例是 37.1%，2001 年是 39.8%，2004 年是 41.9%，2007 年达到 43.9%。② 目前，发达国家全国高校专任教师队伍的博士比例平均起来一般在 40% 左右，著名大学则达到百分之八九十，甚至逼近 100%。总之，通过创建公平竞争机制，促使高校持续不断地提高教师的入职学历标准，是发达国家高校调整和优化队伍学历结构的基本做法。

第二，重视优质师资储备，促进学历结构优化。提高招聘人才的学历标准，必须有相应的人才市场；提高在职教师的学历层次，必须有授予相应学位的培养机构。优化教师学历结构和发展研究生教育密切相关。一方面，学术竞争促进了研究生教育的发展和刺激了高校对高学历学术人员的需求，另一方面，研究生教育的发展为高校提升教师队伍学历层次创造了条件。因此，发达国家在 20 世纪初就非常重视研究生教育，投入大量经费、汇聚各路名师不断扩大规模和提高质量，一方面为高校学术职业输送高学历高质量人才做好人才储备，另一方面通过提升高等教育总体实力，以吸引海外学者到本国高校从教求学，或吸引海外求学毕业后留下来从教，这两个方面又形成了相互促进、良性循环的双螺旋上升的关系。德国洪堡时期提出的教学科研相结合奠定了大学的科研职能，为研究生教育奠定了基础，创新了研究生培养早期机制。美国自从霍普金斯大学（The Johns Hopkins University）创建

① 说明：1972、1992、2003 年的数据分别来源于相关年度《美国教育统计年鉴》(Digest of Educational Statistics)。

② 说明：此处数据来源于日本总务省统计局政府综合统计窗口http://www.e-stat.go.jp/SG1/estat/NewList.do?tid=00000101617.http://www.e-stat.go.jp/SG1/estat/NewList.do?tid=000001011528.

研究生培养制度开始，经过多年的改革和发展，形成了完善的大规模培养研究生的现代研究生教育制度。美国每年授予的硕士和博士学位数：1920 年分别是 4279 人和 615 人，1930 年是 14965 人和 2299 人，1940 年大众化前期是 26731 人和 3290 人，1950 年是 58183 人和 6420 人，1960 年是 74435 人和 9829 人，1970 年普及化前期是 208291 人和 29866 人，1980 年普及化初期是 298081 人和 32615 人，1990 年为 324301 人和 38371 人，2000 年为 457056 人和 44408 人，到 2009 年是 656784 人和 67716 人。[28] 可见，从 20 世纪 20 年代初到 70 年代初是美国研究生学位授予数量的高峰期，尤其是在开始进入大众化阶段的 40 年代和从大众化过渡到普及化的 60 年代末 70 年代初，以 1970 年和 1920 年的硕士和博士学位授予数量相比，分别增长了 47.7 倍和 47.6 倍，平均每 10 年增长 8.7 倍。从博士学位授予数量来看，另外一个发展小高峰在 21 世纪以后，21 世纪初九年比 20 世纪末十年增长了 50%。美国研究生尤其是博士生教育的长期持续发展，既为美国高校不断提高教师学历层次提供了充足的选才资源，也保证了博士学位的持续含金量。英国研究生教育从 20 世纪 50 年代到 80 年代迎来了大发展时期，如 1951 年注册研究生人数 11327 人，占本科生数的 16.7%，1980 年注册研究生数已达 100826 人，占本科生的 20.5%。[29]50-55 英国研究生教育的大发展不仅为英国的科技经济发展注入强劲活力，也为高等教育大众化的实施储备了充足的高学历师资力量。日本也先后师从德美等国建立和发展研究生教育，并在战后开始提速，保持持续稳定发展，60 年代后期到 70 年代中后期是一个发展小高峰，这为不断提升高校教师学历水平奠定了人力基础。[29] 50-55 到 20 世纪 80 年代步入普及化之后，日本还意识到自身与欧美发达国家的差距，提出了到 2000 年研究生数达到 20 万，比 1991 年的 10 万扩大一倍的"倍增计划"；20 世纪末又提出到 2010 年提高到 25 万规模的发展目标，[30] 研究生教育大发展使高校不断提高日本教师学历层次成为可能。在发达国家，博士学位的设立、博士生的培养主要是面向学术职业需求，而不像我国目前的博士学位市场主要是在官场而不是在高校。[31] 此外，发达国家研究生教育规模占本专科生教育规模的比例都很高，日本在 1994 年就达 6.1%、美国 1992 年为 12.7%、英国 1992 年是 21.8%、法国 1993 年达 18.8%，[29] 50-55 我国 2010 年在校研究生数仅为在校普通本专科生数的 6.9%。因此，大力发展研究生教育尤其是博士研究生教育，是西方发达国家调整和优化高校教师学历结构重要的间接手段。

第三，广泛招聘各界高学历人才，优化学历结构。即使是在研究生教育大发展时代，也存在高校和社会其他机构争抢高学历人才的问题。因此，发达国家高校重视投入，提高学术职业吸引力，并随着高校与社会关系的日益密切化和互动化，注重从社会各界招聘具有其他职业背景、阅历丰富的高学历人才到高校任教。比如日本大学部门2007年共招录教师11528人，其中来源于社会其他部门和自由职业者占85.6%，其中80.7%的博士和76.8%的硕士是往届生。[①] 此外，发达国家高校为了提高竞争力，凭借雄厚的经济实力、以优厚的条件向全球招聘、争抢或深挖高学历、高潜质、高能力人才，这类人才的较大比例进入高校从事教学研究活动，也在一定程度上提高了引进国高校教师队伍学历的总体层次。

第四，加强在职教师学历进修，优化学历结构。发达国家高校为了提高教师队伍的学历层次，通过采取职称晋升与学历挂钩、提供在职进修服务、鼓励支持攻读学位课程等措施提高在职教师的学历。比如，日本从20世纪70年代开始为了加强青年教师教职意识和提升教师学位层次，先后建立了兵库、上越和鸣门等教育高等学校，专门按教师在职要求开展教育类硕士课程，以取得硕士学位。进入八九十年代，日本对教师的学历条件和资格提出了更高的要求，对教师的在职进修也越来越重视，并形成了系统规范的在职教师进修制度，甚至制定了专门法律对教师进修加以确认和保障，通过制度和法规的形式，对教师进修的权利和资格以及进修的时间、内容、方式、机构等诸多方面都做了具体详尽的规定。

（三）注重师资质量，完善评审制度，实行非升即走，优化职称结构

调整和优化科研队伍职称结构的基本做法，一是促进职称晋升，二是分流低职称人员。西方发达国家的具体做法如下。

1. 多重严格把关，重视师资质量，促进职称晋升。没有基础好、素质高的师资，就没有职称晋升的机会，也就难以优化科研队伍职称结构。因此，严格师资入口关和在职教师培训关是优化职称结构的基础。第一，重视研究

---

① 数据来源：日本总务省统计局政府综合统计窗口 http://www.e-stat.go.jp/SG1/estat/NewList.do?tid=000001016172.http://www.e-stat.go.jp/SG1/estat/NewList.do?tid=000001011528.

生教育质量的严格把关。发达国家学术职业的职前准备充分、要求严格、质量很高。研究生教育采取高标准、长年限、严评审、高淘汰方式保证研究生质量的世界水平，高质量的研究生进入高校教师职业后，必然容易做出高水平的学术业绩，从而为职称晋升创造良好条件。第二，重视高校教师资格证书认证的严格把关。发达国家研究生如果立志从事学术职业，不仅在读研究期间参加助研助教，积累较多的阅历和经验，要想获得从教资格，还要经过各项实践性考察，如上台授课、做学术演讲并接受师生和考官的质疑和答辩等。接受较长周期的职前训练，获得较高的学术业绩和拥有相应的实际技能是发达国家高校教师行业的基本入职条件。第三，重视人才招聘的严格把关。发达国家高校在招聘教师时，不仅向全国甚至全球公开信息，甚至给相关高校或给在该学科领域有影响的教授发函咨询人才信息或请求推荐，高校在收到应聘者材料后还要通过多关审查，层层审议甚至要经过全院教师的投票，在应聘人选中选择最优者。第四，重视职称评定标准的严格把关。美国高校规定，讲师要具有硕士学位获博士候选人资格；助理教授要具有博士学位，并且要表现出在教学和科研工作方面的潜力，还要有 2～3 年的教学经验；对副教授及教授的要求就更高了。[32] 日本历来重视高等教育师资质量。日本临教审在《关于教育改革的第三次咨询报告》中就指出，"教师是大学的核心，大学的根本问题是要拥有一大批在教育和科学研究方面热情高、能力强，在品格方面也很优秀的人才。选用教师事关大学的生死存亡，是一个检验有关教授团体的见识和实力的课题"。[33]87 日本的这种大学教师观，决定了日本高校选拔教师过程中的高质量和高标准，高质量教师队伍为职称结构优化奠定了良好基础。远在明治维新初期，日本高校就从国外聘用专家达 800 人之多，政府为此支付相当大的财力。外籍教授月薪相当于或超过政府大臣的水平，部分外籍教师月薪甚至超过总理。另外，日本为了提高高校教师质量，大量选派留学生，并从中选聘高校教师。[33]88 在德国，大学终身教职以高定位、低比例设置，规定终身教职必须实行跨校竞争。[34] 当德国大学里教授职位空缺要招聘时，需要考核一大批校外求职者，并从中选出最优，而不是按照确定好的标准通过同行评议从校内应聘人员中遴选，即是竞争性开放选拔，而不是水平性封闭选拔，这既有助于保持遴选结果的高标准，又推动了大学之间的教师流动，[35] 也有助于教师职称晋升，促进队伍结构优化。

2. 重视在职培养，提供咨询服务，促进职称晋升。发达国家高校非常重视在职教师的专业发展，通过设置教师专业发展中心、专业发展咨询中心等机构和平台，并投入大量经费为教师的专业发展提供各种资助和帮助。比如，新教师可以参加各种培训学习，在专业发展、履行岗位职责、职称评定等方面有什么困惑都可以到咨询中心寻求服务。比如，美国大学对教师队伍的培养重点是在助教，日本大学规定教授有指导副教授、讲师、助教的进修和研究工作的义务。另外，发达国家为教师专业发展提供各种校外的访学、合作和交流机会。所有这些做法都有力地促进了教师的能力提升和业绩提高，从而为教师的职称晋升打下良好基础。这样，发达国家高校通过多渠道多样化的咨询、锻炼和帮扶机制，促进低职称教师的专业成长和能力提高，帮助他们取得职称晋升的机会，最终促进整个队伍职称结构的优化。

3. 提供锻炼机会，促进能力提高，促进职称晋升。发达国家非常重视学术职业入职前的专门训练，除了严格把关研究生教育质量外，还为潜在学术人员提供丰富多样的实际锻炼机会，以提高学术队伍的实践能力。发达国家大学为了促进研究生的职业素质发展，为他们提供大量的助教岗位，使他们有机会从事实际的教学和科研活动，以获得丰富的经验，具备相应的能力。比如，美国俄勒冈大学明文规定，所有担任助教职务的研究生，在攻读学位期间，至少要教一年的课或做一年左右的其他教学辅助工。因此，美国大学里的研究生，特别是博士生，不仅是教授的后备力量，而且是科研生力军，他们在学术方面做出的优异成绩为往后从业时的职称晋升奠定了坚实基础。

4. 强调科学评价，注重标准多元，促进结构优化。提高评价科学性主要是指，第一，公平竞争，能力（业绩）为本，同行评价，严格把关，即不论资排辈、不倾斜有官位的学者、不开后门拉关系，保证职称晋升的评价活动有序有效展开。第二，重视评价标准多元化和适应性，即各高校可以根据本校使命、任务、目标制定各职称级别的晋升标准和条件。比如，研究型高校侧重研究成果、教学型高校重视教学业绩、职业型高校兼顾实践技能等等。职称晋升过程中高标准和多元化的相互协调，有利于不同类型不同层次高校都可以根据自身实际调整和优化教师职称结构。比如说，一位教师在一所学校无法晋升教授时，可以到另一所更符合发挥自身特长、更容易取得业绩的学校晋升，这样两所学校都可以实现教师队伍职称结构的优化。换言之，教授评审的大学化，教授职务的大学化，为不同类型高校根据自身条件优化教师队伍职称结构提供了较为灵活的制度机制。

5. 提供优厚待遇，吸引学术高才，促进结构优化。教师的职称晋升不仅需要教师有良好的基础，同时也需要充分发挥和挖掘教师的潜力和能量，发达国家高校凭借雄厚的经济实力为高潜质教师提供优厚待遇，激发教师不断创新，鼓励教师不断做出高质量多数量的学术成果，并在创新过程中获得职称晋升机会。比如，为高职称教师提供优厚的工资待遇、带薪学术假期、出国访学合作机会、授予终身教授职位、担任各种学术职务、赋予各种学术权力等等。在实行讲座教授制的日本、德国、意大利等国家，教授权力很大，对低职称教师具有巨大的吸引力，大大激励低职称教师开拓创新。另一方面，发达国家凭借雄厚经济实力在世界范围内"深挖"人才，将大量发展中国家的学术能人、学术新星网罗手中，大大提高本国师资队伍的实力，教师实力和职称晋升高度相关。通过内部激励和外部吸纳，发达国家高校实现了教师队伍职称结构的不断调整和优化。

6. 重视经费投入，强化政府引导，促进结构优化。教师职称与待遇挂钩既体现了贡献与回报的相互统一，同时也意味着优化教师队伍职称结构必然带来经费开支的增加。因此，相应的经费投入是优化队伍职称结构的物质保障。在高等教育市场化较高的国家，高校自主性强，高校可以根据本校实际制定优化教师队伍职称结构的目标并采取相应行动，而在市场化较低的国家，如日本和法国，高校教师队伍职称结构调整受到政府较强的调控与引导。日本政府对大学的教授、副教授、讲师、助教之间的比例有严格的规定。比如，为确保短期大学办学条件和教学质量，加强管理，日本文部省1975年以第21号令颁布了《短期大学设置基准》，并于1982年修订由第2号令发布。该令以学校法规形式对短期大学的教授、副教授、讲师、助教的资格学分计算、教员配置比例等都做了详细具体的明确规定，如规定工科短期大学的教授数应占教员总数30%以上，主要课程应由专职教授或副教授担任，其他课程也尽量由专职教授、副教授或讲师担任。有课堂活动、实验、实习或实技表演时，应尽量配备助教。日本政府还规定，任何国立大学的兼职教师比例不能超过总数的50%，教授每天外出兼课不能超过2课时。[32]35-98 法国政府对全国高等教育的管制历来较为严格，甚至包括教师队伍建设等微观领域，比如法国教育部就规定高校教师队伍教授和讲师之间的标准比例为 40/60，但目前是 32/68；规定教授队伍中特级、一级、二级教授比例标准为 10/40/50，但目前比例是 10/37/53；规定讲师队伍中特级、一级、二级讲师的标准比例为 8/72/28，目前比例是 7/51/42。[36] 另外，德国高校实行教授讲座制，对教授数量和比例做了严格的规定，教授职称晋升不仅要学术优异，而且还要有空缺，但其他级别职称又另当别论。在这些国家，政府通过直接拨款和制定较高的高级职称比例引导和推动高校调整教师队伍职称结构。

7. 倡导公平竞争，实行非升即走，优化职称结构。发达国家在职称制度上的一个突出特点就是实行"非升即走"制，一个教师在一所学校任职，如果经过一个阶段的培养、磨炼，给予几次机会后都无法取得职称晋升的，说明该教师能力不适应履行该校相应岗位职责的需要，就必须另谋他职（一般都流动到层次较低的高校任职）。"非升即走"制度既有利于教师通过竞争提高能力、谋得职称晋升机会，也有利于"留着"和"走到"的两所高校教师队伍职称结构的优化。因为在发达国家，教授职称是具体的某一高校授予，而不像我国实行"国家教授制"，教师一旦获得教授资格，走到哪所高校都是教授。在西方，一个教授如果重新到另一所大学谋职，要接受新大学的职称认定，他或她在新的大学可能还继续是教授，也可能只是副教授。这种公平竞争下的"非升即走"制和"大学教授"制，加上合理的人才流动制，使得能力高的教师通过职称晋升留在本校，提升了本校教师队伍职称水平，也使得能力稍逊的教师流动到层次稍低的高校在那里取得职称晋升机会，提高流入高校教师队伍的职称层次。可见，"非升即走"制有利于全面优化一国高校教师队伍的职称结构。

另外，一些发达国家还注重从专职研究机构、企业研究机构以及其他行业招聘高职称人员到高校任教，这种做法不仅提高了本校教师队伍的知识技能结构的多样性，充实了队伍实力，也提高了队伍的总体职称水平。比如日本大学 2007 年招录新教师 11528 人中，85.6% 是来自社会各界和自由职业者，40.1% 的教授和 29.6% 的助教授都是往届生。①

---

① 数据来源：日本总务省统计局政府综合统计窗口 http://www.e-stat.go.jp/SG1/estat/NewList.do?tid=000001016172.http://www.e-stat.go.jp/SG1/estat/NewList.do?tid= 000001011528.

（四）突出学科特色，合理搭建平台，优化学科结构

调整和优化科研队伍学科结构实际上就是合理配置科研人力学科，使其符合既定目标的需要。

第一，重视优势发挥，注重特色发展。发达国家高校崇尚个性、强调竞争，注重在打造特色中形成比较优势，在发挥优势中强化已有特色，依靠特色和优势提升竞争实力。高校科研队伍学科结构特点就能体现出这种特色和优势。比如，美国社会注重实用，因此自然学科成为传统和优势学科；美国社会重视创新、鼓励创新，因而将创意艺术相关学科作为单独分类，其教师比例占到了 6.3%；美国重视职业教育，高校中从事专门职业课程教师比例达到 4.0%；美国社会发展水平较高，人们对健康需求强烈，相关产业发展迅速，从事健康学科的教师比例较高，2003 年达 13.8%；美国为保证某些特殊行业人才培养的高质量或适应社会需要，有意控制一些学科发展规模，比如美国是一个世界上法律制度最为完善的国家之一，但从事法学教学科研的高校教师比例一直很低，一直控制在 1.5% 左右，重于精而不在于多。在英国（仅指英格兰岛），则以生物科学、医药牙科、兽医农业学科、物理学科等为发展重点和优势，从事这些学科的高校教师比例在 2008—2009 学年度分别达到 14.4%、12.0%、12.0% 和 9.3%；和美国相似，英国的创意艺术和设计学科的教师比例也较高，达到 5.1%，法学教师比例也被控制在 2.1%；另外，商贸产业在英国拥有悠久的历史和优势，其相关商贸及其管理的学科教师比例较高，为 4.9%；此外，信息科学（包括电脑、图书馆）高校教师比重也占了 4.4%，这是对现代信息社会积极应对的表现。所有这些都突出了英国学科发展的传统、特色和优势。在日本，学科发展的突出特点是医学保健学科一头独大，2007 年教师比例占 30.6%，其次是工学（尤其工程）教师占 19.4%、人文占 14.1%、社会占 13.2%，另外，日本高校从事艺术学科的教师也占了 3.4%，家政学科教师比重为 2.0%，以私立办学为主、以招收女生为主的日本短期大学，家政学科就非常发达。这正是日本根据本国地域狭小、资源缺乏和时代发展等特点，突出了以发展高科技和第三产业相关学科的特色和优势，很好地促进了日本经济和社会多方面的持续发展，契合了日本国情。比如，由于日本对医药保健学科的重视和发展，有力促进日本医药科研和产业长期的快速发展，使日本在包括基因、蛋白质、糖、生物信息等关键领域一直拥有雄厚的专家技术资源，生物科技发展居于全球前列，医药市场雄踞世界第二位。在

高校层面上，发达国家在学科发展上更是崇尚多样化、个性化、特色化，为了保持自身特色，不盲目发展，不求全求大，美国很多高校长期保持两三千人甚至一千人左右的规模。比如，世界知名的麻省理工学院（MIT）身为综合性大学但只有六个学院，没有法学院、医学院和独立的经济学院、信息学院、计算机学院、外语学院等在我国大学甚至在工科大学中耳熟能详的学院设置，突出工科中的航空宇航、化学工程、机械工程、电气工程、材料科学和机械工程等学科的世界领先地位；其在建筑和规划、人文社会、理学等学科的实力世界知名，但这些学科师生规模很小，2005—2006学年度人文社会学院、建筑规划学院注册本科生仅分别有128人、55人，分别占本科生总注册数的3.2%、1.4%；研究生上述两学院注册学生数分别为246人、549人，分别占研究生总注册数的4.3%、8.9%。[37] 不同学院之间的学生数量比例可以在一定程度上反映出教师队伍的学科背景和数量结构。MIT发展高水平的人文社会学科，一个重要的原因是为其特色和优势的工科打下宽阔和坚实的多学科基础，以取得人文理工交叉渗透、促进工科取得持续发展优势的目的。还有，诸如英国剑桥大学是科学家摇篮、牛津大学是政治家摇篮，日本早稻田大学突出的政治经济学科优势、庆应义塾大学的"理财在庆应"都突出了西方发达高校学科建设重视个性化和特色化。这些学科特色的形成和发展必须以相应的学科教师队伍作为支撑。

第二，重视重点发展，注重统筹兼顾。也就是学科发展布局不是平均用力、也不顾此失彼；既要相对集中资源重点发展，取得点上的突破和优势，又要兼顾其他学科发展，为重点学科提供宽大的背景，也为往后学科重点方向的调整奠定基础。避免学科关系的过度长短失衡，更为了避免某些学科领域发展的过度微弱甚至空白，这在国家层面的学科建设布局上尤其如此。

第三，重视分化与综合相协调，注重新兴学科培育。即重视处理好学科发展的分化与综合、平行与交叉、封闭与渗透之间的关系，注重新兴学科培育，并通过对不同学科背景高校师资的合理配置得以反映和实现。日本从20世纪80年代提出"科技立国"和教育国际化、信息化目标之后，就通过对学科师资的培养和整合相应地建立起了信息学科群、生命学科群、海洋学科群等综合学科的教学和研究中心，同时加强了原有传统学科的师资力量，推动了新兴学科群和工程学科、人文学科、理科、经贸学科、农学等传统优势学科的持续发展。比如，以筑波大学和广岛大学为代表的许多高校建立了跨学科的学院建制模式，促进学科交流融合。[38]学群制改革有力地促进了筑波大学在创建后较短时期里发展成为日本一流、国际知名的大学，并孕育出以筑波大学为中心发展起来的世界著名高科技工业园——"硅城"。

第四，重视适时调整，注重面向社会。即发达国家注重根据时代发展、社会转型的现实需要和根据科学预测，适时调整教师学科背景结构以调整本国高校的学科布局。比如，美国高校自从 20 世纪 60 年代至今，文理两大类学科之间的结构十分稳定，加上文理工毕业生的就业状况和收入相差不大，表明高校自主适应了社会和市场需要，已形成较合理的学科结构。但是到了 20 世纪 80 年代，为了适应信息和工程技术飞速发展、社会对工程技术人才需求大幅度增加的时代趋势，美国采取多种措施，调整了学科布局，使理科教育规模从 1960 年占文理工总数的 27.3% 下降到 1990 年的 17.3%，而工科在这一期间则从 16.0% 上升到 25.9%，增强了工科力量。近年来，为了适应知识经济时代产业和职业的迅速变化，对学生适应性、灵活性和创造性提出更高的要求，美国又相应调整学科结构，加强了普通教育和文科教育。[39]448-449英国由于强大的自由教育传统的影响，高等教育在战前形成了重文轻理、重理轻工的特点，严重制约了英国的科技进步和经济发展，为此英国战后进行了学科调整，并于 20 世纪 80 年代在保守党政策指导下，进一步采取行动，使科学结构失衡的局面得到了改观。比如，英国大学拨款委员会（UGC）和全国咨询委员会（NAB）通过调整文理科学习费用，改变学科拨款格局，影响高校招生文理科学生比例，引导高校招聘更多的理工科教师，同时，理工科学生比例的增长也为增强该学科师资力量奠定了基础。另外，由于当时政府和工业界对社会缺乏科学技术人员和工程师状况感到十分担忧，为此，政府即使是在高等教育经费大量削减的情况下，也于 1985 年由 UGC 和 NAB 共同提供 4500 万英镑，发起"工程和技术规划"（Engineering and Technology Programe，ETP），通过制定学科领域的学额选择性分配，支持那些毕业生受到工业界欢迎的高质量系科的发展，以使自然科学和工程学的毕业生到 1990 年比 1980 年分别增长 35% 和 25%。[39]68-69学科发展必须以学科教师为前提条件和核心支撑，加强某一学科的发展其实就是强化该学科师资队伍建设。英国正是通过拨款机制来调整教师队伍学科结构，以适应社会和时代发展的需要。日本高校学科结构适应性强，结构调整动态有序。表现在根据社会老龄化趋势新增设和支持社会福利与健康护理方面的学部和学科的发展；根据国际

化和环境、人类等世界热点问题，新设立和支持国际文化、国际学和共生环
境、地球资源、绿化大气等方面的学部和学科的发展；根据情报化趋势，增设
和支持情报科学、经营情报等方面的学部和学科；根据国际竞争日趋激烈形
势，将学科设置向材料、宇宙等学科和其他高精尖技术研究领域拓展。[40]

　　第五，重视院系改革，注重学科交流。即重视做好学院设置上的学系
制、学院制和学群制的相互协调，促进单一学科的深入发展和多学科之间的
交叉融合。西方发达国家高校的二级教学科研机构的设置一般采取大学院
制，尽量将相近学科组合成一个学院，重视院系设置的综合化。如，美国大
学采取院系为主、大学院制度，英国实行学院制为主、各学院资源共享制，
日本则重视学科群建设，实行综合制。欧美大学即便是拥有悠久历史的著名
大学，也从不在学科及学院设置上追求大而全，以保证学科的协调发展、学
术资源的高效利用和高素质综合型、通才型人才的培养。比如，耶鲁大学设
有 12 个专业学院，学院内学术人力资源交流互动频繁，整个工科就是一个工
程系。柏林自由大学仅设置 11 个学院。香港中文大学设 8 个学院，涵盖 63 个学
系。[41] 英国利物浦大学全校共设置 6 个学院（faculty），包括了 54 个学系和
学部（department and school）。[42]1345-1355, 1328-1329 以学科群设置为特色的筑波大
学 2011 年教员 4445 人，学生 16797 人，[43] 但学士课程只设有 7 个学群，其
目的是为了避免学科过于分化，促进学科交流；筑波大学另有体育、艺术 2 个
专门学群，这两个学群不设学类，直接设专攻领域。[44] 其大学院（即研究院）
也只有 8 个研究科。大阪大学 2011 年专任教师数 3099 人，学生总数为 23702
人，[45] 其大学部设置 11 个学部，大学院设置 15 个研究科，另外有 1 个合作
办学研究科。[46] 这种大学校少学院的例子举不胜举。

　　（五）坚持近亲回避，延揽四海名门，优化学缘结构

　　由于美英和日本在学缘结构的基本状况和调整策略上都存在较大差异，
下文先主要分析美英等国在优化学缘结构上的基本做法，然后单独探讨日本
的基本经验：

　　1. 不直接留本校生任教，严格控制近亲繁殖。英美等发达国家的高校教
师队伍在 20 世纪前叶及之前由于大学规模小、宗教信仰等原因曾经历了较
长时间的近亲繁殖过程，但随着相关研究成果的相继出现，学术界、高教界
以及社会对近亲繁殖弊端认识加深和不断口诛笔伐，发达国家及时调整思路，

采取各种措施优化高校教师队伍的学缘结构，其中一个基本的做法就是各高校不再直接留本校毕业生任教，即使是一流大学的优秀毕业生，亦不例外。经过多年的倡导和实施，终于形成了欧美高校招聘教师的一个基本惯例：毕业生要想回到母校任教，必需先到其他高校任职若干年并做出优异业绩，证明具有回母校履职的能力，才能回母校通过和其他高校毕业生公平竞争取得任教资格。因此，各高校的本校留校教师率一直非常低。日本则例外，日本高校长期崇尚近亲繁殖，但日本能结合本国特点采用其他方法趋利避害。

2. 大范围招聘高层人才，促进教师远缘杂交。发达国家高校不仅注重教师队伍学缘的多样性，同时注重学缘来源的大范围、远域性。也就是不将教师招聘范围局限于本地区，而是在全国甚至世界范围内招揽人才。发达国家高校当本校有教师空缺时，一般都在重要网站、重要期刊报纸等公共媒介上发布招聘信息，世界范围内的教师只要符合学位、阅历、能力等基本条件，都可以去应聘，人才不问出处。所以，发达国家高校成了世界人才的聚集地，各高校尤其是著名大学教师来自于世界五大洲。从大众化初期，美国高校就一直吸引了数量众多的外国学生，外国留学生多，就有可能有更多的国外学者毕业后留下来任教，而这些学者有相当大的比例拥有来源国的本科学缘或硕士学缘。比如，美国高校外国留学生在大众化初期的 1948/1949 年度为 25464 人，到大众化后期的 1969/1970 年度为 134959 人，[47]129 在这 134959 人中，来自于 176 个国家，其中加拿大、印度、中国、伊朗是前四大学生输入国；其中来自远东 36%、拉美 19%、欧洲 14%、近中东 11%、北美 10%、非洲 6%、其他 4%。[47]128 这些留学生有一定比例毕业后留美任教。随着美国世界经济中心、科技中心和高等教育中心地位的不断增强，美国高校国际化招聘教师的力度更大、范围更广，2004 年美国高校教师队伍中，15.5% 是在美国之外国家出生。[1]2009 年美国高校专职教师队伍中，西班牙人占了 3.8%、亚太地区人占 8.7%，兼职教师这两个比例分别是 4.2% 和 3.7%。[2] 英国也大力招聘和引进国外教师，提高学缘国际化水平。比如 2001—2002 年度，英联邦四国高校教师队伍中海外教师占了 24.0%；2008—2009 年度，英格兰地区高校专

---

① 数据来源于 http://nces.ed.gov/dasolv2/tables/varDetails.asp?comeFrom=1&entryNo=38&varName=Q80&fileNumber=28.

② 数据来源于相关年度《美国教育统计年鉴》(U. S. Department Education.Digest of Educational Statistic).

职教师中来自英伦三岛之外的占 20.0%，其中来自西欧等国 7.7%、美加澳新 3.5%、中东欧 2.0%、亚太 1.4%、中东和中亚 1.4%、欧洲外一些国家 1.2%，还有 3.0% 是未知国籍来源，这些未知国籍来源的教师主要也是来自国外。[48] 仅当年从国外流入英联邦各高校的教师数就达 8685 人。[49] 日本也如此，近年来日本高校队伍中海外教师比例一直在 4% 以上。发达国家著名大学招聘教师的国际化力度更是不必多言，它们都成了世界各国学术精英的磁铁和圣地。

3. 花重金引进名校师生，提高教师学缘质量。其实，教师队伍的国际化就能反映出教师队伍学缘的高质性，一般而言，只有重点大学才能培养出被海外高校青睐、有能力跨国任职的教师。发达国家高校为了提高教师学缘的层次，凭借相对雄厚的经济实力在世界范围内深挖高才和大师。比如采取降低签证门槛，为办绿卡提供方便，提供明显优于流出国的工作和生活条件吸引高学缘教师。如美国历史上已多次调整签证政策，其中一个重要目的就是广泛吸引世界各国高智力资源，在流入美国的高层次人才中，其中到高校任教或将来到高校任职的人数占不小的比例。二战期间，美国趁欧洲有战事之机大量延揽了欧洲籍科学家、学术大师和著名学者，其中来自处于战事中心的德国的比例最大，如爱因斯坦就是从德国移居美国后做出杰出科学贡献。

4. 扩大开放与促进交流，促进学缘结构优化。教师到外校、国外进行一段时期的访学和合作或为其他高校教师学者提供访学、合作的机会，可以克服近亲繁殖、学缘结构定型化带来的一些消极影响。发达国家高校国际化程度非常高，注重教师队伍的开放和流动，通过加强交流、合作和流动促进学缘结构优化。比如，普及化前期的 1973/1974 年，美国教师出国学习交流 6522 人，其中去英国 15.9%、民主德国 7.0%、法国 6.2%、意大利 3.9%、西班牙 3.1%、以色列、墨西哥、巴西、日本、瑞士分别为 2.6%、2.5%、2.4%、2.4%、1.8%。[50] 欧盟各国依托 "博洛尼亚进程" 合作项目，通过推行欧盟高教一体化，促进高校教师学缘的欧盟化。美国则为了扩大高水平学术职业从业人才储备，提供各种项目和经费资助吸引其他学校或他国的高层人才、高潜质人才来到本校开展合作和学习，为留住他校他国人才在本校任职前期投资力度很大。

5. 选用适合本国情措施，优化教师学缘结构。在发达国家中，日本不仅高校教师的学缘结构是个例外，采取的措施也比较特殊。在日本高校，由于家族观念浓厚，年功序列定势很深，不仅教师队伍的近亲繁殖率长期以来居高不下，而且还存在较为严重的学阀现象，国内高校之间专职教师的流动性在国际上处于很低的水平。但是，日本结合本国文化传统积极采用适当措施化解上述状况可能带来的消极影响，其做法是：第一，一方面鼓励本校青年到国外留学，回国后从事学术职业；另一方面大力吸引和聘请国外教师到日本高校任教和合作研究。日本重视教育、扩大开放的程度世界闻名。日本非常重视任用外国优秀学术人员，在日本高校教师队伍中，近年来来自国外的教师比例已经超过 4%。通过这一做法可以在一定程度上为教师队伍注入清新空气和活力。第二，日本高校教师的近亲繁殖和学阀现象属于一种高层次而不是低层次的近亲和学阀，即名校教师近亲繁殖更为严重，名校毕业生控制全国高校教师市场。从另一个角度上讲，这种状况有利于成熟学派的形成、延续和辐射，有利于全国高校教师队伍总体学缘层次的提升。第三，变"连续性近亲繁殖"为"间断性近亲繁殖"，即高校招聘时很少招聘应届毕业生，而是大量招聘具有其他职业经历的往届毕业生。由于教师入职前从事了其他职业，拥有丰富的阅历和经验，促进了知识技能、思想观念、思维方式的多样化，从而在一定程度上降低了近亲繁殖可能带来的消极影响。日本采取的这种高校毕业生到其他行业锻炼后再回母校应聘任教和美国高校录用"衣锦还乡"者具有异曲同工之妙。第四，注重从非高校领域招聘教师，包括专职教师和兼职教师，促进教师队伍职业背景的多样化。日本高校清楚认识到聘用政府、企业、研究机构等部门尤其是民间企业富有经验者到大学执鞭任教的重要性。在日本，非正式教师很多是日本最富才华的医生、律师、科学家和社会名流，他们的参与提高了日本高校教师的总体水平。这种教师招聘偏好促进了高校和社会各种部门组织之间的沟通、联系，促进教师思想、观点和思维的开放。第五，鼓励本校教师外出兼职，包括到其他高校和社会各种各样的部门、组织和机构兼职，以扩大视野、优化知识和技能结构，消除因近亲繁殖可能带来的不良影响。第六，重视高校和社会其他部门之间的合作，延伸高校教师的信息触角，扩大教师的信息来源渠道，日本高校的产学研用相互协调良好世界闻名。第七，重视高校教师的校外乃至国外的访学和合作，促进学缘再造。日本的上述措施可以在很大程度上化解近亲繁殖、学阀控制带来的思想单一、信息闭塞、思维定式、观念僵化等问题，很好地融合了东方文化和西方制度，有利于促进学缘结构的多样化、远域性和高质性。

第三节 我国高校科研队伍结构的调查研究

在我国高校科研队伍中，普通本科高校科研队伍是主力军，本文以普通本科高校专任教师为主要调查对象，探讨我国高校科研队伍结构的基本状况、存在问题和问题成因。

一、我国普通本科高校科研队伍结构的实证调查方法

高校科研队伍结构是一个多侧面、多特征、多类型的复杂事物，其形成和变迁受到诸多因素影响。要调查、分析、了解高校科研队伍结构的真正面貌，需要从研究假设、研究目的、调查对象、分析方法等多方面进行整体设计。

（一）研究假设与目的

1. 研究假设。本研究认为，我国普通本科高校科研队伍结构经过多年调整，已取得初步成效，但也还存在不少问题。在前人研究基础上，本论文提出以下研究假设，即我国普通本科高校科研队伍的年龄比较年轻，学历水平较低，职称层级也较低，学科分化较为明显并且特色不够鲜明，队伍学缘来源多样性偏低、本地化繁殖较高、来源于名校比例较小；制约高校科研队伍结构优化的因素主要有主体的价值取向、政府的宏观调控、高校的管理模式、经费的投入力度等方面。

2. 研究目的。本研究是为了具体了解我国普通本科高校科研队伍的结构状况，尤其是详细了解科研队伍学缘来源的地理分布、来源的高校层次，以分析科研队伍结构的现实状况、存在问题和问题成因，为优化科研队伍结构提供事实依据。

（二）调查对象与方法

1. 调查对象。本文以普通本科高校专任教师为样本，选取中西部地区普通本科高校教师为调查对象。样本所在高校的分布是：中部 6 所、西部 3 所，211 工程高校 2 所、地方高校 7 所，省会城市高校 7 所、地级市高校 2 所。样

本教师分布是 211 高校 25.3%，地方高校 74.7%；男占 54.5%，女 45.5%（见表 3.20）。为了全面了解某一学院或某一高校的教师队伍学缘结构，本研究对上述样本高校中的一所 211 高校（下称 A 高校）的 1 个理科学院、一所办学历史较长的地方高校（下称 B 高校）的 1 个理科学院和一所新建本科院校（下称 C 高校）的所有教师队伍分别进行完全抽样调查，A、B 高校都处于省级城市，C 高校位于地级城市，其中 A 高校办学实力全国排名 50 位左右，所调查学院共有教师 81 人；B 高校所调查学院教师数为 49 人；C 高校全体教师 397 人。

表 3.20　调查样本主要特征分布

	高校层次		性别		学科		
	211	地方	男	女	自然	社会	人文
样本数（人）	304	897	654	547	368	451	382
比重（%）	25.3	74.7	54.5	45.5	30.6	37.6	31.8

2. 调查方法。本次调查采取集体问卷和个别访谈相结合方式。问卷采用匿名填写，由两种问卷组成，第一种问卷是由教师个人填写，项目包括教师的性别、年龄、学历、职称、学科、学缘等特征，其中学缘信息的问题设置包括本科学缘、硕士学缘和博士学缘三个方面，每一层学历学缘下面又设置有本校毕业、本市非本校毕业、本省非本市毕业、国内非本省毕业、国外高校毕业等下级问题。问卷调查采用非概率偶遇方式，每批问卷的发放和收回时间间隔在三小时以内，收回及时，确保数据的客观和有效性。问卷共发放 1300份，收回有效问卷 1201 份，有效问卷收回率为 92.4%。第二种问卷采用全面调查方式，由 A、B、C 高校主管人事档案老师填写，填写某一学院（A、B 高校）或全校（C 高校）所有专任教师毕业高校的具体名称。为弥补调查问卷的不足，调查小组在每所高校分别对 3 名教师（其中一名院领导）进行单独访谈，以获取大量第一手资料。调查于 2012 年 1 月初开始实施，前后在一个月内完成。

（三）调查组织与实施

1. 调查组织。2011 年 11 月，本课题组认真研究制定《高校教师学术交往调查问卷》和《高校专任教师队伍结构状况调查表》的相关实施方案，拟订调查计划，设计调查问卷和访谈提纲，在实施前做好问卷打印和分类、调查高校的选择和联系、调查具体时间和地点的确定、行程的安排等相关事项。

2. 调查实施。2012 年 1 月，本人在提前联系好调查高校的相关院系，确认了得到对方协助后，前往目的地开展调查。具体操作是，先对协助发放和收回问卷的老师和学生进行简单培训，然后择机给老师发放问卷、请求填写、收回问卷和致谢。另一方面，在当地高校老师的帮助下，请个别老师进行访谈，并做好记录。

（四）调查统计与分析

1. 调查统计。对于收回的问卷，本研究首先剔除无效问卷，对于有效问卷根据需要进行分类整理，为统计和统计后比较做准备；对于部分填写不完整但填写部分对本研究有价值的问卷进行归类保存，以便使用；然后，本研究利用 Excel 2003 和 SPSS 18.0 两类常用统计软件，将问卷信息按照需要逐一输入电脑、保存。其中，Excel 2003 软件计算快捷，还具有强大的制表和绘图功能，有利于统计后的制表、绘图以及进一步分析；SPSS（Statistical Packag for the Social Science，简称 SPSS）新版 18.0 也是目前最常用统计软件之一，其便于操作、数据制表、多维度分析的强大功能，为本研究提供了便利条件。

2. 调查分析。本研究主要是了解当前我国地方普通本科高校教师队伍各个方面的结构状况，分析问题原因，并为探讨调整和优化教师队伍结构提供事实依据。本研究主要采用变量频率方式研究样本教师的年龄、学历、职称、学科和学缘结构状况。其中学缘结构包括本校毕业率、本市非本校毕业率、本省非本市毕业率、国内非本省毕业率、海外高校毕业率以及低于本校层次学缘率、同层次学校学缘率、高于本校层次学缘率等方面。

本文采用点面结合分析思路，既分析地区性几所高校也分析某所高校或某个学院，分别对年龄结构、学历结构、职称结构、学科结构、学缘结构展开讨论。

（五）本调查有待进一步完善的地方

一是由于能力有限，教师调查难度大，调查面过小，代表性不足；二是由于采用随机偶遇性调查，可能存在资历较浅的教师样本比例较大，资历较深的教师覆盖面过小等类似问题，影响调查信度；三是由于能力有限，问卷的设计不可避免存在缺陷，导致调查对象对问题把握不准，影响调查效度。在后续研究中，我们将进一步调整研究方案，对调查中的不足进行弥补。

二、我国普通本科高校科研队伍结构存在的主要问题

调查结果分析发现，我国普通本科高校科研队伍结构主要存在以下问题。

（一）年龄结构：年轻教师比例过大，中老龄教师比重偏小

无论是从学术职业特点来看，还是从梯队新陈代谢来看，抑或从发达国家结构调整经验来看，高校教师队伍应该是中年教师占最大比例，年轻教师和老龄教师比例较小并且较为对称均衡，形成标准或者类似的正态分布结构。但我国普通本科高校教师队伍年龄结构上则表现为年轻教师比例过高，中老龄教师比重偏低。其中，全体样本中，小于30岁教师比例达到22.7%、小于35岁教师比例达52.1%，而50岁以上教师比例仅占4.5%，年轻教师多老年教师少，年轻化特征非常明显（见表3.21）。

表3.21 普通本科高校教师队伍年龄结构状况

	全体样本	211高校	地方高校	其中C校全体教师
样本数（人）	1201	304	897	397
不同样本所占比例（%）				
小于30岁	22.7	17.1	24.6	31.5
31～35岁	29.4	36.8	27.0	21.2
36～40岁	20.6	24.3	19.3	19.4
41～45岁	12.3	11.8	12.5	10.6
46～50岁	10.5	7.9	11.4	12.6
51～55岁	3.2	0.7	4.0	3.5
56～60岁	1.2	1.3	1.1	1.0
61～65岁	0.1	0.1	0.1	0.3
合计	100.0	100.0	100.0	100.0

说明：C校数据为全面调查所得，其他数据为抽样调查所得。

（二）学历结构：博士学历教师比例偏低，学历层次有待提高

学历反映着学历拥有者的理论基础、接受系统专业训练的深度以及职业的发展潜力。在发达国家中，即使是二年制和三年制高校的教师学历层次都很高。从调查结果看，我国四年制普通本科高校教师队伍总体学历层次仍然偏低，博士教师偏少，本科教师仍占较大比重。从全体样本教师队伍看，拥有博士教师比例为 25.6%、硕士 44.5%、本科及以下 29.9%。仅从博士教师比例来看，211 高校虽然占 63.8%，但跟发达国家同类高校相比差距还较大；地方高校平均为 12.7%、新建 C 高校仅为 2.0%，学历层次偏低影响整个科研队伍的学术潜力和发展前景（见表 3.22）。

表 3.22　普通本科高校科研队伍学历结构状况

	全体样本	211 高校	地方高校	其中 C 校全体教师
样本数（人）	1201	304	897	397
不同样本所占比例（%）				
本科及以下	29.9	6.6	37.8	53.7
硕士	44.5	29.6	49.5	44.3
博士	25.6	63.8	12.7	2.0
合计	100.0	100.0	100.0	100.0

说明：C 校数据为全面调查所得，其他数据为抽样调查所得。

（三）职称结构：教授职称比重偏小，职称结构有待优化

近年来，我国普通本科高校教师队伍职称层级在逐年爬升，但提升速度较为缓慢。目前，队伍结构在总体上仍然是中级教师比例最大，教授教师比例偏小，助教职称还占有较大比重。全体样本教师队伍中，教授比例仅占 7.5%，其中 211 高校 11.8%、地方高校 6.0%、C 高校 2.0%（见表 3.23）。可见，高级职称教师偏少，低级职称教师偏多，队伍整体实力仍偏低，结构不优化，跟发达国家同类高校相比存在较大差距。

表 3.23 普通本科高校科研队伍职称结构状况

	全体样本	211 高校	地方高校	其中 C 校全体教师
样本数（人）	1201	304	897	397
不同样本所占比例（%）				
未评	10.7	3.9	13.0	26.0
助教	8.5	5.9	9.4	16.6
讲师	44.8	39.5	46.6	38.8
副教授	28.5	38.9	25.0	16.6
教授	7.5	11.8	6.0	2.0
合计	100.0	100.0	100.0	100.0

说明：C 校数据为全面调查所得，其他数据为抽样调查所得。

（四）学科结构：趋同发展较为突出，资源分散比较明显

21 世纪以来，我国普通本科高校得到快速发展，升格不断涌现，规模不断扩大，学科不断膨胀，但在结构方面还存在不少问题。一是各校没有根据自身实际和社会发展需要，盲目攀比，趋同发展，缺乏特色。二是各校普遍设置过多过细的二级教学单位，导致各学科教师之间缺乏有效交流。下面以广西普通本科高校为例进行分析。

目前，广西共有普通本科院校 20 所，其中一所是省部共建、以省为主的 211 高校，严格来说也属于地方高校，其中有医学类和艺术类专门学院 5 所，基于医学类和艺术类高校学科专业的特殊性，本研究不准备对此类高校进行分析，只分析另外 15 所高校的教师队伍学科结构。

学科建设必须以相应的学科师资作为支撑，因此分析高校学科布局状况就可以了解该高校教师在不同学科的配置状况或者即将配置的目标。对广西 15 所地方普通本科高校的学科建设状况进行分析后发现存在如下问题：第一、二级教学机构设置普遍过多，院系教师规模过小，平均设置二级专业院系 14 个。如果考虑到其他教学科研单位，则教师组织二级机构数量更多。第二，学科院系设置雷同也较多。比如，全部 15 所高校中有 14 所高校设置有计算

机学院（系）（见表 3.24）。第三，有利于不同学科交叉融合、有利于培育新兴学科的机构很少，学群建制、多学科研究中心（基地、实验室）难觅踪影。除广西大学的"东南亚研究中心"和广西师范大学的"广西人文社会科学发展研究中心"之外，其他高校目前所建设的名目不同的研究中心（基地、实验室）也多是单一学科性，研究范围较狭窄。第四，从各高校的学科专业发展看，出现布局太广，资源分散，各高校学科专业设置一般都涵盖了大多数甚至绝大多数一级学科门类，理工经法管文教七大学科几乎是校校"尽收囊中"，因此很多专业研究和培养方向也大致雷同，出现"热门专业大家热，冷门学科一起冷"的状况。比如，一方面，英语、计算机、物流、管理、法律、电子信息、设计、金融、贸易等这类投资少的热门专业各校都一起上马，一些相应学科资源缺乏的高校也发展主持播音、法律、艺术等专业甚至设置艺术学院等。另一方面，哲学、历史等冷门学科不断萎缩。经查看广西 15 所非医学艺术普通本科高校 2011 年本科专业招生计划发现，只有一所大学设置有哲学专业（哲学管理）且每年招生 50 人，只有两所大学设置有历史学专业，广西是民族大省，民族资源丰富，但也只有一所高校设置有少数民族语言文学（壮）专业且每年招生 20 人，而考古、文献、人类等冷门学科成为空白。在学科发展社会适应性方面，广西的海洋、甘蔗、铝矿、旅游、民族等资源丰富，跟东盟各国相互开放交流日益紧密，但相关学科资源的整合和开发有待加强。

值得一提的是，我国高校不仅二级教学科研单位（主体是专业院系）设置过于细化，而且党政机构设置众多，比如广西某大学除了设置 25 个二级教学科研单位外（不包括独立学院），另有党群处级部门 12 个、行政处级部门 14 个，直属部门近 10 个（不包括附中和校医院）。由于我国高校实施教师岗位双肩挑制，双肩挑教师每天穿梭于党政管理机构，他们所能利用于学术交往的时间一般较少。虽然双肩挑教师可以得到其他方面的锻炼，但学术交往毕竟需要一种独特的空间、情境和氛围以及心态。因此，高校机构设置的"精细化"将不同学科甚至相同学科背景的教师人为分开隔离，大大压缩了不同教师学术交往的空间和概率。

表 3.24　2011 年广西 15 所普通本科院校二级学院设置状况（单位：个）

学校编号	教学单位	专业学院
1	31	26
2	24	21
3	19	14
4	15	12
5	18	13
6	19	16
7	17	15
8	14	12
9	17	15
10	12	11
11	11	11
12	13	12
13	10	10
14	11	10
15	11	11
合计	242	209
平均	16	14

资料来源：2011 年广西 15 所普通本科院校官方网站。

　　从调查的地方新建 C 高校的教师队伍学科结构来看，也存在类似的问题。地方高校应突出"地方性"，办学方向是贴近当地、服务社会，应重在培养实践技能型人才，但从三大学科教师比例来看，反而是人文学科大于社会学科再大于自然学科，从小学科来看，仅文学教师就占了全校教师的 29.0%，接近三成；其次是理学 18.1%、教育学 16.4%；哲学这个最形而上的学科教师也占了 7.6%。说明 C 高校重在发展无须多少设备、投资较少的人文学科，没有很好地立足于地方现实社会的需要（见表 3.25、图 3.1）。

表 3.25　C 高校教师队伍学科结构状况

		频率	百分比	有效百分比	累积百分比
有效样本	哲学	30	7.6	7.6	7.6
	经济学	16	4.0	4.0	11.6
	法学	22	5.5	5.5	17.1
	教育学	65	16.4	16.4	33.5
	文学	115	29.0	29.0	62.5
	历史学	7	1.8	1.8	64.3
	理学	72	18.1	18.1	82.4
	工学	45	11.3	11.3	93.7
	农学	1	0.3	0.3	94.0
	管理学	24	6.0	6.0	100.0
	合计	397	100.0	100.0	

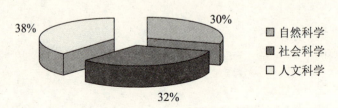

图 3.1　C 高校教师队伍三大学科分布状况

（五）学缘结构：本地学缘比例较多，优质学缘比重偏少

在本次调查中，获得教师三级学历学缘地理位置信息的样本分布是 211 高校 303 份、地方高校 501 份，共 804 份；获得最高学历学缘的具体毕业高校信息是 211 工程 A 高校一个学院所有教师 81 人、地方办学历史较长的 B 高校一个学院全体教师 49 人、地方新建 C 高校所有教师 397 人，经整理和统计分析发现，样本教师的学缘结构主要存在着学缘本地化程度较高、学缘类别不够多样、学缘来源地理范围较为狭窄、高层次学缘比例偏少等问题。

首先，教师队伍学缘类别不够多样。一是表现在教师总数与学缘类别数之比较高。211A 高校某学院的 81 名教师中，最高学历学缘分别来源于 31 所不同的高校，教师总数与学缘类别数之比为 2.6:1；地方高校 B 高校两个学院教师 49 名，分别毕业于 21 所不同的高校，教师总数与学缘类别数之比为 2.3:1。两者比例都偏高。相比之下，美国加州大学伯克利分校生物工程专业教师 27 人，分别毕业于 19 所不同高校，[51] 教师总数与学缘类别数之比仅为 1.4:1（见表 3.26）。二是表现在办学历史较长。尤其是 211 工程以上层次高校近亲繁殖还较为突出。在 804 名抽样教师样本中，34.0% 的本科学历学缘来自本校，其中 211 高校 48.3%、地方高校 28.9%。29.5% 的硕士学缘来自本校，其中 211 高校 38.7%、地方高校 25.1%（见表 3.27、表 3.28）。从最高学历学缘近亲情况来看，211A 高校某一学院的全体 81 名教师中，最高学历来源于本校的有 34 人，近亲率为 42.0%。另根据本课题组 2010 年 6 月在武汉市三所 211 高校展开的教师学缘状况调查中发现，H 高校共有专任教师 1426 人，获得最高学历学缘信息 1420 人，其中毕业于本校占 44.6%；M 高校四个学院共有专任教师 217 人，最高学历在本校获得占 35.0%；N 高校五个学院共有专任教师 217 人，最高学历在本校获得占 72.8%。

表 3.26　中外高校教师队伍最高学历学缘类别多样性比较

	211 高校（A）	地方高校（B）	平均	加州大学伯克利分校生物工程系
教师数（人）	81	49	130	27
最高学历学缘类别数（人）	31	21	52	19
教师与学缘类别比	2.6	2.3	2.5	1.4

其次，教师队伍学缘来源的地理覆盖面较为狭窄。一是表现在学缘本地化程度较高。其实上述的近亲繁殖就是本地化的特例，即本校化，本地化还表现在本省化。调查显示，804 名抽样教师样本中，68.6% 的本科学缘来自本省，其中 211 高校 66.3%、地方高校 69.6%；52.4% 的硕士学缘来自本省，其中 211 高校 52.3%、地方高校 52.3%。26.4% 的博士学缘来自本省，其中 211 高校 28.5%、地方高校 23.7%（见表 3.27、表 3.28、表 3.29）。另从完全

调查的新建本科院校 C 高校全体教师队伍来看，77.1% 的最高学历学缘来自于本省（见表 3.30）。二是表现在来自他省和海外学缘的比例小、分布的区域小。比如完全调查的新建高校 C 高校 397 名教师队伍中，除了来自本省高校 306 人，其他师资来源数量较大省市是湖北和四川高校各 12 人，北京和湖南高校各 11 人，云南、重庆、广东高校各 6 人，辽宁高校 5 人，其他省市要么极少或者没有，另来自英国高校两人（见表 3.31）。同时，教师队伍学缘结构还呈现这样的规律，学位层次越高，学缘本地化程度越低。这是因为学位越高，拥有学位授予权的高校越少，在全国的地理分布越散。

表 3.27 样本高校教师本科学缘来源地理分布状况

		211 高校		地方高校		总体样本	
		%	有效 %	%	有效 %	%	有效 %
有效样本	本校	28.3	48.3	28.4	28.9	28.4	34.0
	本市非本校	3.9	6.7	12.0	12.2	9.0	10.7
	本省非本市	6.6	11.3	28.0	28.5	19.9	23.9
	国内非本省	19.7	33.7	30.0	30.4	26.1	31.4
	国外高校	0	0	0	0	0	0
	计	58.5	100.0	98.4	100.0	83.4	100.0
缺失		41.5		1.6		16.6	
合计		100.0		100.0		100.0	

表 3.28 样本高校教师硕士学缘来源地理分布状况

		211 高校		地方高校		总体样本	
		%	有效 %	%	有效 %	%	有效 %
有效样本	本校	22.4	38.7	18.8	25.1	20.1	29.5
	本市非本校	2.6	4.5	7.2	9.6	5.5	8.0
	本省非本市	5.3	9.1	13.0	17.6	10.2	14.9

		211 高校		地方高校		总体样本	
		%	有效 %	%	有效 %	%	有效 %
有效样本	国内非本省	24.3	42.0	35.2	47.2	31.1	45.5
	国外高校	3.3	5.7	0.4	0.5	1.5	2.1
	计	57.9	100.0	74.8	100.0	68.4	100.0
缺失		42.1		25.2		31.6	
	合计	100.0		100.0		100.0	

表 3.29　样本高校教师博士学缘来源地理分布状况

		211 高校		地方高校		总体样本	
		%	有效 %	%	有效 %	%	有效 %
有效样本	本校	5.9	12.9	1.2	5.5	3.0	9.6
	本市非本校	3.3	7.1	2.8	12.7	3.0	9.6
	本省非本市	3.9	8.5	1.2	5.5	2.2	7.2
	国内非本省	28.9	62.9	16.8	76.3	21.4	68.8
	国外高校	3.9	8.6	0	0	1.5	4.8
	计	45.9	100.0	22.0	100.0	31.1	100.0
缺失		54.1		78.0		68.9	
	合计	100.0		100.0		100.0	

表 3.30　C 高校教师队伍最高学历学缘地理分布状况

		频率	百分比	有效百分比	累积百分比
有效样本	本校	5	1.3	1.3	1.3
	本市非本校	1	0.3	0.3	1.5
	本省非本市高校	300	75.5	75.5	77.1

续表

		频率	百分比	有效百分比	累积百分比
有效样本	外省高校	89	22.4	22.4	99.5
	海外高校	2	0.5	0.5	100.0
	合计	397	100.0	100.0	

表 3.31　C 高校教师队伍学缘来源高校地理分布状况（单位：人）

地理位置	东部计	北京	广东	辽宁	上海	山东	江苏	福建	天津	浙江	河北	海南
人数	31	11	6	5	3	3	2	1	0	0	0	0

地理位置	中部计	湖北	湖南	河南	江西	黑龙江	吉林	山西	安徽
人数	30	12	11	4	3	0	0	0	0

地理位置	西部计	四川	重庆	云南	陕西	贵州	甘肃	新疆	宁夏	青海	西藏	内蒙古	广西
人数	334	12	6	6	1	1	1	1					306

地理位置	海外计	英国
人数	2	2
合计	397	

说明：C 校地处广西，因此，来自广西本省的学缘比例较大。

再次，教师队伍中来源于高层次高校学缘比例偏低。在 211A 高校和地方 B 高校各一个学院所有教师队伍的最高学历学缘中，来源于同层次或以下层次高校占 46.9%，来源于更高层次高校占 51.6%，两者基本对半。其中 211 高校中来源于 985 高校的学缘占 45.7%、来源于海外的（包括港澳台）学缘占 9.9%；地方高校中来源于 985 高校的学缘占 12.2%、来源于海外的学缘占 4.1%（见表 3.32）。上文 211H 高校 1420 名专任教师队伍中，最高学历学缘来自海外的占 5.7%，与发达国家同类高校相比还存在较大差距。从地方高校 C 高校所有 397 名教师队伍来看，最高学历毕业于地方本科和专科高校的占 82.9%、毕业于 211 高校的占 12.1%、毕业于 985 高校的占 4.5%、毕业于海外高校的占 0.5%（见表 3.33）。

表 3.32　样本高校教师最高学历学缘来源高校的层次状况

	211A 高校 1 学院		地方 B 高校 1 学院		平均	
	人数（人）	比例（%）	人数（人）	比例（%）	人数（人）	比例（%）
学缘总数	81	100.0	49	100.0	130	100.0
来源于低层次高校	2	2.5	0	0.0	2	1.5
来源于同层次高校	34	42.0	27	55.1	61	46.9
来源于高层次高校	45	55.5	22	44.9	67	51.6
其中 985 高校学缘	37	45.7	6	12.2	43	33.1
其中海外学缘	8	9.9	2	4.1	10	7.7

　　说明：为分析简便，本文将国内学缘层次划分为地方高校学缘、211 高校学缘和 985 高校学缘共三个层次。并将海外高校的层次视为高于我国地方高校和 211 高校。海外学缘包括港澳台学缘。

表 3.33　C 高校教师队伍最高学历学缘层次分布状况

			频率	百分比	有效百分比	累积百分比
有效样本	来源于低层次高校学缘	专科高校	4	1.0	1.0	1.0
	来源于同层次高校学缘	地方高校	325	81.9	81.9	82.9
		211 高校	49	12.1	12.1	95.0
	来源于高层次高校学缘	985 高校	18	4.5	4.5	99.5
		海外高校	2	0.5	0.5	100.0
	合计		397	100.0	100.0	

　　另外，从教师拥有的国内外访学经历状况也从一个程度上说明了教师队伍学缘结构的优化状况，一般而言，访学地点都是比本校层次更高的外地高校，因此，教师拥有的访学机会越多，越有利于促进学缘结构的优化（见表3.34）。样本高校中，22.4%、26.3% 的 211 高校教师分别曾经有过国内和国外访学经历，而地方高校这两个比例分别为 19.1% 和 5.2%，比例偏小。

表 3.34　样本高校教师外出国内外访学情况

	211 高校		地方高校	
	国内	国外	国内	国外
样本数（人）	303	303	501	501
	各访学经历教师所占比例（%）			
无	77.6	73.7	80.4	94.4
有	22.4	26.3	19.1	5.2
其中 1 次	13.8	—	11.7	
其中 2 次	3.3		3.8	
其中 2 次以上	5.3		3.6	
缺失率	0.0	0.0	0.0	0.4

综上所述，我国普通本科高校教师队伍近亲繁殖较高，本地化（本省化）较为明显，来源于高层次高校学缘比重偏低。这三者又是紧密联系的，近亲繁殖就是类型单一，近亲繁殖必然导致本地化，亲近繁殖和本地化又往往导致学缘层次的低质性。总之，高校教师学缘异质性和层次性偏低、地域性偏小，都会制约高校学术资源的获取，局限队伍的学术视野，抑制队伍的学术活力，羁绊高校学术实力的提升。

第四节　高校科研队伍结构优化的政策建设

教师是教育系统的核心要素，充分发挥教师队伍的整体功能是实现教育目的、提高教育质量的唯一途径。我国高校教师队伍结构长期存在不同程度的失衡，成了高等教育系统的软肋之一，成了新时期高等教育进一步发展的一个瓶颈，严重影响高校科学研究水平的提升。因此，优化高校科研队伍结构是新时期我国高等教育改革中一项重要而紧迫的任务。优化高校科研队伍结构，必须对症下药，选择有效措施。

一、改变招聘模式，开发银发工程，优化年龄结构

首先，纠正高校中普遍存在的"教师队伍越年轻越好"、"年富力强等于实力"的认识误区，改变重招聘年轻教师，轻中老龄教师引进的做法，特别是改变招聘中普遍设置的年龄限制，根据原有教师队伍年龄结构招聘合适年龄段的新教师。其次，改变"从高校到高校"的教师招聘模式。仅局限于招聘应届毕业生，一般都只能招到年纪较轻的师资，这样目前队伍存在的年轻教师比例过大的失衡状况就难以得到调整。因此，应扩宽招聘渠道，注重从行政、企业、研究所、其他社会组织和自由职业者群体中招聘具有相应能力、经验丰富、年龄较大的教师，以调整队伍少多老少的年龄结构。尤其对于地方高校而言，应重视从各个行业招聘有丰富实践经验的科技人员或专家到学校任教，这不仅可以起到优化年龄结构的作用，还有利于优化教师队伍的知识和技能结构，加强高校与地方的紧密联系。再次，开发银发工程。目前我国高校教师队伍中高职称教师比例较低，有些教师到了 50 岁才能评上教授，高职称教师过早退休对于高校而言是一个巨大损失，队伍中缺乏传帮带角色。因此，除了大力招聘年龄较大师资外，应开发银发工程，在现有统一退休制度环境下，返聘高职称、精力较为充沛、愿意继续从教的退休老教师，进一步消解老龄教师比例过小的结构失衡问题。

二、提高学历标准，加强学历进修，优化学历结构

优化学历结构，就是要不断提高教师队伍总体学历层次。首先，适度提高高校教师资格认定的学历标准，国家可以通过制定相关法规，规定往后申报本科高校教师资格的，首先要拥有硕士学历甚至博士学历，通过提高职业资格入口的学历标准逐步提高教师队伍总体学历层次。其次，适度提高教师的多方面待遇。我国高校尤其是地方高校虽然经济实力较弱，但高校要发展，要在竞争中占据优势地位，离不开高层次人才的引进，因此高校管理者应科学配置现有资源，在资金使用上应倾斜于教师队伍建设，通过提高教师待遇、转变管理方式、营造良好氛围等措施，吸引更多的博士毕业生。再次，适度

提高职称晋升的学历标准。国家应调整相关制度，严格制定教授、副教授职称晋升的最低学历标准，激励低职称教师发愤图强，积极参加高学历进修。最后，加大在职教师学历进修力度。目前我国高校尤其是地方高校教师队伍中，本科及以下的教师比例还较大，不少高校还占了四五成，形成了"本科生教本科生"为主的格局，在我国教师流动制度比较僵化的情况下，要优化学历结构，除了大力招聘高学历教师外，唯一的出路就是选送或鼓励教师攻读高学历课程并取得相应学位。所以，高校管理者应做好长期规划、划拨更多专项资金，采用在职和脱产相结合方式，每年拿出一定名额，支持、鼓励、选派教师攻读更高学历（学位）课程，逐步转变队伍的高学历教师偏少、低学历教师过多的学历结构。

三、完善评审制度，重视培训帮扶，优化职称结构

影响高校教师队伍职称结构不合理的因素很多，其中职称评审制度不合理是一个重要方面，高校对低职称教师的帮扶培训不够是另外一个方面，应该加以改变。首先，改变目前具有"大一统"特点的职称评定制度，也就是职称晋升标准体系过于单一，没有很好兼顾不同学校的特点，倾向于用重点大学职称晋升标准来衡量地方高校教师。目前，地方高校中除了部分老牌高校拥有高级职称评审资格外，其他地方高校教师要申报高级职称，一般都要将材料统一报送到省级教育行政部门，由省级教育行政部门组织相关专家评审，这种做法虽然有利于提高评审工作的权威性，但也容易造成标准单一，适应性有限的问题。其次，重视教师业务培训、技能训练和帮扶。职称晋升是以能力为条件，没有能力的提升就没有职称的晋升。目前我国高校尤其是地方高校教师队伍的综合素质较低，高校只有通过开展各种形状的培训和锻炼，以老带新，帮助低职称教师教学和科研能力的不断提高，为职称晋升创造良好机会。

四、坚持特色发展，注重交叉融合，优化学科结构

首先，坚持学科特色发展。多样性是世界发展的本来面目，大学生态系统亦是如此。在高等教育大发展的现代社会，如果各校趋同发展，

就会造成学科资源分散，无法形成聚合优势。因此，高校首先要立足本校、本地、本国实际，做好科学定位，理清发展思路，既要求同，更要求异，各校之间不趋同发展。其次，高校校内各学科发展不平均用力，找准特色学科发展切入点，挖掘特色学科资源，整合特色师资力量，搭建特色学科发展平台，形成特色发展优势。各高校尤其是地方高校的学科发展不在于多、不在于全，而在于新、在于精，要有所为有所不为，重点突出，优势明显，适当兼顾。政府主管部门在审批专业设置和招生指标时，应根据合理布局的原则，扶持特色学科发展，减少审批趋同专业设置，压缩趋同专业招生指标，引导各高校围绕自身优势，扬长避短，形成不同的特色学科发展格局。再次，注重学科交叉融合。高校校内学科师资布局应实现综合化，正确处理好学科分化发展和融合发展的关系，院系的设置不宜过多过细，注重不同学科相互搭建，注重搭建不同院系教师交流的平台，并制定相应制度形成良好的交流合作机制。随着信息时代和大学科时代的到来，只有具有宽厚学科基础的人才，才能适应瞬息万变的时代；也只有不同学科的交流借鉴和交叉融合，才能为学科发展注入新鲜血液。学科师资的交叉融合是培养基础宽厚复合型人才和提高学科发展后劲，促进学科不断发展的重要条件。

五、丰富学缘类别，广招高层学缘，优化学缘结构

目前，我国高校科研队伍的学缘结构存在的主要问题是，一是部分建校历史较长、办学质量较高尤其是有硕士点博士点较多的高校近亲繁殖问题还没有得到很好的解决，二是科研队伍学缘的本地化（近亲繁殖就是本校化，是本地化的特例）普遍较高，来自于更高层次高校的学缘比例偏小。因此，要优化高校科研队伍学缘结构，应做好如下两点：首先，进一步克服近亲繁殖，丰富学缘类型。部分近亲繁殖较为严重的高校应提高认识，从促进不同思想交流借鉴和营造良好创新氛围的角度出发，摒弃近亲繁殖招聘定势，减少或者杜绝招聘本校应届毕业生任教。其次，克服学缘本地化，注重从更多的外省乃至更多的国家或地区招聘人才。学缘本地化局限了科研队伍的学术视野，不利于科研队伍了解外地学术动态、把握世界学术发展脉搏、追踪学术发展前沿，从而制约学校学术发展步伐。因此，高

校今后应扩大招聘人才的地理范围，招揽更多外省甚至海外的优秀毕业生，不断延伸学术触角，扩大自身影响范围，摄取远方学术资源，为自身发展创造更好条件。克服学缘本地化也是实现远缘杂交的前提条件。再次，重视从重点大学乃至世界一流大学招聘教师。重点大学一般都是学术重镇，是学术前沿的发祥地，是优质学术资源的聚集地，也是学术资源配置话语权的核心。高校只有不断加大高层次学缘的引进力度，才能有利于靠近学术中心，摆脱被边缘化的危险。

六、强化合理调控，增加经费投入，优化队伍结构

以上主要是针对高校层面的对策建议，这里既有政府层面的对策，也有高校层面的对策。在我国，政府是高校的管理者，政府管理行为不可避免对高校科研队伍结构产生重大影响。

首先，政府要调整偏颇的价值取向。一是政府调整行政化管理取向，变微观管理为宏观管理，积极、合理引导高校自主调整队伍结构；高校调整行政化的管理取向，尊重学术发展规律和学术职业特点，调整和优化队伍结构。二是调整重规模扩张轻结构调整的发展取向，政府通过制定宏观政策引导和推动高校重视和采取有效措施调整队伍结构，高校通过自身的资源挖掘和资源整合优化结构。三是调整"大一统"的管理取向，政府在制定职称等制度时应充分考虑高校的多样性。四是政府调整重理工轻人文的学科发展取向，既要重视重点突出，也要注重相互兼顾，学科师资匹配适当。五是高校调整重热门轻冷门、趋同攀比、过度分化管理的学科发展取向。其次，强化政府合理调控。一是以法规政策加以调控，通过科学制定、颁发和实施相关学术职业政策法律，引导高校调整和优化教师队伍结构。二是以经费拨付手段加以调控，比如对于过于追求热门、忽视冷门的状况，政府可以通过控制热门学科发展经费、增加冷门学科发展经费引导高校培养冷门师资，发展冷门学科，调整教师队伍学科结构。三是以评估手段加以调控。科学制定教师队伍评估标准体系，严格实施相关评估细则，引导、监督高校优化教师队伍各种结构。再次，增加经费投入。在政府层面，加大财政投入，使高校有充裕经费用于教师队伍建设；大力发展研究生教育，为高校优化教师队伍结构提供充裕的高质量的师资储备；搭建全国性的教师进修、培训基地，教师项目合作基

地，教师学术交流基地，不断提升教师质量，为教师获得高职称晋升创造更多机会；扩大教师国内外交流交往面，提供更多的教师出国进修、访学和学术合作机会；等等。在高校层面，投入更多专项资金，引入有利于调整原有队伍结构的各式各类高层次人才，为教师提供更多的学历进修、专业培训、交流合作机会等。总之，充足的办学经费是优化高校科研队伍结构的重要基础和基本条件。

第四章

高校科研团队建设与科技创新

研究科研队伍建设与高校科研创新，必然涉及高校科研团队建设。而探讨高校科研团队建设存在的问题，提出相应的对策，提升高校科研创新能力，有利于进一步深刻理解高校落实"科教兴国"战略，建设创新型国家，实现中华民族伟大复兴所承担的历史使命。

第一节　高校科研团队建设概述

高校科研团队包括高校科学技术方面的科研团队（以下简称高校科技科研团队）和高校人文社会科学方面的科研团队（简称高校人文科研团队），同样，高校创新能力也包括高校科学技术创新能力（简称高校科技创新能力）和高校人文社会科学创新能力（简称高校人文创新能力）。研究高校科研团队建设，首先必须明确界定高校科研团队的含义。

一、高校科研团队的概念和特征

（一）高校科研团队的概念

要界定"高校科研团队"的内涵，必先界定"科研团队"这个概念。而要界定"科研团队"的含义，又必须界定"科研"与"团队"两个基本概念。

首先，何谓科研？所谓"科研"即"科学研究"。可见，要界定科研，关键要界定什么是"科学"？对于什么是科学，目前仍然众说纷纭，有学者认为"科学是认识自然及其规律的理论体系"。[52] 还有学者认为"科学"一词是"现代科学"（modern science）的简称，科学的定义是近代和现代才真正产生的，必须从历史的角度讨论科学的形成和定义，[53] 并对科学在严格意义上进行定义，但对这种定义也评论很多、褒贬不一。有学者根据《维基百科》对科学的定义和内涵进行分析认为，科学是通过科学语言、科学概念、科学方法、科学规范、科学系统、科学知识、科学道德和科学精神等组成部分来定义的。[54] 这与前面科学的严格定义相比，其含义有所扩展。当然，还有含义更广的科学定义："科学是人运用实证、理性和臻美诸方法，就自然以及社会乃至人本身进行研究所获取的知识体系化之结果。这样的结果形成自然科学的所有学科，以及社会科学的部分学科和人文学科的个别领域。"[55] 这一定义实际上把科学的范围扩展到了自然科学、社会科学和人文科学。《当代汉语通用词典》把"科学"解释为名词和形容词，名词意义的"科学"是"有系统、有组织的知识；特指研究自然物质及现象的学问。"形容词的"科学"则解释为"合乎科学精神和方法的"含义。[56]

根据以上对科学含义的分析，本研究认为：科学有广义和狭义之分，广义的科学是人们关于自然、社会和思维的现象及其客观规律的分科理论体系，包括自然科学、技术科学、人文科学和社会科学，狭义的科学仅指自然科学。基于此，科研也有广义和狭义之分，广义的科研是人们关于自然、社会和思维的现象及其客观规律的研究，包括自然科学、技术科学、人文科学和社会科学研究，狭义的科研仅指自然科学研究。本研究所指的科研是广义的科研。

其次，何谓团队？所谓"团队"，国外有三种经典定义：一是森德拉姆（Sundstrom）等的定义。森德拉姆等认为，团队是指在工作中相互依赖为特定结果而共同承担责任的个体集合体。这一定义突出强调了团队成员为共同的目标任务而努力，并共同承担责任。二是乔恩·R. 卡曾巴赫（Katzenbach）的定义。乔恩·R. 卡曾巴赫认为，团队是由少数技能互补、愿意为了共同的目的、业绩目标和方法而相互承担责任的人组成的群体。这一定义特别强调了团队成员在技能上的互补性。三是斯蒂芬·P. 罗宾斯（Robbins）的定义。罗宾斯认为，团队是指为了实现某一目标而由相互协作的个体所组成的正式群体。这一定义突出团队与群体的不同，强调团队是一种正式群体，而不是非正式群体。[57]3-4 国内关于团队的定义，多是参考这三种经典定义而得出的，如有人认为，"所谓团队，就是由少数有互补技能，愿意为了共同的目的、业绩目标和方法而相互承担责任的人组成的群体。"[58]28-30 如还有人认为，"团队是指由为数不多的在知识和能力上互补的成员，为了实现共同的目标任务而相互协调配合的工作群体。"[59]24

比较以上三种经典定义，不难发现，学者们对"团队"的界定虽然不完全相同，但有一点是共同的，即都强调了团队具有共同的目标任务，并且团队成员为了实现目标而共同承担责任。三种定义的主要不同点是：对团队与群体的关系认识不同，即是否所有的群体都是团队。森德拉姆等没有仔细区分群体与团队的关系，乔恩·R.卡曾巴赫则认为当群体成员间发展到有共同的承诺感和力求协同行动的时候，群体就发展成为团队；而斯蒂芬·P.罗宾斯认为，所有的团队都是群体，但只有正式群体才能成为团队，团队与群体主要存在四个方面的区别：首先，群体强调信息共享，而团队则强调集体绩效；其次，群体的作用是中性或消极的，而团队的作用往往是积极的；再次，群体的责任是个体化的，而团队的责任可能是个体的，也可能是共同的；最后，群体的技能是随机的或不同的，而团队的技能是互补的。

概括已有"团队"定义的精神实质，本研究认为：团队是在知识和能力上互补的一定数量成员，为了实现共同目标、承担共同责任而相互协调配合的正式群体。

再次，何谓科研团队？对"科研团队"这一概念，学者们也有不同的界定。比较有代表性的定义有三种：第一种认为，科研团队是"以科学技术研究与开发为内容，由为数不多的技能互补，愿意为共同的科研目的、科研目标和工作方法而相互承担责任的研究人员组成的群体。"[58] 28-30 这一定义强调了科研团队的科研性质和目的、技能互补和责任共担。第二种认为，"科研团队可以定义为，以科学技术研究与开发为主要内容，由为数不多的愿意为共同的科研目标而相互承担责任的专业学术人员组成的群体。"[60] 这一定义强调了科研团队的共同的科研目标和相互承担责任，忽视了科研团队成员在知识、能力上的互补性，这一点值得商榷。第三种认为，"科研团队是以科学技术研究与开发为内容，以科研创新为目的，由为数不多的专业技能互补、致力于共同的科研目标，并且拥有团队精神的科研人员组成的创新群体。"[61] 这一定义强调了科研团队的创新性和团队精神，强调了科研创新目的。但是，必须指出的是，上述三种科研团队的定义都有一个明显的缺陷，即把科研对象局限于科学技术方面，把人文社会科学排除在科研对象之外。

本研究认为科研团队包括科技科研团队和人文科研团队。因此，科研团队的定义可表述为：科研团队是在知识和能力上互补的一定数量科研人员，为了实现科研创新目标、承担共同责任而相互协调配合的正式群体。这一界定包括以下几层含义：第一，科研团队以科研创新为共同目标。科研团队的产生、发展和终止都与共同的科研创新目标密切相关，没有共同的创新目标，就谈不上科研团队，即使名义上叫科研团队，也不是真正的科研团队。科研团队成员愿意将这一目标视为自己最重要的阶段性人生目标，并愿意为实现这一目标而不懈努力。第二，科研团队成员之间以知识与能力互补为条件。科研团队以科研创新为目标，其成员在知识、技能甚至性格等方面存在一定的互补性。只有这样，科研团队成员在一起共同研讨学术问题就可以相互开阔视野，相互弥补由学业专攻带来的能力局限，从而使科研团队激发出比单打独斗时的独立创新能力总和还要大得多的集体创新能力。科研团队成员的创新能力互补性越强，凝聚为科研团队的整体创新能力就越大。第三，科研团队成员数量必须适度。科研团队核心成员数量一般不宜过多，以 3～11 个为宜。由于科研创新需要经常交流沟通，科研团队成员特别是核心成员过多会引起沟通不足，造成沟通障碍和智力资源浪费等弊端；成员具有层次性，科研团队还可以有更多一些的学习者、研究生等非核心成员；成员分工必须明确，参与或接受科研团队分配的研究任务。第四，科研团队成员必须有鲜明的团队意识和整体意识。团队成员自觉自愿地置个人努力于整体目标之中，都希望通过分工协作来寻求最佳的整体科研利益。不去斤斤计较、遇事推诿，而是相互担待、相互承担团队的科研责任，朝着团队的创新目标迈进。第五，科研团队必须有一定的资源依托。有的依托基层组织，如教研室、研究所等；有的依托研究平台，如研究中心、实验室等；有的依托研究项目，如基金项目、委托项目等。科研团队都是有一定资源依托的正式科研群体，非正式科研群体不是科研团队。

最后，何谓高校科研团队？根据科研团队的定义，本研究认为：高校科研团队是在知识和能力上互补的一定数量的科研人员，为了实现科研创新目标、承担共同责任而相互协调配合的以高校科研人员为主组成的正式科研群体。一个跨组织的科研团队是否为高校科研团队，主要看该科研团队成员是否以高校科研人员为主组成。

（二）高校科研团队的特征

高校科研团队是有生命、有记忆、高智慧的团队，它呈现出竞争与协同、混沌与有序、继承与发展、优势与优势、学习与创新、科研与教学、控制与自主等几个维度上的独特个性表现。

一是竞争与协同并存。在科研资源有限的现实环境中，众多的具有进取精神的高校科研人员（绝大多数往往同时也是教学人员），为了获得更多的科研经费和其他科研支持，为了获取成果发表和技术转化优先权，必然相互竞争。在特定条件下，这种相互竞争有可能出现部分人的自愿合作。合作博弈理论研究表明，只要满足"超可加性"和"有效协议"这两大条件，人们便会自愿合作，在谋求整体利益最大化的同时，谋求个人利益的最大化。高校科研团队便是在满足上述条件下所形成的合作群体。在这个群体中，合作是团队成员们的自觉选择。强调高校科研团队合作，只是强调团队成员之间合作是主流，并不意味着否定团队成员之间的竞争性。实际上，从高校科研团队的对外关系来看，自己所在的科研团队与其他科研团队之间既有竞争也有协作，有的可能是协作占主流，有的又可能是竞争占主流；但从高校科研团队的内部来看，成员之间自愿协作是主流，但不排除成员之间仍然存在一定程度的竞争性。高校科研团队作为一个由合作占主流的科研组织，其内部成员为了实现团队的科研目标，总是自觉自愿地相互协作、相互配合，这种组织特性就是高校科研团队的协同性。这种协同性是团队成员的一种自觉行动，是在竞争基础上的自愿合作，是为了共同的研究目标而达成的必然结果。

二是混沌与有序同在。高等教育研究高深学问，高校作为承担高等教育任务的机构，其目的具有"自然模糊性"。随着高深学问的不断分化，从事专业工作的高校科研人员自主性越来越高，"越来越多的知识领域表现出内在的深奥性和固有的自主性"[62]14，"无序的合理化"在一定程度上使高校科研团队处于混沌状态。在"各自为战"的混沌状态时，科研活动似乎毫无组织秩序可言。而在满足一定条件的情况下，高校科研人员有可能自愿合作，形成一定的科研组织秩序。在初步形成合作关系的情况下，只要再多一点规矩和秩序，再多放弃一点个人的"自由"，便能充分挖掘整体潜力，谋求更大的整体和个人利益，那么，高校科研团队成员就会主动提出这种秩序要求，也乐于自觉遵守这一秩序。因而，高校科研团队的这种混沌是一种"无序中的有序"，是在混沌基础上出现的有序。"所谓有序，指事物内部诸要素和事物之间有规则的联系和转化"[63]。高校科研团队的有序性主要表现在：一是团队成员在团队中的角色、地位相对稳定，其中包括学术带头人领袖地位的相对稳定。二是团队在资产管理、项目管理、成果管理、学术交流、研究生教育等活动中，已经形成了一系列大家共同遵守的制度。三是团队拥有了相对明确的共同目标，团队成员拥有基本认同的文化价值观念和学术道德规范。四是团队成员大体上都知晓其他成员的性格特点、专业特长，配合比较默契，已经形成了相对稳定的"团队心智模式"。

三是继承与发展并轨。高校科研团队作为一个有生命的组织系统，其内部的组织秩序不可能总是停滞在某一状态，而是在继承的基础上不断发展、不断"超越"。高校科研团队的发展是团队自身的内在要求，其发展有自身的规律性，主要表现在：一是高校科研团队无法摆脱自身的"历史"，它的发展总是在继承基础上的发展，表现出"路径依赖性"。对一个具体的高校科研团队而言，有一个形成、震荡、规范、稳定、终止的发展过程[57]6。一个新团队产生时往往在不同程度上继承了已经终止的一个或者几个曾经的团队成员、科研资源、团队文化等。二是高校科研团队从萌生到形成、从震荡到规范乃至稳定，团队成员之间的配合由生疏到默契，团队秩序从无序到有序、由简单到丰富，充分表现出高校科研团队发展的阶段性特点。三是高校科研团队的发展必然伴随着新旧观念、新旧秩序之间的斗争。这种斗争本身就是一种发展和进步。经过新旧观念剧烈冲突、新旧秩序剧烈斗争，可能导致一个团队的崩溃或终止，也可能导致人员和资源的重新排列组合，产生一个新的团队，这实际上是团队发展的另一种形式。

四是优势与优势互补。在学科高度分化又高度综合的大科学时代，高校科研人员不可能成为"全才"，他们有各自的优势和不足。高校科研团队是一个成员优势互补的科研群体。这里所说的"优势互补"，是指高校科研团队围绕共同的科研创新目标，实现团队成员知识结构、思维方式、研究经验、科研能力的优势互补，形成团队成员年龄、性格特征、工作风格、人文素养的优势互补。如果一个研究群体中成员的知识结构、思维方式、研究经验、科研能力和非智力特征基本相同，有共同的长处和弱点，那么这种科研群体就很难凝聚为科研团队。目前国内一些有突出成就的高校科研团队，都具有多学科交叉特点，这样才能发挥优势互补的作用，攻克跨学科的重大难题。[64]如华中科技大学"广州科学中心（实验与发现）展馆展品设计与承建项目"科研团队就是一个典型的跨学科团队。该团队在运作与管理上的许多问题都与团队本身的跨学科性密切相关。即使是同一学科或同一专业的科研人员组成的团队，成员之间在研究方向、知识结构、思维方式、研究经验、科研能力以及年龄、性格等方面各异，也会产生优势互补。[65]

五是学习与创新并举。高校科研团队作为一个有记忆、高智慧的组织系统，不仅具有超强的互相学习能力，而且还具有持续的创新能力。高校科研团队成员一般都具有比较高的学历，具有某一专业或某一专业方向熟练的知识，由于团队成员的优势互补性，成员们在完成科研任务的过程中，通过沟通、交流和讨论研究问题，既可以互相学习、互相启发，又可以激发思维、促进创新。这种创新性不是高校科研团队的偶然表现，而是团队在优势互补、互相学习的基础上持续努力的必然结果。任何个人或团队，都有可能偶然产生某种创造性行为，然而，高校科研团队以知识创新作为自己的根本任务，持续地开展以提出问题、分析问题、解决问题为轴心的创新活动，是依靠创新成果来赢得政治、经济支持和社会尊重的研究群体。创新是高校科研团队持续的、主动的追求，是团队安身立命的根本。创新能力是高校科研团队的核心能力，是以团队所拥有的学习能力为基础的。高校科研团队是由专家、学者所引领的群体，不仅具有超强的学习能力，而且是在学习中研究、在研究中学习，学习已经成为团队的自觉行动。因此，高校科研团队是一个在学习与创新中不断发展的学习型团队和创新型团队。

六是科研与教学结合。高校科研团队不仅具有科研职能，而且具有教学职能，能在科研过程中培养创新人才。高校科研团队的科研与教学结合主要表现在：其一，教学型科研团队的成果直接服务教育教学。高校教学型科研团队以团队的形式将同一学科的教师凝聚在一起，不仅有利于团队成员提高教学水平，而且有利于学科建设。团队中理论基础深厚、经验丰富的老教师发扬传、帮、带的精神，年轻教师也发挥思维活跃的特性，充分体现了团队老、中、青结合的巨大优势，团队成员可以达到互相启发、互相提高的目的，提高教学水平，从而提高人才培养质量。其二，专业型科研团队直接提高师生参与者素质。高校科研团队特别是师生共建科研团队，在高校科研团队建设中具有重大意义。把团队的科研活动引入到本科生、研究生教学过程中，在教师的指导下组织本科生、研究生参与科研活动，使他们得到科研训练，提高科研素养，可以达到培养创新型人才的目的。在高校科研团队中把科研与教学紧密结合起来，至少可以形成以下三大优势：可以改变重理论轻实践的教学观念；可以培养学生的合作精神与创新能力；可以形成教学科研一体化的人才培养模式。教师的传、帮、带使学生从被动接受知识变为主动研究问题，可以充分发挥高校科研团队的教育功能，达到培养创新人才的目的。

七是控制与自主协调。高校科研团队能够自主确立自己的奋斗目标，自主选择自己的发展方向，自主抉择自己的研究领域，自主申报自己感兴趣的研究课题，自主贯彻自己的科学理念和价值观念，自主抉择自己的研究方法，自主监控自己的研究行为，自主反思自己的研究过程与成果。这种自主性不是与生俱来的，而是团队在工作过程中逐步养成的。团队的沟通、研讨等集体活动，对其自主能力养成是必不可少的。同时，高校科研团队生存在特定的环境之中，有关管理部门不可能不对它提出管理上的要求，科技成果需求部门不可能不对它做什么课题提出具体要求，而且团队的人力、物力、财力、信息等资源也受制于环境。也就是说，高校科研团队不可能完全摆脱外部管理。高校科研团队只有在尽可能满足外部要求的同时，坚持"自治、自决"，才能确保团队既能与外界和谐相处，又能最大限度地凸显出自身的主体精神和创新能力。高校科研团队的自主性还表现为团队内部成员有一定的自主性，其中团队领导具有更大的自主性。但是团队成员过度自主会降低团队的凝聚力，而团队的凝聚力是团队形成与存在的前提，是团队创新力和竞争力的基础，也是团队管理的关键。[66] 因此，高校科研团队成员的自主性具有一定限制，是在团队领导控制下的自主性。

二、高校科研团队的分类和作用

（一）高校科研团队的分类

高校科研团队作为高校学术生态系统的"组织细胞"，在学术生态系统中已经分化为多种形态。根据不同的分类标准，高校科研团队可以划分为不同的类型。

第一，根据高校科研团队的基本性质不同，可以把高校科研团队分为高校科研创新团队和高校一般科研团队。高校科研创新团队简称高校创新团队，是指国家基金委、教育部等利用国家财政资金和自筹资金，经过一定组织机构立项评审批准命名的创新团队。高校创新团队包括国家命名资助的创新团队、地方命名资助的创新团队和高校命名资助的创新团队。目前国家命名资助的创新团队包括基金委创新团队和教育部创新团队。基金委创新团队是根据《国家自然科学基金委员会创新研究群体科学基金试行办法》申报批准的创新研究群体，高校与科学院等其他机构都可以申报。教育部创新团队是根据《"长江学者和创新团队发展计划"长江学者聘任办法》和《创新团队支持办法》申报批准的创新团队，是专门针对高校设立的创新团队。高校一般科研团队，也称高校传统科研团队，是指除了高校创新团队外，有一定的经费支持或项目等资源为依托而组成的高校科研团队。

第二，根据高校科研团队的战略地位不同，可以把高校科研团队分为战略型高校科研团队、战役型高校科研团队和战术型高校科研团队。战略型高校科研团队是指影响高校学术生态系统全局，能够长期保持相对稳定，对国家的科技、经济和社会发展的重大问题进行研究，能"坐冷板凳"、善"打持久战"的高校科研团队；战役型高校科研团队是指影响高校学术生态系统某个大的方面，能够保持相对稳定，主攻近期科技、经济和社会发展急需解决的"瓶颈"问题，有"钉子精神"、善"打攻坚战"的高校科研团队；战术型高校科研团队是指在高校学术生态系统中机动灵活，善于改变方法、转移阵地，善于攻克前进道路上一个又一个技术难题，能"自我超越"、善"打运动战"的高校科研团队。[59] 27

第三，根据高校科研团队的研究内容不同，可以把高校科研团队分为基础研究型高校科研团队、应用研究型高校科研团队和技术开发型高校科研团队。基础研究型高校科研团队是以认识自然现象、探索自然规律、促进科学知识增长为主要任务，注重研究成果的学术价值和研究活动的自由性与非功利性，提出新概念、新定理、新定律和新理论的高校科研团队。应用研究型高校科研团队是应用基础研究的理论知识，提高人类改造客观世界的能力，以技术发明和创新为主要任务，承担的课题在科学、技术、生产体系中具有承上启下地位的高校科研团队。这类高校科研团队将基础研究的理论成果转化为某一特定领域的技术原理，并将应用研究提出的一些基本理论问题反馈给基础研究部门。技术开发型高校科研团队是在应用已知的技术原理开发新技术，明确指向某种新产品的生产，具体解决生产中的实际问题，创造和研制新技术、新产品、新工艺、新方法、新流程等技术成果的高校科研团队。[59]27-28

第四，根据高校科研团队的成员身份不同，可以把高校科研团队分为高校教师科研团队、高校师生科研团队和高校学生科研团队。高校教师科研团队是指由一定数量的高校教师共同组成的科研团队；高校师生科研团队是指由一定数量的高校教师和学生共同组成的科研团队；高校学生科研团队是指由一定数量的高校学生共同组成的科研团队。高校学生科研团队主要由高校研究生组成，但也有本科生成功申报研究课题而形成的本科生科研团队。在以上三种高校科研团队中，高校师生科研团队是高校最常见的一种科研团队。

第五，根据高校科研团队成员的关系及其关联程度不同，可以把高校科研团队分为实体性高校科研团队、虚拟性高校科研团队和分布式高校科研团队。实体性高校科研团队是指团队成员在同一个高校基层学术组织内，主要通过面对面的学术交流进行联系，组织边界较为清晰的高校科研团队；虚拟性高校科研团队是指突破时间和空间约束，以现代通信和网络条件为物质基础，有选择性地将不同高校基层学术组织内的科研人员联系在一起，共同开展科学研究而组成的高校科研团队；分布式高校科研团队是指以实体性高校科研团队成员为核心，以虚拟性高校科研团队成员为外围组建而成的虚实结合的高校科研团队。

第六，根据高校科研团队所涉及的学科不同，可以把高校科研团队分为单学科高校科研团队与跨学科高校科研团队。单学科高校科研团队是指团队成员来自同一学科，拥有共同的知识背景和研究范式，共同研究某一学科问题的高校科研团队。跨学科高校科研团队是指团队成员来自不同的学科，拥有不同的知识基础和研究范式，在学术上可能存在一定沟通困难，但如果能够有效沟通则很容易相互启发、激发创新的具有共同研究目标的跨学科问题的高校科研团队。

第七，根据高校科研团队所涉及的领域不同，可以把高校科研团队分为科技类高校科研团队、人文类高校科研团队和综合类高校科研团队。科技类高校科研团队是以自然科学和技术科学为研究领域的科研人员组成的高校科研团队，是科学技术领域的科研团队，简称高校科技科研团队。人文类高校科研团队是以人文科学和社会科学为研究领域的科研人员组成的高校科研团队，是人文社会科学领域的科研团队，简称高校人文科研团队。综合类高校科研团队是既有科学技术类科研人员、又有人文社科类科研人员共同组成的高校科研团队，是跨越科技与人文两大领域的科研团队，简称高校综合科研团队。

第八，根据高校科研团队依托的资源不同，可以把高校科研团队分为依托基层组织的高校科研团队、依托研究平台的高校科研团队和依托研究项目的高校科研团队。依托基层组织的高校科研团队是指高校科研人员依托基层组织，如教研室、研究所等高校基层学术组织而组成的高校科研团队。依托研究平台的高校科研团队是指高校科研人员依托研究平台，如研究中心、实验室等高校学术研究平台而组成的高校科研团队。依托研究项目的高校科研团队是指高校科研人员依托研究项目，如基金项目、委托项目等各类项目而组成的高校科研团队。

第九，根据高校科研团队的级别层次不同，可以把高校科研团队分为国家层次的高校科研团队、地方层次的高校科研团队和高校层次的高校科研团队。国家层次的高校科研团队是依托国家级研究中心、实验室等研究平台或依托国家级课题等组成的高校科研团队。地方层次的高校科研团队是依托省市等地方政府及其有关部门支持的研究中心、实验室等研究平台或依托省市级课题等组成的高校科研团队。高校层次的高校科研团队是依托高校自身的基层学术组织、高校自身组建的研究中心、实验室等研究平台或依托校级课题等组成的高校科研团队。

第十，根据高校科研团队的组织规模不同，可以把高校科研团队分为单个高校科研团队和高校科研团队集团。单个高校科研团队就是单独一个高校科研团队，又可以分为小型高校科研团队、中型高校科研团队、大型高校科研团队。本研究认为，3～5人的高校科研团队为小型高校科研团队；6～20人的高校科研团队为中型高校科研团队；20人以上的高校科研团队为大型高校科研团队。高校科研团队集团又称为集团高校科研团队，是以共同科研创新目标为纽带，以核心高校科研团队为主体，以学术规范为共同行为准则，由核心高校科研团队、参与高校或其他组织的科研团队以及其他科研人员共同组成的科研团队联合体。一般来说，大中型高校科研团队可以分为若干个科研小组，而高校科研团队集团则可以分为若干单个科研团队，同时又自然形成一个有机的团队系统，以完成重大科研任务。

（二）高校科研团队的作用

建设创新型国家是党中央和国务院提出的国家发展战略目标。党的十八届三中全会提出了"深化教育领域综合改革"、"深化科技体制改革"、"加快建设创新型国家"的要求。高校科研团队是高校科研创新的主体，在培养创新型人才、培育创新型高校、取得创新型成果的过程中，为支撑创新型产业、建设创新型国家发挥着重要作用。

第一，培养创新型人才。我国高校培养的研究生大多数都在某种程度上参与了高校科研团队的研究工作，高校科研团队与培养创新型人才已紧密地联系在一起，发挥着重要作用。目前，我国已跨入世界研究生大国行列，研究生的整体发展速度已经超过了 GDP 的增长速度。[67] 但与世界发达国家相比，我国研究生的整体素质相对偏低，创新能力不强，这有多种原因，其中，研究生培养模式是重要原因。加强高校科研团队建设，组建更多的师生科研团队，让每一个研究生甚至本科生参与科研团队工作，可以打破传统的培养模式，建立产学研一体化培养模式，为培养创新型人才创造更好的条件。随着高校科研团队的发展，科研团队在培养创新型人才方面将发挥更重要的作用。

第二，培育创新型高校。随着社会的发展，高校的科研职能显得越来越重要，研究型大学更是把科研放在更重要的位置。世界一流大学都是研究型大学，也是创新型大学。加快高校科研团队建设，提升高校科研团队质量，既是有效地开展科学研究的需要，也是建设研究型大学，培育创新型高校，创建世界一流大学的需要。随着我国高校科研团队的不断发展，高校科研团队在培育创新型高校、创建世界一流大学中发挥越来越重要的作用。根据《中国大学及学科专业评价报告 2009—2010》提供的中国一流大学排行榜（前20 名）和创新竞争力资料计算，大学的创新竞争力得分与一流大学排行榜得分呈现高度正相关，相关系数 $r = 0.917$。因此，高素质科研团队对于培育创新型高校，建设世界一流大学具有重大意义。

第三，取得创新型成果。随着科学研究日益从高度分化向交叉综合的发展，合作科研、团队攻关已成为现代社会生产条件下科研活动的内在要求。高校的科研成果大部分是高校科研人员组成科研团队合作研究取得的成果。我国自 2000 年以来，国家三大科技奖励中团队或群体获得的比例也逐年增长，比例也是越来越高。以国家自然科学奖为例，至 2009 年，受理项目中采取团队合作的已达 85%，说明科研团队这一组织方式与单兵作战相比，在研究的深度和广度上都能拓展到更高的层次，也易于实现新的科学发现和重大进展。[68] 访谈收集的资料表明，高素质的高校科研团队就会取得高质量的创新型成果。

第四，支撑创新型产业。无论在西方发达国家还是中国，都有许多创新型产业是以一大批高校科研团队为支撑的，美国的硅谷和中国的光谷都是典型的例子。美国硅谷的特点是以附近一些具有雄厚科研力量的美国一流大学斯坦福、伯克利和加州理工等世界知名大学为依托。目前在硅谷，集结着美国各地和其他国家的科技人员达 100 万以上，美国科学院院士在硅谷任职的就有近 1000 人，获诺贝尔奖的科学家就达 30 多人。[69]中国光谷聚集了包括华中科技大学等在内的各类高校 42 所，56 个国家级科研院所，20 多万各类专业技术人员和 70 多万在校大学生、51 名两院院士。依托华中科技大学的武汉光电国家实验室就坐落在光谷的中心地带。截止到 2010 年 10 月，武汉光电国家实验室组建了 33 支科研团队，研究人员达 350 人，教育部创新团队 2 个，湖北省创新团队 2 个，院士 3 人，长江学者 14 人，新世纪优秀人才 11 人，跨世纪优秀人才 14 人，取得了大批创新型成果，为光谷建设提供了有力的支撑。①

　　第五，建设创新型国家。高校科研团队在培养创新型人才、培育创新型高校、取得创新性成果的同时，也支撑了一大批创新型产业，为建设创新型国家做出了很大的贡献。国家科学技术奖可以代表国家科研创新最高奖，能说明高校科研团队在建设创新型国家中所发挥的重要作用。从历年获奖情况可以看出，高校的获奖比例持续增长，说明国家近年来通过"211 工程"、"985 工程"等对高等教育的投入加大，以及高校组成科研团队更多地承担国家各类科技攻关项目，成效开始逐步显现，高校的科研实力在不断增强，对我国科技进步的贡献越来越大。②高校获得的这些奖励绝大多数是高校科研团队合作的成果，说明高校科研团队为解决我国经济社会发展中所面临的重大问题做出了重大贡献，在建设创新型国家中发挥着越来越重要的作用。

第二节　国外高校科研团队建设经验

　　国外特别是西方发达国家高校科研团队建设的先进经验，无疑对我国高校科研团队建设具有借鉴作用。为了总结国外高校科研团队建设经验，本节

---

① 资料来源：根据 2010 年 10 月 28 日到 30 日"建设东湖国家自主创新示范区院士行"会议资料和武汉光电国家实验室网站资料整理。武汉光电国家实验室网站 http://www.wnlo.cn/.
② 资料来源：http://www.moe.edu.cn/edoas/website18/level3.jsp?tablename=2038&infoid=126 3179429771349.

首先探讨了国外高校科研团队建设的基本情况，然后得出国外高校科研团队建设的一般经验。

一、国外高校科研团队建设的基本情况

美国等西方发达国家对高校科研团队建设非常重视，高校科研团队的创新在国家创新体系中占有重要地位。由于国外高校科研团队形式多样，下面以美国高校科研团队作为主要研究对象，对西方发达国家高校科研团队的组建方式、组织结构、管理模式、保障体系等基本情况进行分析。[70]51-88

（一）国外高校科研团队的组建方式

根据一些国内外学者对国外高校科研团队组建方式进行的研究分析，国外高校科研团队的组建方式可以概括为以下四种，且这四种组建方式有一定的交叉融合。

第一，以实验室平台为基地组建高校科研团队。以实验室平台作为基地的高校科研团队，在美国、英国等西方发达国家有一定的代表性，特别是一些大型实验室，如美国哈佛大学的杰弗逊物理实验室（Jefferson Laboratory）、英国剑桥大学的卡文迪什实验室等。以这些著名实验室平台为基地的高校科研团队，实际上是一个大型高校科研团队。这种大型高校科研团队往往包含很多子科研团队，形成一个高校科研团队集团。除了一些大型实验室外，还有许多中小型实验室。美国高校实验室可分为国家实验室、校级实验室和普通实验室三种类型，并相应组成以国家实验室为基地组建的高校科研团队；以校级实验室为基地组建的高校科研团队；以普通实验室为基地组建的高校科研团队。

第二，以研究中心为载体组建高校科研团队。国外高校研究中心是高校科研团队的重要载体。在美国，高校研究中心的组织形式主要有两种：一是由美国国家科学基金会提供资助创建的工程研究中心。这种研究中心是集产学研任务为一体的高校科研团队组织形式，也是美国高校开展工程技术创新的重要基地，以此为依托往往组成跨学科甚至跨高校性质的高校科研团队。[71]52-54二是具有跨学科研究性质的独立"研究所"或"研究中心"。这些研究机构存在于有组织的院系之外，由来自多个院系的师生以及高校以外的研究人员所

组成，是高校独立设置的正规学术机构，或由某个院系为主负责组织和管理，其他相关院系参与的校级研究组织，是典型的矩阵组织结构。[72]

第三，以计划项目为依托组建高校科研团队。以计划项目为依托的高校科研团队往往是以一定的研究任务为目标，集中高校在某个学科领域方面的资源优势，通过几个相关院系联合或几所高校之间的交流与合作，也有的是高校与其他机构之间的合作，进行大跨度合作来共同完成研究任务。一般可分为以下两种：一种是高校参与的计划项目。这种计划项目除了高校参与外，还有其他社会组织参与，有些大型研究计划不仅具有跨学科、跨高校性质，甚至具有跨社会组织、跨国性质。另一种是高校自己的计划项目。这种计划项目除了部分由一所高校组织主持、吸收少量校外科研人员参加外，一般为高校自己组织主持的计划项目。

第四，以科研课题为纽带组建高校科研团队。课题项目和计划项目很相似，是为了解决一个相对独立、内容较单一的科学技术问题而组建的。课题组的带头人就是课题的申请人，由他来亲自负责课题组的研究分工、资源调配等团队事务。课题制极大地激发了科研人员的创新潜能，然而，由于课题政策、利益约束等原因，科技创新的基层组织呈现分散化、小型化趋势。为了避免过于分散化、小型化，充分发挥课题制优化科技创新资源的优势，一个高校科研团队可以由几个课题组组成，一个课题组往往只是高校科研团队的一个部分。但两者的区别也是相对的，某些面向重大课题而组建的课题组往往也是科研团队，如新加坡 MIT 联盟就是这样的课题组。[70] 61-62

（二）国外高校科研团队的组织结构

国外高校科研团队是按照什么方式组织和建立起来的，其内部构成如何，这主要涉及科研团队的组织结构演变及其成员的构成层次。

1. 国外高校科研团队的组织结构演变。国外高校科研组织为了适应科研内容和形式的变化，经历了从个人→小组→大组→组系→团队的演变，这种演变是科学研究发展的必然要求。用科研团队的话语来表示，国外高校科研团队产生于从个人研究向小组研究转变的过程，即国外高校科研团队最初是小型科研团队，随着科学技术的发展，逐步演变而产生了中型科研团队、大型科研团队和科研团队集团。大科学时代的到来与发展，科研团队规模越来越大是发展的必然趋势。未来的科研团队集团，可能是一个庞大的科研团队系统，形成多级复杂的科研管理层次。过去那种认为科研团队不能突破6人、10人、20人等小规模团队的思想，已经不符合大科学时代科研团队的发展要求。大科学时代经常出现大型科研团队或科研团队集团不足为奇，当然，也不排除中小型科研团队的存在。而且中小型科研团队还是科研团队存在的基本形式，也是大型科研团队或科研团队集团的组成部分。

2. 国外高校科研团队的人员构成层次。国外高校科研团队的人员构成丰富多彩，主要来源有三类：一是本校人员，包括教授、副教授、助理教授、荣誉教授等；二是本校或外校的学生，包括博士后、博士生、硕士生、本科生；三是外来人员，包括科学家、工程师、访问学者等。这些人员共同构成了高校科研团队的带头人、团队骨干、流动学术人员和辅助支撑人员。根据学科特点、科研目标、创新形式不同，不同国家的高校科研团队在人员构成上存在一定的差别，一般而言，国外高校科研团队的人员构成可以划分为三个层次：[70]63-64 一是核心层成员。高校科研团队的核心层成员是高校科研团队的领导层，或称为高校科研团队的领军人物。二是支撑层成员。高校科研团队的支撑层成员主要是指团队的科研骨干和流动科研人员。三是辅助层成员。辅助层成员一般可分为两种：一种是行政管理服务人员；另一种是实验技术服务人员。

（三）国外高校科研团队的管理模式

国外高校科研团队是如何进行管理的，怎样管理才能提高其创新效率，这主要涉及科研团队的管理模式，包括内部管理和边界管理两个重要方面，形成国外高校科研团队的内部管理模式和内外协调模式。

1. 国外高校科研团队的内部管理模式。国外高校科研团队的内部管理是指对科研团队成员彼此相互联系、相互作用、相互影响并完成任务的过程进行管理，主要包括科学制定规划与合理实施决策，进行有效沟通与积极化解冲突，不断激励团队成员完成目标任务。一是科学制定规划与合理实施决策。科学制定规划与合理实施决策是高校科研团队内部管理的重要工作，涉及团队当前的任务、工作程序以及行为标准等多个方面。二是进行有效沟通与积极化解冲突。科研团队内部进行相互沟通非常重要。团队成员进行有效沟通的途径主要有：通过交谈、文件、信件、网络等形式交换和共享信息；聚在一起对某个科研问题畅所欲言，提出各自的看法与意见，通过讨论使成员观点互相撞击摩擦，以达成共识。

2. 国外高校科研团队的内外协调模式。国外高校科研团队的内外协调是指科研团队在与团队成员之外的人和组织进行合作时使用的措施和办法。在信息时代，高校科研团队不可能孤立地进行科研工作，必须与高校管理人员及其有关部门、政府及其职能部门、企事业单位和社会团体等开展有效合作。由于国外很多高校科研团队都有依托单位，因此，团队与其所依托单位的关系最重要。在与校外组织进行外部协调方面，为了避免高校科研团队在运转过程中遇到一些组织和制度障碍，高校领导和管理层需要根据情况，进行必要的组织与协调。高校科研团队与外部组织唇齿相依的合作、交流关系，不仅为团队及其成员发展提供了重要保证，而且为高校蓬勃发展起到了重要作用。

（四）国外高校科研团队的保障体系

国外高校科研团队的保障体系包括的内容比较多，其中主要包括科研经费、科研服务、仪器设备、办公用房等保障内容。如果科研经费充足，仪器设备、办公用房等即使开始没有也不成问题，所以，下面主要从科研经费、科研服务两个方面进行分析。

1. 国外高校科研团队的科研经费保障。科研经费是国外高校科研团队的基本保障，是科研创新最根本的物质基础。美国每年教育投入大约占 GDP 的 7%，政府每年提供了上千亿美元的科研投标资金，再加上社会捐助等，美国高校科研团队能获得数额巨大的科研经费。（1）政府资助。国家的科研经费是最为重要的一个部分，其资助与管理模式对高校科研团队的发展具有重大影响。美国联邦政府一直是高校科研最有力的支持者。近年来，联邦政府投入高校科研资金一直呈上升趋势。（2）社会捐助。工商企业和个人等社会各界对高校捐助的数额十分巨大。如 "2003 年哈佛大学获得的捐赠高达 193 亿美元。哈佛大学 2003 年度的收入为 25 亿美元，支出是 24 亿美元，是一所有盈余的学校。"[73]176-180 充足的科研经费，不仅保障了哈佛取得一流的科研成果，也为社会培养了大批顶尖人才，这些人才在社会上获得了很好的发展，又为哈佛带来了源源不断的高额捐赠，始终处于科学研究的制高点。

2. 国外高校科研团队的科研服务保障。国外高校科研团队产出高水平的科研成果，还需要良好的科研服务保障，主要包括两个方面：一是提供优质的科研服务。美国一智囊机构的研究所长说过："两个研究员不如一个研究员加半个秘书的效率"。[74] 这从一个侧面说明了提供优质科研服务对科研人员的重要性。西方高校为科研团队提供的优质科研服务主要包括优质科研平台和信息平台。二是营造宽松的学术氛围。为高校科研团队营造宽松的学术氛围是高校科研管理者义不容辞的责任。以哈佛大学为例，1829 年，当哈佛神学院教授亨利·威尔（Henry Well）关于废除奴隶制的言论受到抨击时，昆西（Edmnn Quincy）校长在一封信中明确表示了他支持学术自由的立场："哈佛大学校方从未以保留教授职位为条件要求威尔教授放弃他在奴隶制问题上的观点。"由于哈佛长期以来对学术自由的捍卫，坚持学术自由的办学理念，营造宽松的学术氛围，保障了哈佛的快速发展。[73] 176-180

二、国外高校科研团队建设的一般经验

在科学技术日新月异的今天，个人力量显得单薄脆弱，团队合作显示巨大优势，已成为科技创新的主要途径。世界上最具影响力的科技创新，无论是曼哈顿工程的成功实施，还是贝尔实验室的创新成果，都是通过团队合作来适应科技发达时代科技发展要求的。也正是在这样的科技发展态势下，发达国家加大了对科研团队的建设力度，也取得了巨大的成功。围绕科研创新，国外高校科研团队积累了许多成功的经验，概括起来，主要有以下五个方面：

（一）政府出台政策支持团队创新

西方许多国家都十分重视出台创新政策支持团队创新。美国政府素有重视科研的传统，主要通过创新政策对高校科研团队的创新活动实施引导和支持。这些政策主要包括：

第一，完善知识产权保护政策。美国联邦政府机构对知识产权的介入很深，管理上比较缜密和严格。特别是对政府拨款产生的专利权管理，宏观上有政策指导，具体项目上也有专门机构操作、经营。早在新中国成立之初，美国就在其宪法第一条第 8 款规定："国会有权保障作者和发明人对其作品和发明在一定期限内的独占（专利）权利。"1790 年，美国颁布实施了第一部《专利法》，现行的《专利法》则是 1952 年颁布的，此后，又进行了多次修改，还颁布了配套法律和政策等。这些规定既推动了高校的科技成果转化，又使

高校可以从知识产权的转移中获取研究经费，对科技发明的商品化起到极大的促进作用，[①]为高校科研团队创新提供了有力的知识产权保护，同时也有力地推动了产学研一体化合作创新。

第二，制定财政税收优惠政策。美国税法规定："高校和独立科研机构是非营利性组织，可以享受减免税待遇；任何企业或个人向高校或从事公益性活动的科研机构捐款，都可以获得减免税待遇。"美国鼓励科技创新的财政税收优惠政策，主要表现为对于研发支出的税收减免和退税，而不是政府的研发补贴。美国的《国内税法》对研发活动还制定了退税政策。财政税收优惠政策既帮助高校赢得了巨额资助和捐赠，也极大地促进了企业参与高校科研的积极性，为高校与企业开展团队合作研究奠定了基础。

第三，调整科研经费资助政策。西方发达国家普遍重视研发（R&D）投入，而美国的R&D投入则一直处于遥遥领先地位。据统计，几十年以来，美国R&D投入占世界R&D投入总量一直保持在25%左右。巨额的R&D投入使美国多年来一直保持世界头号知识生产大国的地位，并引领世界的科技发展。[75]47 为了使政府科研机构和高校之间的研究达到一定的平衡，美国联邦政府调整了对高校科研的支持政策，加强了对高校包括直接费用和间接费用在内的所有费用的资助，使教授能比较容易申请到课题，使高校科研团队有充足的经费支持。联邦政府不仅直接资助高校科研，而且出台政策鼓励企业和社会资助高校科研。

第四，确定公共采购优先政策。美国的公共采购对科技创新活动起着非常重要的作用。如果将由联邦政府提供财政帮助的州以及地方政府也考虑在内，加上政府管制和其他政府目标，则政府几乎是任何物品的采购者。实际上，美国政府一直在有效地利用公共采购优先政策来促进科技创新，促使科技成果产业化，刺激以技术为基础的新企业产生。政府作为创新活动的推进者，通过实行公共采购优先政策，优先采购产品市场上的科技创新产品，增加科技创新产品的市场需求，降低科技创新产品的市场风险，调动了企业生产新产品的积极性，促使科技成果产业化，从而对高校与科研机构的创新起

---

① 资料来源：国家知识产权局.美国的知识产权管理体制和专利管理政策及其借鉴 [EB/OL].[2010-10-18].http://www.sipo.gov.cn/sipo2008/ztzl/hylt/usa337/bjzl/200804/t20080411_374821.html.

到了有力的支持作用。

第五，促进产学研一体化政策。除了企业、高校、科研机构合作，政府相关政策配合外，与产学研直接相关的法律法规和财政支持，是推动产学研一体化的关键。一是法律法规保障产学研一体化，推动高校科研团队创新。美国 20 世纪 80 年代开始的高科技创新活动，充分体现了产学研一体化的优势。而对这一活动起决定性影响作用的是 80 年代以来出台的一系列知识产权法案。[76]26-28 二是财政支持保障产学研一体化，推动高校科研团队创新。20 世纪 70 年代开始，在美国国家科学基金会等资金的支持下，陆续在高校建立了一系列产学研合作中心，开展合作研究，同时，设立财政专项基金以补偿合作风险。[76]20-32

第六，创新基础设施建设政策。建设自主研究型大学，兴建国家实验室、信息共享等都是美国创新基础设施建设的主要做法。美国研究型大学在创新政策的支持下，都十分重视科研基础设施建设，具有许多高质量的实验室、研究所和研究设备，形成了很强的自主创新能力。美国是一个非常重视统计的国家，同时也非常注重信息共享。尤其是网络和计算机技术发展以后，信息共享对于美国科研环境的改善和科技水平的提高起到了非常重要的作用。创新基础设施建设政策为美国高校科研团队提供了良好的硬件设施和软件设施，也为高校科研团队提供了良好的创新环境。

（二）高校搭建平台支撑团队创新

高校科研团队生长需要依托一定平台。在各种平台中，跨学科合作平台和产学研合作桥梁更需要高校组织管理层进行协调与管理，也是国外高校非常重视搭建的科研平台。

1. 高校积极搭建跨学科合作平台支撑创新。在科学技术迅速发展的今天，许多领域迫切需要多学科交叉共同研究。国外高校在跨学科研究方面扮演着极其重要的角色。在美国，许多高校正是通过搭建跨学科的课题组、实验室、研究中心等多种形式的跨学科合作平台，来支撑高校科研团队进行创新研究，这样既促进了学科发展，又推动跨学科创新人才的培养。而且大多数的高校科研团队也正是依靠这些跨学科合作平台的支撑才得以成长起来。麻省理工学院是高校开展跨学科研究的杰出代表。该校设置了 40 多个跨学科的实验室和研究中心。这些跨学科合作平台除设专职研究人员外，还聘请有关院系教授为研究教授，领导跨学科研究工作。有些以教授为中心的研究小组，经常在跨学科合作平台里从事基础和应用研究，取得了丰硕的科研成果。

2. 高校努力搭建产学研合作桥梁支撑创新。国外高校特别是一些西方发达国家高校十分重视为高校科研团队搭建产学研合作桥梁，以推动科研成果产业化。以美国为例，美国高校非常注重与政府、产业界等进行交流与合作，倡导并保障研究人员在开展基础研究的同时，还积极推动基础研究与应用研究、开发研究相结合，紧密结合经济建设与社会发展的需求，努力产出适应市场和社会需求的高水平科研成果，使产学研有机地结合起来。为此，美国很多高校建立健全各项政策措施，包括科研成果的评估、使用、投资以及对成果主要研发人员的奖励办法，推动创新成果产业化。为了促进高校科研团队创新成果产业化，西方许多高校都重视搭建产学研合作桥梁，重视设置专门的技术转化机构，建立起高校科研人员与产业界之间的桥梁，不断推动高校科研团队创新。

（三）聘请学术精英领衔团队创新

聘请学术精英领衔高校科研团队是团队取得创新成果的关键。学术精英的科研水平和人格魅力直接决定了高校科研团队的学术起点和学术开发能力。约瑟夫·汤姆森（Joseph Thomson）曾说过，卡文迪什实验室之所以杰出，在于其人才的杰出。

1. 优厚的待遇政策聘请学术精英。高校科研团队的创新不仅需要每位成员的共同努力，更需要学术精英领衔。美国等发达国家通过移民等优厚政策，吸引了世界上许多学术精英。自 1901 年首届诺贝尔奖至今，该奖项 672 名得主当中，有 284 名是美国人，占总数的 42%。[75] 44 高校吸引学术精英靠的不仅是工资福利待遇，还包括一流的科研条件。一流的学术精英领衔，创造一流的学科，打造一流的高校科研团队，如麻省理工学院在建立之初是一所工科院校，20 世纪 30 年代，学院确定了发展理科的目标后，聘请了斯坦福大学的实验物理学家斯特莱特（Strelet）担任物理研究室主任，之后聘请了斯坦福大学的实验物理学家爱德华·哈里森（Edward Harrison）担任物理系主任，在二者的带领下，麻省理工学院的理科教学科研力量迅速提升，与其工科并驾齐驱。学术精英不仅自己学术精通，而且善于挑选科研团队成员。学术精英的领衔，使高校科研团队形成强大的团队创新能力，产出高质量的创新成果。

2. 优质的创新教育培养学术精英。创新人才是高校科研团队取得创新成果的基础，也是建设创新型国家的关键。创新人才的培养需要优质的创新教育。西方发达国家都十分重视创新教育，不仅非常重视在大学和大学前开展创新教育，而且十分重视在大学后和科研工作中提供优质的创新教育，把创新教育作为一个终身教育的过程。哈佛大学早在 20 世纪 50 年代就把"创造学"列为学生的基础教学课程。美国各类大学不但普遍开设了"创造学"和"创造力开发"等课程，还应用创造思维的系统理论，对工、理、文等学科的200 余门专业课程内容进行了修改。美国的许多机构和企事业单位等也为员工开设创新理论课程。[77]美国政府也十分注重创新教育，围绕创新美国、创新教育出台了许多创新政策。西方发达国家特别是世界一流大学都十分重视创新人才特别是领军人才的培养。优质的创新教育为西方发达国家培养了大量的创新人才，也使许多创新人才成为未来的学术精英。

（四）优化学术环境促进团队创新

宽松的学术环境是促进高校科研团队创新的必要条件。这种学术自由环境的形成与优化在西方经历了一个漫长过程。美国政府和高校特别是美国大学教授协会（AAUP）为推动美国学术自由做出了贡献。

1. 学术自由文化激发团队创新。文化是高校科研团队的构成要素。高校科研团队的学术自由文化与文化环境密切相关，美国崇尚自由、实用、竞争的传统文化和民族性格特征，塑造了鼓励创新、平等民主、尊重个性的文化，塑造了高校科研团队良好的学术自由文化。美国大学的教育理念、教育方式以及评价标准无不受其文化的影响。美国研究型大学的学术自由理念集中体现在 1915 年美国大学教授协会成立时的"原则宣言"中："允许学者有追求学术研究而不管研究将导向何处的自由；在校外本专业的范围内发表意见的自由；就一般的社会和政治问题以体面的适于教授身份的方式发表意见的自由。"良好的学术文化环境，深刻影响了高校科研团队的发展理念、治学精神和学术风气，形成了鼓励创新、尊重个性、宽容差异、平等民主、信任团结的科研团队文化，最大限度地发挥了团队成员的创新作用，激发了科研团队的创新。

2. 学术自由制度保障团队创新。学术自由制度化在西方经历了一个曲折的过程。美国大学教授协会为推动学术自由的制度化发挥了重要作用。[77]经过美国大学教授协会及相关组织长期的努力，在美国高校形成了保障学术自由的三个主要制度：一是终身教职制度。终身教职制度是美国高校体制的一个重要组成部分，是以经济安全和职业安全来保障学术自由的制度。这些制度包括与之相关的试用期制度、同行评议制度、解聘程式化和解聘之前的司法听证制度等[79]。二是集体谈判制度。集体谈判制度是指美国高校教师可以依据1935年颁布的《国家劳工关系法》等法律的有关规定组织工会，选举工会代表与校方进行集体协商，就双方各自的权利、义务和责任关系。集体谈判后，教师工会明确制定有关终身教职制的详细规则并形成合同，使教师的各项权利得到了有效的法律保障。三是黑名单制度。黑名单制度是指将侵犯教师学术自由的高校，在美国大学教授协会会刊上公开列入谴责名单的制度。[80]终身教职制度、集体谈判制度和黑名单制度，为高校教师创造了宽松的学术自由环境，促进了高校科研团队的不断创新。

（五）健全评估机制激励团队创新

虽然国外没有直接针对高校科研团队的专门评估，对科研团队的评估主要体现在对科研团队依托平台的评估、科研项目的评审以及科研团队成员的考评等方面，但是，这些评估都尊重研究和创新规律，如美国科研政策要求高校与研究者尽可能签订长期合同，为研究小组提供稳定而灵活的支持，鼓励风险研究、容许失败等。建立有效科研绩效评估机制，主要包括长效评估机制和重视质量评估。

1. 长效评估机制激励团队创新。不同国家的科研评估机制既有各自的特点，又有相似之处。建立和实施长效科研评估机制是西方发达国家科研评估的相似之处，其评估活动多数是由国家召集，科研绩效评估周期一般比较长，评估活动的开展也不是很频繁，为科研团队做出创新成果预留了比较充裕的时间，从而使科研活动不至于急功近利，这些对于提高科研团队绩效、保障科研团队创新具有重要意义。如美国高校的每个国家级实验室两年有一次中期评估，每四至五年进行一次大评估。而马普学会（International Max Planck Research School）的长效评估经验更是值得借鉴，对研究所的整体评估周期是六年。马普学会的评估工作分为两类：一类是对于研究项目和课题的评估，以确保投入产出效益。另一类是针对研究所的评估工作，马普学会规定在原两年一次的项目评估基础上，每六年对相应研究所进行一次评估，评估结果作为该研究所申请下一个六年的经费依据。

2. 重视质量评估激励团队创新。国外的科研评估非常重视科研成果的质量评估，重视质量评估并不是说其评估没有数量指标，而是在设计数量指标时，更注重科研成果质量和创新性。国外科研机构的评估指标设计不尽相同，但有一点是相同的，那就是重视围绕体现科研成果的质量来设计科研评估指标。德国评价科研机构绩效的指标包括科研能力、科研服务及科学咨询能力、科学政策标准三个方面，下设若干项二级指标并细分为相应的统计指标。如弗朗霍夫学会（Startseite Fraun hofer）对研究所的评价由研究所从外部聘请的学术委员会承担，其评价内容和标准与马普不同，弗朗霍夫学会对研究所的评价主要考察研究所的科技竞争力以及完成战略计划的情况，特别关注的评价指标包括研究所获得的年度总经费中外争经费是否达到 70% 的比例、在外争经费中从企业获得项目经费的数量以及从欧盟获得经费的数量、专利数量、提供的技术与成果情况、人员状况等。[81]

第三节　我国高校科研团队建设的个案分析

运用访谈调查法，通过对我国高校科研团队的两个案例进行考察与分析，总结出我国高校科研团队建设的个案成功经验。

一、案例访谈的设计与调查

访谈是收集原始资料的重要途径。为了收集访谈资料，在明确访谈目的的基础上，设计访谈提纲，选择访谈方法，实施访谈计划。

（一）明确访谈目的

根据"访谈收集资料—进行案例分析—得出研究结论"的基本研究思路，访谈的主要目的有三个：一是通过对高校科研团队管理者进行访谈，了解高校对科研团队的管理情况，确认本研究选择创新背景下的高校科研团队建设作为研究对象的可行性；二是通过对高校科研团队管理者、团队负责人以及团队成员进行访谈，从不同角度直观了解影响高校科研团队创新能力的基本因素，理解高校科研团队对高校创新能力的重要性，并与前面的基本研究和实证考察的结果进行对照，进一步分析高校科研团队与高校创新能力的关系；三是通过对访谈资料的整理、分析与归纳，得出案例研究结论，进一步为后面分析高校科研团队建设存在的问题与提出相应的对策奠定基础。

（二）设计访谈提纲

在已有理论研究的基础上，根据本研究的访谈目的，分别针对高校科研团队管理者、团队负责人以及骨干成员设计了三份访谈提纲，以收集原始资料，进行案例研究。本研究的访谈是针对创新能力比较强的高校创新团队进行的。根据访谈提纲，对高校科研团队管理者、团队负责人以及骨干成员的访谈内容分别进行了具体设计，并根据访谈具体情况灵活掌握。之所以对高校科研团队管理者、团队负责人以及骨干成员分别设计了不同的访谈内容，是因为高校科研团队管理者、团队负责人以及骨干成员的工作目标不完全一致，他们分析问题的出发点不同。分别从高校科研团队管理者、团队负责人以及骨干成员三者的角度进行访谈，有助于获得高校科研团队各个方面比较全面的信息。在访谈过程中，根据访谈的具体情况，对三种不同的访谈提纲进行适当的增减和灵活的调整，最大限度地收集有效信息。现将本研究的访谈内容介绍如下。

1. 针对高校科研团队管理者访谈的主要内容。根据访谈提纲，针对高校科研团队管理者进行的访谈，主要围绕以下几个方面的问题展开。①您认为高校科研团队主要有几种形式，您认为应当如何界定高校科研团队与高校创新团队？您的学校或学院目前有多少高校创新团队？主要取得了哪些创新成果？②您认为高校创新团队与项目组织、一般科研团队有什么不同？③您认为人文社会科学可以有创新团队吗？④您认为哪些因素影响创新团队的创新能力发挥？主要影响因素是什么？⑤您认为应当采用哪些指标评价创新团队的创新成果？⑥您认为政府和高校有哪些政策或制度与创新团队建设有关？有哪些直接关于创新团队建设的政策或制度？您对这些政策或者制度有何评价？⑦您认为目前创新团队建设存在哪些问题？创新团队内部、学校层面和政府层面应该如何解决这些问题？⑧您认为国外有哪些关于创新团队的经验值得我国学习和借鉴？您认为创新团队建设和大学建设以及建设创新型国家有什么关系？⑨作为高校科研团队管理者，您认为应该在哪些方面给予创新团队指导和支持？

2. 针对高校科研团队负责人访谈的主要内容。根据访谈提纲，针对高校科研团队负责人进行的访谈，主要围绕以下几个方面的问题展开。①您认为应当如何界定高校科研团队与高校创新团队？高校创新团队与一般的高校科研团队有什么联系和区别？②您认为哪些因素影响创新团队的创新能力发挥？主要影响因素是什么？③您认为应当采用哪些指标评价创新团队的创新成果？④您认为政府和学校有哪些政策或制度与创新团队建设有关？有哪些直接关于创新团队建设的政策或者制度？您对这些政策或者制度有何评价？⑤作为创新团队领导，您认为您的主要职责是什么？您认为创新团队成员具备哪些特点才有利于取得更大的创新成果？⑥您的科研团队能够成为创新团队，您认为取决于哪些因素？主要因素是什么？⑦您认为要成为创新团队，在申报前应当做好哪些准备？您对创新团队项目结项后有什么想法？⑧您认为目前高校创新团队建设存在哪些困难？创新团队内部、学校层面和国家层面应该如何解决这些困难？

3. 针对高校科研团队骨干成员访谈的主要内容。根据访谈提纲，针对高校科研团队骨干成员进行的访谈，主要围绕以下几个方面的问题展开。①您认为高校创新团队如何界定？高校创新团队与一般的高校科研团队有什么联系和区别？②您认为哪些因素影响创新团队的创新能力发挥？最重要的因素是什么？③您认为应当采取哪些指标评价创新团队的创新成果？④您认为政府和学校有哪些政策或者制度与创新团队建设有关？有哪些直接关于创新团队建设的政策或者制度？您对这些政策或者制度有何评价？⑤您认为创新团队成员具备哪些特点才有利于取得更大的创新成果？⑥您认为自己在创新团队中担任什么角色？发挥什么作用？⑦您的科研团队能够成为创新团队，您认为主要取决于哪些因素？主要因素是什么？⑧您认为目前创新团队建设存在哪些问题？创新团队内部、学校层面和国家层面应该如何解决这些问题？

（三）选择访谈方法

由于访谈十分费时费力，最终访谈成功的教育部创新团队只有两个，分布在武汉的两所重点高校。为了保证访谈的有效性，在访谈过程中，选择的访谈方法具有较大的灵活性。

1. 进行电话预约并确认访谈对象。从初步选择访谈对象到最终确认访谈对象接受访谈有一个过程。在初步选择访谈对象之前，通过国家自然科学基金、教育部以及相关高校网站等，对国家自然科学基金创新研究群体和教育部创新团队的基本情况进行梳理，初步确定访谈名单后，通过电话、电子邮件等多渠道进行初步联系，由于访谈对象出国访问、生病住院和工作繁忙等原因，多次联系也无法接受访谈，最终确认两个教育部创新团队接受访谈。最终确认访谈对象以访谈成功为标准。确定访谈是否成功的标准主要有两个：一是至少有一名全面掌握创新团队情况的访谈对象，可以对该访谈对象进行深度访谈；二是通过访谈以及访谈对象提供的资料，能够满足案例研究的需要，达到研究目的。在选择访谈对象时，围绕创新背景下的高校科研团队建设这个主题进行选择，尽可能满足研究主题的需要。另外，在访谈对象的选择上，按照"目的性和方便性抽样"原则选择访谈对象，对高校科研团队管理者、团队负责人以及骨干成员进行访谈，尽可能从多层面收集所需要的研究信息。本研究最终访谈了两个教育部创新团队，实际访谈对象10人，其中：高校科研管理者访谈对象5人，创新团队访谈对象5人；累计访谈16人次，其中：访谈高校科研管理者9人次，访谈创新团队负责人和骨干成员7人次。

2. 针对不同对象采用不同的方法。为了使访谈取得成功，在确认访谈对象以后，对访谈方法预先进行了思考和选择，准备了多种访谈方法预案。为了尽可能多收集资料，本研究根据访谈目的，针对不同的访谈对象，采用了比较灵活的多种访谈方法，其中主要有结构化访谈（标准化访谈）与半结构化访谈方法、深度访谈方法，通过现场面对面访谈或用电话方法、电子邮件访谈来收集信息与探讨问题。在进行现场面对面访谈时，访谈对象同意录音的，就进行录音，访谈结束后再根据访谈录音对资料进行整理；访谈对象不同意录音的，就用笔记录访谈要点，访谈结束后再根据记录的访谈要点对资料进行整理。在资料整理过程中，对某些不清楚的信息，进行必要的回访，以补充收集研究信息，对个别访谈对象，则进行了两次回访。为了取得访谈对象的信任，所有访谈对象都是通过老师、同学、朋友等熟人介绍认识的，通过介绍人和研究者本人电话联系确认，本着既达到研究目的，又方便访谈对象、尊重和保护访谈对象的目的，预约访谈时间，选择访谈方法进行访谈。

（四）实施访谈计划

实施访谈计划是一件十分费时费力的事情，特别是面对面的访谈，需要多次进行预约，按照访谈对象的时间安排进行访谈。在访谈过程中，根据访谈对象的具体情况对访谈进行灵活的变通和调整。为了深入了解高校科研团队建设的相关问题，对一般访谈对象的访谈时间控制在 30～60 分钟左右，而对重点访谈对象的访谈时间则适当加长，控制在 100～120 分钟左右，对个别访谈对象进行了一次或两次回访。在按照访谈提纲要求进行访谈的同时，根据访谈的具体情况，对某些访谈对象的访谈问题进行了灵活调整和适当追问。访谈录音是在征求访谈对象同意的基础上进行的公开录音。尊重和保护访谈对象是实施访谈计划的基本原则。访谈是在独立的空间内进行的，正式进入访谈话题之前，尽可能营造一种轻松融洽、各抒己见的访谈氛围；访谈进行过程中，尽可能让访谈对象参与有关研究问题的讨论，并真实地提出自己的观点。对个别有思想顾虑的访谈者，特别强调尊重和保护访谈对象的基本原则，一再向访谈对象声明在进行访谈资料分析时进行技术处理，以保护访谈对象的隐私，打消访谈对象的思想顾虑。对个别访谈对象不愿意涉及的访谈问题，不勉强追问，并表示理解。

主要访谈过程结束后，对访谈录音、笔记和访谈者提供的申请报告、总结报告、结项报告、验收报告等各种访谈资料进行了分类整理，在资料运用和论文写作过程中，对个别访谈对象进行了必要的回访。最后取得的访谈资料合计 38 万多字，其中各种书面报告资料 35 万多字，根据录音、笔记整理的资料 3 万多字。

二、两个案例的分析与启示

通过访谈收集案例资料，并对这些资料进行分析与归纳，分别对两个案例进行考察与分析，可以得出一些共同的经验和启示。

（一）案例 A 的考察与分析

高校科研团队案例 A 是某重点大学的科研团队。该团队既是教育部创新团队，也是基金委创新团队，即国家自然科学基金创新研究群体，目前已经获得国家自然科学基金创新研究群体基金第二期（2010—2012）的资助。

1. 案例 A 的基本情况。案例 A 是武汉某重点大学"重大地质突变期生物与环境协同演化"科研团队，团队负责人是童××教授[①]。该团队 2005 年申报教育部创新团队并取得成功，资助期限为 2006 年 1 月至 2008 年 12 月，合计资助经费 300 万元，教育部实际资助 150 万元，高校配套 150 万元。2006 年，该团队又成功申报了国家自然科学基金创新研究群体基金资助，资助期限为 2007 年 1 月至 2009 年 12 月，合计资助经费 500 万元。2009 年期满后，又获得了 450 万元的后续资助。教育部创新团队的申报成功、国家自然科学基金创新研究群体基金资助的申报成功与后续资助，为该团队进行持续研究提供了良好的科研条件。

该团队在长期合作过程中自然形成。团队成员来自同一个国家重点实验室、同一个国家重点学科、同一个"211 工程"建设重点学科。该团队的形成可以上溯到老一辈地层古生物学家杨××、王××和殷××院士等领导的 20 世纪 80 年代开始的科研群体，团队成员均长期在这一科研群体中锻炼成长，自然形成了共同的科学研究兴趣——大陆聚集期的生物与环境协同演化。自 1999 年以来，团队领导组织在华成功召开了 3 次国际学术会议，在承担国家"八五"攀登附加项目、国土资源部"九五"重大基础研究项目和国家"九五"攀登专项等重大项目实践过程中，团队成员进一步得以凝聚，取得了多方面的突出成果。除上述重大和重点项目外，团队成员多年来还承担了围绕团队研究方向的各类科学研究项目，如 2 个国家杰出青年科学基金项目、3 个教育部跨（新）世纪人才基金项目、20 余个国家自然科学基金面上项目等。正是这些科学研究项目长期将团队成员紧密联系在一起，形成了一支富有协作精神的战斗团队。

该团队负责人及研究骨干年富力强。团队负责人童××教授，博士，二级教授，博士生导师；国务院政府特殊津贴获得者，国家杰出青年科学基金获得者；有在美国华盛顿史密森 Smithsonian 研究所、澳大利亚迪肯大学（Deakin）和美国亚利桑那大学（Arizona）进行科学访问和合作研究的经历；在多家国际和国内学术机构担任学术职务，是教育部重点实验室主任。长期致力于二叠系—三叠系界线地质学和三叠纪地层学和古生物学方面的研究工作，近年来主攻二叠系—三叠系界线和下三叠统印度阶—奥伦尼克阶界线层

---

① 说明：为了保护个人隐私，案例中涉及的人名一般在姓氏后用××替代（单名用×替代）或用职称称呼。

型（"金钉子"）及古生代末大灭绝后三叠纪初的生态系复苏。童教授在 2006
年年初申报创新研究群体时，已发表科研论文 90 余篇，17 篇论文被 SCI 收录，
出版专著和主编文集 8 部，在国外出版专著 2 部；获国家自然科学二等奖 1 项、
湖北省自然科学一等奖 2 项、国土资源部科技一等奖 1 项。主持和作为骨干
进行的科研项目多项，如国家杰出青年科学基金、973 项目、国家自然科学基
金项目、科技部基础性工作专项资金项目、教育部科技重点项目、国家自然
科学基金重点项目等。团队研究骨干史××、谢××和张××等都年富力
强，具有很强的创新能力。

该团队近几年取得了诸多创新成果。仅 2007—2009 年，发表标注论文
126 篇，SCI 72 篇，国外 SCI 34 篇，其中 Science 1 篇，Geology 2 篇；总引
139 次，他引 80 次，SCI 引 92 次（截止到 2009 年 8 月初）；团队成员组织出
版论文专集 10 部，其中 SCI 6 部；获得国家自然科学奖二等奖 1 个，教育部
自然科学奖一等奖 1 个，省部级自然科学奖二等奖两个；承担国家自然科学基
金重点项目 3 项，面上项目和青年项目合计 10 项，111 计划项目 1 个；其他
各种项目多项，主办或合办国际会议 3 次，生物地质与环境地质教育部重点
实验室建设取得成效，有力地推动了我国地球生物学的新兴和发展。在取得
创新成果和推动学科发展的同时，引进和培养了大批创新人才，如童×× 在
2008 年被选为国际三叠系分会副主席、IGCP-572 项 co-leader，2009 年获第
六届"尹赞勋地层古生物学奖"，并被选为中国古生物学会副理事长。

2. 案例 A 的经验分析。案例 A 在推动我国地球生物学的新兴和发展过程
中，近几年来取得了一批创新性的研究成果，为我国高校科研团队建设积累
了宝贵的经验，其主要成功经验是：

第一，瞄准国家和社会的前沿问题开展创新研究。该团队以全球视
野，瞄准国家和社会发展的需要，展开重点研究，力争新的突破。地质突
变期生物与环境的协同演化已成为国际关注的前沿领域，德国超大型的
Geotechnology 计划中提出了地球—生命耦合系统的研究计划，美国国家研
究理事会在"地球科学基础研究的机遇"报告（NRC）中，提出了"地质生
物学"为六大机遇之一。该团队瞄准这一学科前沿，充分利用我国独特的地
质资源优势，取得了一些在国际上有重要影响的成果，有些方面已具有国际
领先地位。

第二，科研创新需要争取长期持续的经费支持。正如该团队负责人童教

授所言："真正的科学研究，需要争取长期持续的经费支持。"该团队在 2005 年申报教育部创新团队时，一举申报成功，获得资助经费 300 万元。紧接着在 2006 年又组织申报了国家自然科学基金创新研究群体基金资助，成功获得资助经费 500 万元，2009 年期满后，又获得了 450 万元的后续资助，仅此三项经费总额合计为 1250 万元，加上团队成员积极主动申报的其他项目，为该团队进行持续研究获得了良好的经费条件，为团队组织建设和团队持续取得创新成果、培养创新人才奠定了坚实的物质基础。

第三，凝集多学科创新人才形成多功能创新团队。该团队主攻方向定位于学科交叉前沿，利用高校多学科人才和知识集中的优势，将科学研究与学科发展、基地建设和人才培养融为一体，使项目的各项工作都能积极有效运转。该团队成员并非同一专业，虽然团队成员研究分工不同，但所有成员都围绕"重大地质突变期生物与环境协同演化"这个主题，形成了一个多功能创新团队，取得了多方面创新成果。首先，该团队以重大突变期地质事件为突破口，推动了传统古生物学向新兴地球生物学跨越。其次，该团队还致力于以多种形式促进我国地球生物学的发展。

第四，把科技创新与培养创新人才紧密结合起来。该团队多数成员为 20 世纪 60 年代以后出生的中青年教师，并吸收研究生参加该团队。由于充分发挥了团队培养中青年创新人才的作用，一批年轻后备力量也在团队发展中迅速成长。在该团队的帮助和培养下，青年成员何 × × 发表国际 SCI 论文 10 多篇，先后两次获得国家自然科学基金资助，并于 2010 年顺利入选了教育部"新世纪优秀人才支持计划"。与此同时，该团队还特别重视支持研究生乃至本科生参与项目研究，取得了良好的效果。在项目发表的标注成果中，有近一半论文的第一作者是研究生与本科生。2007—2009 年，共培养博士后 8 人、毕业博士 35 人、硕士 54 人。毕业研究生中发表标注论文 34 篇，其中 SCI 收录论文 16 篇。

（二）案例 B 的考察与分析

高校科研团队案例 B 是武汉某重点大学"高能重离子碰撞中形成的新物质形态的理论和实验研究"科研团队，是教育部《长江学者和创新团队发展计划》创新团队，目前该创新团队已经结项，团队正在组织申报国家自然科学基金创新研究群体。

1. 案例 B 的基本情况。案例 B 武汉某重点大学"高能重离子碰撞中形成的新物质形态的理论和实验研究"科研团队，是该校以王××教授为负责人的教育部创新团队，2006 年申报教育部创新团队并取得成功，资助期限为 2007 年 1 月至 2009 年 12 月，合计资助经费 300 万元。该团队由从事高能重离子碰撞物理的实验和理论两方面研究的学术骨干组成，围绕高能重离子碰撞中形成的夸克胶子等离子体（QGP）新物质形态这一相同的研究方向而自然形成一个整体。该团队所在的学科从 1978 年开始招收理论物理硕士学位研究生；1986 年获理论物理博士学位授予权；1994 年设立物理学博士后流动站；1996 年被批准为湖北省重点学科，1999 年经教育部批准作为"九五"重点学科立项建设；2003 年获物理学一级学科博士学位授予权。

该团队是在良好学术环境中自然形成的高校科研团队。从 20 世纪 80 年代初起，该团队就在实验和理论两方面，以物理学前沿课题"相对论重离子碰撞与夸克物质物理"为主要研究方向，集中开展了一系列的研究。先后承担了教育部"跨世纪（新世纪）优秀人才支持计划"3 项、国家基金委"海外青年学者合作研究基金"（杰出青年 B 类）1 项、国家科委攀登计划子课题和国家自然科学基金项目 33 项。与国际上十余个著名大学和研究所有合作研究协议，是六个大型国际实验合作组的正式成员。早在 1983 年就主持召开了全国第一次"相对论重离子碰撞研讨会"，在国内率先进入这一领域，此后 20 多次举办相关领域国际研讨会，这些会议邀请了一大批国际上活跃在相对论重离子碰撞物理研究领域的著名专家来华，交流理论和实验进展，讨论国际前沿现状和未来目标。该团队是在良好环境中自然形成的一支活跃在国际前沿、富有创新精神、年龄结构合理、理论与实验相结合的高校科研团队。

该团队具有将国际合作和国内自主研究相结合的特点。在实验方面，1985 年以来，参加了 BNL/E815-E863 和 CERN/EMU01-EMU12 的国际合作实验，分别在 SPS、AGS 和 JINR 上从事原子核乳胶探测器的固定靶实验，成功研制了三台重要实验设备：高能核乳胶室数控装置、NGC 程控系统和 CCD 软件系统，实现了高多重数事例径迹的程控跟踪、坐标精密测量、数据自动采集和光度程控测量，等等。该团队所依托的某重点大学粒子物理研究所已建立了由高性能计算机群和大容量硬盘组成的具有当前国际水平的数据分析环境，安装了 SPS、RHIC/STAR 和 LHC/ALICE 实验模拟软件和有关实验数据，广泛开展国际合作，在国内外同时开展有关实验数据的物理分析。在理论方面，引导出强作用介质的喷注层析（Jet Tomography）新研究方向，理论预言得到国际大型实验合作组的实验证实。揭示出部分子穿过 QGP 的能量损失的细致平衡效应；首次给出了 e-A 深度非弹散射中喷注的能量损失对核半径平方的依赖性符合 HERMES 实验数据的证据；率先提出的核修正因子以及能量损失对核修正因子的影响得到了 RHIC/PHENIX 国际合作实验组的测量和验证；创新性地提出高能强子碰撞动力学起伏各向异性，并在 CERN 的 NA22、NA27、L3 实验数据中得到证实；创新性地提出 QGP 新物质形态向普通核物质形态相变过程中末态粒子产生的一种新机制及基于硬热圈重求和改进的有效微扰理论，得到了 QGP 的一些特有的集体效应特征。

该团队成功申报教育部创新团队后取得了丰硕的成果。2010 年 7 月 31 日，教育部科技司组织专家组对该团队进行了现场结题验收。专家组认为：三年来，该团队围绕高能重离子碰撞中形成的夸克物质新物质形态这一研究方向在理论和实验方面开展了卓有成效的研究工作，取得了一批创新性的研究成果，其中在 Phys. Rev. Lett. 上发表论文 6 篇；该团队是一支活跃在国际前沿、富有创新精神、年龄结构合理、研究特色鲜明的学术队伍，发展潜力很大。该团队依托"理论物理"学科被评为国家重点学科；"夸克与轻子物理实验室"被批准立项建设为教育部重点实验室；引进了中组部"千人计划"教授 1 人，培养出国家杰出青年科学基金获得者和教育部长江学者特聘教授 1 人。同时，专家组认为：鉴于该创新团队三年来取得的突出成绩，已具备竞争国家自然科学基金委创新群体的实力，建议教育部和学校继续给予大力支持。

2. 案例 B 的经验分析。案例 B 近几年来取得了一批创新性的研究成果，也为我国高校科研团队建设积累了宝贵的经验，其主要成功经验是：

第一，明确实验研究与理论创新的主攻方向。该团队以"高能重离子碰撞中形成的新物质形态的理论和实验研究"主题，结合当前国际上的大型重离子对撞机实验从实验和理论两方面开展夸克胶子新物质形态的研究。①在实验研究方面，该团队是 RHIC-STAR 和 LHC-ALICE 两个大型国际实验合作组的正式成员，享有平等的分享最新的大量实验数据的优势；拓展研究计划，首次在国际大型实验中自主提出建造高性能的取样电磁量能器 ALICE-DCal 探测器的物理和技术建议书并获得 ALICE 大型合作委员会批准，并已经启动研制计划，为中国人在重大国际合作中争得难得的荣誉和重要的一席之地做出了贡献，等等。②在理论研究方面，该团队基于微扰量子色动力学理论，重点研究了 RHIC 能级单喷注、双喷注以及光子标记的喷注三种硬探针对夸克物质的响应，并考察了喷注淬火效应；研究了喷注截面和喷注形状，以及对横动量谱和核修正因子 RAA 的影响，等等。

第二，把科技创新与培养创新人才结合起来。案例 B 是一支迅速成长的中青年创新团队，团队内培和外引了一批创新型人才，同时培养了一批研究生。团队负责人王 ×× 教授成为国家杰出青年基金获得者和教育部长江学者特聘教授；团队成员张 ×× 获得教育部新世纪优秀人才计划；以创新团队成员为主要骨干的"理论物理"教学团队被评为国家级教学团队。引进中组部"千人计划"教授 1 名；引进教育部新世纪优秀人才计划 1 人；引进海外回国青年学者 2 人。三年共培养研究生总人数达 105 人（总招生），博士生王 ×× 的博士学位论文 2008 年入选湖北省优秀博士学位论文，2009 年入选全国优秀博士学位论文提名论文；博士生李 × 获得 2009 年美国能源部 Brookhaven 国家实验室颁发的 Gertrude Scharff-Goldhaber 奖；博士生王 × 因为在 LHC-ALICE 实验的出色表现，获 2009 年湖北大学生十大年度人物称号。

第三，营造良好环境是团队创新的有力支撑。从该团队的外部环境看，学校领导非常重视团队建设，对物理学的学科发展给予"学科特区"政策，使团队在良好的环境中快速成长。该团队在申报教育部创新团队时，有利于团队成长的外部支撑条件包括：大型国际实验合作组；国家"211 工程"重点建设学科；物理学一级学科博士学位点；国家理科（物理）基础科学研究和教学人才培养基地；物理学博士后流动站；湖北省高能物理重点实验室。该团队先后参加了六个大型国际实验合作组。从该团队的内部环境看，团队负责人王 ×× 教授以身作则，率先垂范，任劳任怨，凝聚力量，形成了一支朝气蓬勃、善于合作、努力拼搏的科研团队，使团队成员在良好的学术环境中充分发挥自身的创造才能。

第四，加强学术交流是团队创新的重要条件。该团队十分重视学术交流，不但重视团队的国际国内学术交流，而且重视团队的内部成员学术交流。在实验方面，利用依托单位是 RHIC-STAR 和 LHC-ALICE 等国际大型实验组的正式成员，团队一直与欧美多所大学和研究机构（CERN、BNL、LBL、Purdue、Bergen 等）长期保持着密切合作交流关系。在理论方面，团队成员与美国的加州大学伯克利分校的劳伦斯伯克利国家实验室（Lawrence Berkeley National Laboratory, 简称 LBNL）；布鲁克海文国家实验室（Brookhaven National Laboratory, 简称 BNL）；加州大学的洛斯阿拉莫斯国家实验室（Los Alamos National Laboratory, 简称 LANL）、佛罗里达州大学（University of Florida）等机构的资深科学家保持着密切合作交流关系。具体的学术交流情况见表 4.1。

表 4.1 （案例 B）教育部创新团队 2007—2009 年国际国内学术交流情况汇总表

	大会特邀报告（篇）	分组报告（篇）	邀请讲学（次）	被邀讲学（次）
国际	9	21	35	18
国内	5	15	22	11

说明：以上数据根据访谈获得的资料整理。

（三）两个案例分析的启示

综上所述，上述两个案例——案例 A 和案例 B，都是我国高校科研团队的杰出代表。虽然两个案例的成功经验有所不同，但两个案例也有一些共同的经验值得借鉴。根据以上两个国内高校科研团队的案例分析，可以得到以下几点启示。

1. 决策者对科研团队组建给予高度重视。无论案例 A 还是案例 B，作为决策者的高校领导和高校科研团队负责人，对科研团队组建都给予了高度重视。在访谈过程中，访谈对象几乎都谈到，没有学校领导的重视和支持，不可能成功申报教育部创新团队。如案例 B 所在学校领导对团队依托的学科发展给予"学科特区"政策，使团队在良好的环境中快速成长。

2. 选准研究主题是科研团队成功的基础。案例 A 和案例 B 在申报创新团队时都十分重视选准研究主题。案例 A 瞄准国家和社会的前沿问题开展创新研究，围绕"重大地质突变期生物与环境协同演化"主题，在多方面取得了具有国内或国际领先水平的创新成果。案例 B 明确实验研究与理论创新的主攻方向，选择"高能重离子碰撞中形成的新物质形态的理论和实验研究"主题，在理论和实验两个方面都取得重大突破。

3. 把科技创新与培养创新人才结合起来。无论案例 A 还是案例 B，都十分重视把科技创新与培养创新人才结合起来，特别重视中青年创新人才培养，一批年轻后备力量在团队发展中迅速成长。在团队的帮助和培养下，案例A青年成员何××发表国际SCI论文10多篇，先后两次获得国家自然科学基金资助，并于2010年顺利入选了教育部"新世纪优秀人才支持计划"。

4. 科研团队层次与其创新能力密切相关。一般而言，科研团队层次越高，其创新能力越强；科研团队层次越低，其创新能力越弱。案例A和案例B都是高层次科研团队——创新团队，从访谈获得的数据来看，这两个创新团队的创新能力都比较强，都在取得创新成果和培养创新人才方面成绩显著。然而，由于案例A成功申报了基金委创新团队，其层次高于案例B。通过比较发现案例A的创新成果数量显著多于案例B，质量显著高于案例B，如案例A在Science发表论文1篇，而案例B则没有。

第四节　我国高校科研团队建设存在的问题

改革开放以来，我国高校科研团队建设取得了辉煌的成就，但也仍然存在诸多问题。为了找到解决问题的方法，必须抓住主要问题，并分析其原因。

一、我国高校科研团队建设存在的主要问题

在我国高校科研团队建设存在的诸多问题中，必然有主次之分。通过系统分析，概括起来，主要问题有四个方面。

（一）总体规模偏小

我国高校科研团队规模相对偏小，主要与我国政府的科研政策价值取向有关，高校长期没有赋予科学研究职能。从新中国成立到1977年以前，高校以教学为主，很少有科研工作。改革开放以后，高校科研团队才真正产生和发展起来，导致高校科研团队起步比较晚，起点规模低，从而导致高校科研团队规模相对偏小，这主要表现在两个方面：

一是高校科研团队总体规模与国外相比还比较小。组建高校科研团队需要一定的依托条件，由于高校实验平台、研究中心、计划项目、科研课题相

对比较少，起步比较晚，与美欧发达国家高校科研团队总体规模相比，我国高校科研团队规模还比较小。我国高校科研团队产生于1977年到1984年。1983年，教育部牵头组织了42个规划组，参与国家《1982—2000年科技发展规划》编制工作，这是高校首次作为一个团队参与国家科技规划编制工作。也正是这次规划，提出了建立国家自然科学基金等重大措施，为高校科研团队的成长与快速发展打下了基础。1986年2月14日，国务院批准成立国家自然科学基金委员会，设立国家自然科学基金，而"美国国家科学基金会（NSF）成立于1950年"，[71]29 比我国国家自然科学基金早36年，总体规模也比我国国家自然科学基金大得多，这可以从后面的经费比较中得出结论。同时，我国人文社会科学研究起步更晚，起点更低，高校以国家社科基金项目组成的科研团队规模很小。

二是高校高素质的科研团队规模偏小且增长缓慢。高校高素质的科研团队规模往往以国家级实验平台、研究中心、计划项目、科研课题为依托，其中以国家层面资助的高校科研创新团队（简称创新团队）为杰出代表。目前，我国国家层面资助的高校创新团队主要有两方面：一是国家自然科学基金的"创新研究群体科学基金"资助的基金委创新团队。国家自然科学基金2000年启动"创新研究群体科学基金"，首批仅资助15个基金委创新团队，以后每年资助的基金委创新团队只在20个左右，2007年以后虽然有所增长，但也只有29个，2008年、2009年均只有28个。申报基金委创新团队，高校需要与科研院所等单位竞争，实际获得的数量非常有限。在2000—2009年的十年中，基金委创新团队总数为225个，据统计，高校获得的基金委创新团队总数为123个，平均每年12.3个，而我国211和985高校100多所，也就是说，每年大约10所重点高校竞争1个基金委创新团队，众多的非211和985高校几乎没有实力参与竞争。这一方面说明了基金委创新团队很难竞争，另一方面也说明了其规模确实太小。二是教育部实施《长江学者与创新团队发展计划》资助的教育部创新团队。这方面的创新团队数量也相当有限，而且增量也比较少。教育部从2004年开始实施《长江学者与创新团队发展计划》以来，至2008年，已遴选资助来自全国103所高校的317个团队（见图4.1）。

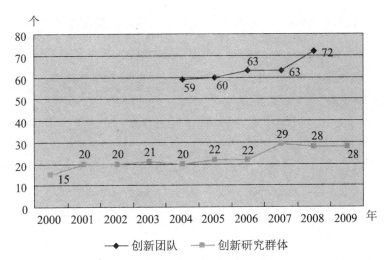

图 4.1 2000—2009 年我国创新研究群体及教育部创新团队数量变化

可见，我国国家层面资助的高校创新团队无论是总体规模还是增长规模，都还显得相对缓慢。除了国家层次的创新团队外，地方层面和高校层面资助的创新团队规模也增长缓慢，有些地方层面和高校层面的资助政策规定就是维持固定规模，没有增长规模。

（二）内部活性不足

富有创新力的高校科研团队，团队内部应当充满活性。整体而言，与国际水平的科研团队相比，我国高校科研团队内部活性不足，具体表现在三个方面。

一是高校科研团队内部缺乏管理活力。除了个别高素质科研团队外，整体而言，我国高校科研团队缺乏高水平领军人才，团队负责人学术威望不高，管理素质欠缺，整体效能难以发挥。这主要与高校科研团队学术带头人管理方式简单有关。一些学术带头人在学术研究方面有一定水平，但在管理团队方面缺乏相应能力，经验型管理模式为高校科研团队带来的是人治，而非法治，使许多高校科研团队缺乏规范化的管理，团队成员对带头人依赖性太强，势必会导致管理瘫痪，人浮于事的状况，加上一些团队成员主观能动性较低，不善于协作，所以，在实际研究过程中，团队成员往往名义上是团队共同作战，实际上是各自孤军奋战或处于半合作状态。由于团队内部管理不规范、计划不周全、沟通不流畅等原因，导致高校科研团队内部缺乏管理活力。

二是高校科研团队内部缺乏组织活力。我国高校基层学术组织是单位所有制，高校内部从资源配置到专业设置都缺乏有效的联系和合作，高校内部的人员、资源和学科都处于分割状态，形成了严重的人力、资源和学科壁垒，限制了不同组织之间的人员流动、资源共享和学科交叉。高校科研团队在这种组织环境下，内部缺乏组织活力。对部分重点大学的国家与省部级重点实验室、工程研究中心涵盖其本校重点学科的平均学科覆盖率统计表明：浙江大学为0.6，西安交通大学为0.9，上海交通大学为1.1，复旦大学为1.2，清华大学为1.2，北京大学为1.5，南京大学为1.7。[82] 可见，我国依托高校的国家重点实验室等科研平台，学科覆盖率严重偏低，科研资源相对分散，科研资源共享和科研平台发展都缺乏相应组织活力，不利于高校科研团队特别是跨学科科研团队的组建与发展。

三是高校科研团队内部缺乏文化活力。团队文化是高校科研团队的构成要素之一。高校科研团队内部缺乏文化活力主要表现在：首先是高校科研团队成员合作理念薄弱。由于科研团队成员难以形成共同的目标、缺少知识共享的氛围、缺乏学习创新的动力，制约了科研团队发展，难以成为卓越团队。对于研究中遇到的问题，团队很少组织公开讨论，不能发挥集体的智慧。即使有一些讨论与交流，团队成员之间自我防卫意识过强，对团队中权威人士的观点不愿提出反对建议，采取默认顺从的态度，或对于他人的意见只作折中性结论。其次是高校科研团队成员内耗现象明显。中国几千年的传统文化实际上是一种小农经济文化，难以形成合作的文化氛围，加上团队成员的性格、年龄等个人因素，以及团队成员的身份、地位和权威等不同，导致高校科研团队内部缺乏文化活力，特别是缺乏学术自由的文化活力，这是高校科研团队内部活性不足的文化表现和文化根源。

（三）学术产出不高

学术产出是衡量高校科研团队创新能力的重要指标。我国高校科研团队的学术产出还不高，可以从学术产出数量和学术产出质量两个方面进行分析。

一是我国高校科研团队学术产出数量不高。这一点可以从高校人均科研成果等统计数据反映出来。我国高校科研产出与发达国家相比还比较低，特别是高校科研成果人均产出数量还不高。首先，从国际比较来看，我国SCI论文总量虽然已经上升，但人均数量还是比较低。如2005年，我国的SCI论文总数排名为第五位，以 6.5％的份额仅次于美国、英国、德国和日本，但我国的人口基数和科研人员基数比较大，人均 SCI 论文数量和人均科研人员 SCI 论文数量还很小。高校人均科研人员 SCI 论文数量也很小。其次，从国内比较来看，高校科技和人文人均论文数量也是比较小的。以 2008 年人文社科产出为例，具体数据分析见表 4.2。

表 4.2　2008 年各省市人文社科人均论文前 10 名统计分析表

	上海	北京	湖南	湖北	重庆	江苏	广东	浙江	甘肃	广西
人均发表论文（篇）	1.24	1.12	1.01	0.93	0.93	0.91	0.84	0.75	0.75	0.74
人均研发经费（万元）	2.78	3.51	1.14	1.69	1.63	1.24	1.61	2.27	0.60	0.81

说明：表中数据根据"中国高校人文社会科学信息网"http://www.sinoss.net/ 资料整理。

从表 4.2 可以看出，2008 年，我国高校人文社科人均论文数量并不多，以北京为例，高校的人文社科人均论文只有 1.12 篇，人均研发经费却高达 3.51 万元，可谓高投入低产出。

二是我国高校科研团队学术产出质量不高。我国高校科研团队学术产出质量不高表现为高校高质量原创性成果比较少。高校科研团队是高校科研的主体，高校高质量原创性成果多少可以反映高校科研团队质量高低。其一，从国家层面的高校创新团队来分析，高校拥有的国家自然科学基金创新研究群体和教育部创新团队是高校科研的领头羊，应当不断取得原创性成果，但实际并非如此。如 2007 年某高校创新团队发表 SCI 论文 26 篇，数量可谓不少，但在本学科顶尖杂志上发表论文仅 2 篇，显然相对偏少，高质量原创性的创新论文仅占 SCI 论文总数的 7.7％。其二，论文是高校科研团队的主要成果。从热门论文排名来看，2008 年中国热门论文排名与 2007 年相比没有变化，也说明我国论文的创新性没有明显提高，从另一侧面反映了我国高校科研团队在高质量原创性论文方面的贡献力没有明显增强。[83] 论文被引率以及其他论文质量指标仍然较低，远远低于美国、英国、德国、日本等西方发达国家。[84] 其三，从国际和国内大奖来分析。据有关统计，诺贝尔奖获得者大都是世界上一流的科学家，且绝大部分出自于世界一流大学。我国诺贝尔奖的零现象，也说明了我国高校科研团队原创性基础研究水平较为薄弱；国内科学大奖多年空缺的事实，也在一定程度上折射了我国高校科研团队原创性基础研究水平的现状。

（四）引领作用不强

高校科研团队应当在高校科研与教学工作中起到引领作用。然而，由于高素质科研团队缺乏、学术产出不高和内部活性不足等原因，我国高校科研团队在高校科研与教学工作中的引领作用不强。高校科研团队由于层次不同，其引领作用的强弱也有所不同，一般而言，高层次科研团队发挥的引领作用越强，低层次科研团队发挥的引领作用越弱。为了更能说明其引领作用问题，在此选择高层次科研团队来讨论，并从两个方面进行分析：

首先是高校科研团队对我国高校科技创新的引领作用不强。我国高校创新团队是高校高层次科研团队，基本上位于重点大学，而且多数在 985 高校。从高校创新团队与科技创新竞争力的关系来分析，发现这些高校创新团队对我国高校科技创新的引领作用还明显不够。根据 2004—2008 年度教育部创新团队统计数据[①]和《中国大学及学科专业评价报告 2009—2010》提供的科技创新竞争力数据，选择高校创新团队数量前 15 强作为计算基础，并列出相应高校的科技创新竞争力数据，计算得出高校创新团队数量与高校科技创新竞争力分值之间的相关系数为 $r = 0.70$（计算过程省略），表明二者呈现显著正相关关系，而不是高度相关关系，说明高校创新团队在提高高校科技创新竞争力方面发挥的引领作用不强。

其次是高校科研团队对世界一流大学建设的引领作用不强。作为高校高素质科研团队，高校科技创新团队与高校科技创新能力密切相关。[85]根据《中国大学及学科专业评价报告 2009—2010》提供的创新竞争力得分和中国一流大学排行榜（前 10 名）得分数据，计算中国一流大学排行榜分值与其创新竞争力分值之间的相关系数为 $r = 0.92$（计算过程省略），表明二者呈现高度正相关关系。一所大学是否能够成为一流大学，与其创新竞争力密切相关。中国大学在世界一流大学排名中虽然有所提高，但还不明显，也说明了我国高校创新竞争力与世界一流大学的创新竞争力有很大差距，高校创新团队还没有达到世界一流水平。我国高校创新竞争力不强，与高校创新团队发挥的引

① 数据来源：中华人民共和国教育部科学技术司.教育部创新团队名单（2004—2008）[EB/OL].[2010-05-30].http://www.dost.moe.edu.cn/outpart/module.jsp?type=5.

领作用不够有一定关系。所以，从高校创新团队与高校创新竞争力来分析，我国高校科研团队对我国世界一流大学建设的引领作用还不强。

二、我国高校科研团队建设问题的成因分析

要解决存在的问题，必须对存在问题的原因进行分析。针对以上我国高校科研团队建设存在的主要问题，对这些问题追根溯源进行分析，发现主要原因有以下四个方面：

（一）理念滞后

理念是对事情的看法和观念。理念支配思想、形成认识；认识指导行为、影响政策；政策巩固体制、局限理念。高校科研团队建设理念滞后主要包括三个方面。

一是发展理念滞后。我国高校科研团队建设的发展理念滞后主要表现为发展不足和发展失衡。发展不足包括发展速度不够快、发展质量不够好。由于受苏联科研体制的影响，我国高校从新中国成立到 1977 年以前，高校以教学为主，很少有科研工作。高校的科研机构、科研项目、科研经费和科研人员都很少。由于起步晚，起点低，按照常规发展速度，根本解决不了耽误的几十年时间。发展失衡包括学科发展失衡、高校发展失衡、地区发展失衡等。学科发展失衡主要是我国长期重理轻文的落后思想造成的不良后果。高校发展失衡主要是我国在加快建设重点大学的同时，没有很好地兼顾非重点大学的发展，导致一些非重点大学高校科研团队数量很少，有些地方高校甚至没有一个高素质的高校科研团队，如根据高校科研统计数据，一些地方性高校连一个教育部项目都没有。地区发展失衡主要是我国经济发达地区高校科研团队发展比较快，而经济欠发达地区和不发达地区高校科研团队发展比较慢。发展失衡的主要根源在于，在高校科研工作中，过于强调高校科研的功利性和竞争性，忽视了其公益性和公平性，没有正确处理好科研工作的短期利益和长远利益的关系。

二是管理理念滞后。我国高校科研团队建设的管理理念滞后，与传统的科研理念和科研体制密切相关，导致科研管理不规范。目前，科研成果质量不高，学术造假时有发生，这都与管理理念滞后有关，而这些又都与科研投

入不足等紧密相关。以国家社科基金增长数量为例，"八五"以来国家社会科学基金增长情况见表4.3。

表4.3 "八五"以来国家社会科学基金增长情况统计表

	1991	1992	1993	1994	1995	1996	1997	1998	1999	2000
基金额（万元）	1300	1400	1600	2000	2250	2350	2500	2650	3800	4950
比上年增长（%）	—	7.7	14.3	25.0	12.5	4.4	6.4	6.0	43.4	30.3
	2001	2002	2003	2004	2005	2006	2007	2008	2009	2010
基金额（万元）	6000	10000	10000	12500	17400	22700	23000	30600	38401	59954
比上年增长（%）	21.2	66.7	0.0	25.0	39.2	30.5	1.3	33.0	25.5	56.1

说明：表中资料根据全国哲学社会科学规划办公室网站 http://www.npopss-cn.gov.cn/institution/index.htm 统计资料整理而得。

从表4.3可以看出，国家社会科学基金从整体而言，确实有明显的比较大的增长幅度，但增长速度有一定的随意性，如2003年没有增长，2007年仅增长1.3%。

三是创新理念滞后。我国高校科研团队建设的创新理念滞后主要是对创新的认识不足，即创新内容片面、团队发展片面。由于传统的重理轻文思想影响，目前，高校的创新内容具有片面性，重视科技创新而轻视人文创新的现象依然存在，特别是对管理创新、制度创新和政策创新重视不够，著名经济学家吴敬琏在谈到发展中国高新技术产业时强调，"制度重于技术"[86]。高等教育系统本身是一个复杂的综合性系统，与此相适应，一个国家的高校科研团队建设也应当看成是一个系统，或者说是高等教育系统的一个子系统。因此，高校科研团队的科研创新应当具有全面性、系统性，科技创新、管理创新、制度创新和政策创新等都与高校科研团队建设密切相关，全面系统地建设各种高校科研团队是建设创新型国家的必然要求。高校科研团队发展的片面性，主要表现在三个方面：重视科技创新，忽视人文创新；重视重点高校创新，忽视地方高校创新；重视发达地区高校创新，忽视落后地区高校创新。

（二）体制羁绊

体制是指组织机构设置、管理权限及其工作制度，其中制度及其相关政策是体制的核心。目前，我国高校科研团队建设存在的主要问题几乎都与体制息息相关。体制问题已经成为我国高校科研团队的发展羁绊，主要表现在以下三个方面。

第一，高校科研管理体制羁绊。高校科研管理体制缺乏活力已经成为高校科研团队的发展羁绊。一是高校科研制度安排缺乏灵活性。许多高校特别是综合性大学，科研体制过于整齐划一，缺乏应有的灵活性。有些高校的科研管理是一个机构，一套制度，缺乏针对性和灵活性。在这种体制下，难免造成高校科研团队的研究错位、越位和缺位等问题。结果是一方面，高校在基础研究和应用基础研究上的优势没有充分发挥出来，原创性成果数量比较少，科研创新成果质量偏低；另一方面，高校在技术开发与应用上乐此不疲，但由于缺乏企业主动合作和市场正确导向，许多技术成果要么束之高阁，要么半生不熟难以应用。二是高校科研运行机制缺乏有效性。其一，高校科研组织结构陈旧。科研资源的单位、部门所有制导致资源归属相分割、资源占有小而全、资源利用效率低；学科划分过细、门户观念过重导致力量分散、队伍整合困难。其二，评价激励机制存在缺陷。由于现行科研管理侧重于量化考核，许多科研成果评价仍然摆脱不了功利性、官本位、人情网的侵扰，学风浮躁现象十分严重，而与此相关的是，基础研究、人文科学研究缺乏应有的支持，自由研究得不到应有的资助。三是创新成果转化困难重重。高校科技成果转化率低是一个老大难问题，转化制度与政策等体制问题是重要原因，如缺少中介机构和风险投资，对科技成果转化和推广支持不够等。[87]

第二，政府科研激励体制羁绊。我国高校科研团队学术产出不高，与政府科研奖励制度、科研支持力度和科研优惠政策等激励体制不合理密切相关：一是科研奖励制度存在严重的缺陷。目前的中央和地方政府科研奖励偏向对个人成果的奖励，而对团队合作奖励重视不够。如在职称晋升中，只承认署名第一作者的论文和排名前三名的科研项目参与者等。二是对高校科研团队支持力度不够。由于传统的学科组织设置、资源的单位所有制等弊端，没有很好地把高校科研团队与高校基层组织、研究平台和研究项目等有机地结合起来，不利于跨学科高校科研团队的组建，不利于资源共享和提高资源利用率。三是针对科研团队的优惠政策缺乏。提高高校科研团队的学术产出需要一系列的配套优惠政策，而目前这些政策还不够完善。如在人才引进灵活政策方面，由于政府政策原因，高校科研团队没有相对独立的人才引进权、工资分配权等权力，限制了高校科研团队的发展。

第三，高校人才培养体制羁绊。高校人才培养体制应当与高校科研体制密切联系起来。而目前恰恰相反，高校人才培养体制与高校科研体制明显脱节，高校科研团队没有充分发挥其应有的作用，对人才培养重视不够，甚至对本科教学形成冲击，改变这一现状刻不容缓。出现这种状况又与我国缺乏创新教育密切相关。"创新教育是旨在培养创新性人才的教育"。[88] 加强创新教育，必须彻底改革应试教育。应试教育培养的是考试人才而不是创新人才。近年来，我国的研究生教育甚至博士生教育也出现了质量下降现象，与我国高校的教学、科研体制两张皮有很大关系。高校的教学体制与科研体制联系不紧密，目前，我国高校科研项目主要采取的是市场机制和竞争机制，而研究生招生计划主要采取的是计划体制，使得研究生培养与科研之间存在体制性障碍，从而使保持和提高研究生质量缺乏基本的体制性条件，难以实现研究生的适度规模。这种体制使具有科研项目的导师所招的研究生才有机会参与科研，而没有科研项目的导师所招的研究生则没有机会参与科研，往往只能混个研究生文凭了事。在应试教育背景下，我国高校创新人才特别是领军人才必然缺乏，从而制约了我国高校科研团队的发展，导致我国高校科研团队的整体学术产出不高。

（三）投入偏低

我国高校科研团队总体规模偏低，主要是经费投入偏低造成的。与西方发达国家相比，与高校科研团队的发展要求相比，我国高校科研团队经费投入偏低，主要表现在两个方面。

一方面是高校科研团队获得的经费投入偏低。这主要与我国总体科研经费投入偏低和高校获得的研发经费比例偏低有关。首先，看 R&D 经费占 GDP 的比例，如 2006 年，美国的 R&D 经费总额为 3437 亿美元，占 GDP 的比例为 2.62%；而 2007 年，中国的 R&D 经费总额为 488 亿美元，占 GDP 的比例为 1.49%。[75]5-6 其次，看高校研发经费占研发总经费的比例，现将中国与西方 7 个主要发达国家研发经费按执行部门分布列在表 4.4 中进行比较，可以看出，中国高校 2006 年获得的研发经费占比为 9.2%，远远低于西方 7 个主要发达国家（见表 4.4）。再次，从我国高校与我国科研机构比较来看，2006年，高校研发经费只有科研机构的 49%，但高校取得的科研成果比科研机构多：2006年，高校发明专利受理数为 17312 件，是科研机构的 2.5 倍。2005年，国际上三大检索工具共收录我国科技论文 153374 篇，其中 125814 篇来自高校，占总数的 82%。[89]214

表 4.4 中国与西方 7 个主要发达国家研发经费按执行部门分布比较表（单位：%）

	中国	美国	加拿大	法国	德国	英国	日本	意大利
	2006	2006	2006	2005	2005	2004	2004	2004
企业	71.1	71.1	52.4	61.9	69.9	63.0	75.2	47.8
科研机构	18.9	11.0	8.8	17.3	13.6	10.3	6.5	17.9
高校	9.2	13.7	38.4	19.5	16.5	23.4	13.4	32.8
其他	0.8	4.2	0.4	0.3	0	3.3	4.9	1.5

说明：美国的数据取自 Science & Engineering Indicators 2008。另外，美国科研机构包括联邦资助的研发中心（federally funded research and development centers, FFRDCS），这些研发中心分别由高校、企业和非营利机构管理。如果加上高校管理的这些研发中心，则 2006 年美国高校研发经费所占比例为 16%。

资料来源：国家统计局，科学技术部. 中国科技统计年鉴 2007[M]. 北京：中国统计出版社。

可见，无论是绝对数还是相对数进行比较，我国高校获得的科研经费都偏低。我国高校研发经费总额不到美国高校研发经费的十分之一。如 2006 年我国高校研发经费 276.8 亿元人民币，大约相当于 2006 年美国高校研发经费 477.6 亿美元（按照当时汇率 1:7.5 计算，约为 3582 亿元人民币）的 7.7%。[89]216

另一方面是高校高素质科研团队经费投入偏低。高校高素质科研团队主要以国家级实验平台、研究中心、计划项目、科研课题为依托。以高校创新团队为例，作为建设创新型国家的骨干力量，高校创新团队是高校高素质科研团队的杰出代表。以教育部创新团队为例，2004年，教育部设置创新团队基金以来，经费投入的数目在增长，但与国家自然科学基金相比，创新团队基金占国家自然科学基金的比重一直在下降，2004 年为 6.6%，2008 年下降到 3.4%，下降了 3.2 个百分点（见表 4.5）。

表 4.5　2004—2008 年教育部创新团队基金及国家自然科学基金统计分析表

	2004	2005	2006	2007	2008
教育部创新团队基金（百万元）	177	180	186	189	216
国家自然科学基金（百万元）	2702	3615	4463	5000	6300
前者占后者的比重（%）	6.6	5.0	4.2	3.8	3.4

说明：表中资料根据国家自然科学基金委员会网站 http://www.nsfc.gov.cn/Portal0/default124.htm 和教育部网站 http://www.moe.edu.cn/edoas/website18/searchinfo.jsp 统计资料整理而得。

（四）评估偏颇

由于受市场经济的影响，高校科研团队评估急功近利等不合理现象严重，导致高校科研团队很难产出国内一流甚至世界一流的创新成果，主要表现在以下四个方面。

1. 高校科研团队评估重个人轻整体。长期以来，我国高校教师评价体系是一种针对个人的评价体系。在高校科研团队中，由于团队的所有创新成果一般都由骨干成员特别是带头人优先冠名，评价指标体系往往只对团队带头人和骨干成员有利，而对于团队中的其他成员特别是青年学术骨干关注不够，这种评价机制不但损害了团队成员的利益，而且严重打击了他们在团队中从事创新研究的积极性，导致高校科研人员不愿意成为团队中的一员，不想为团队的共同创新成果而努力进行研究。长此以往，高校科研团队合作创新的积极性和动力就会大打折扣，既无法在学术合作中造就高素质科研团队，也会为已有的团队维持旺盛的生命力带来严峻的挑战。[90]

2. 高校科研团队评估重数量轻质量。目前，我国高校科研团队的评估主要是针对团队成员个人进行考核评估，而且一般是以论文、著作的等级和数量多少为考核标准，或者以在科研活动中的排序作为考核标准，这种考核评估往往导致急功近利，追求数量，轻视质量，不利于高校科研团队的发展。团队成员为了完成量化指标，往往轻视科研质量。不可否认，进行量化评价有一定的合理性，但过于重数量轻质量，导致高校科研团队过于功利化，不利于原始创新成果的产生。过度的量化科研评价体系有其功利化的成分，在某种程度上不符合科学发展规律，也没有充分考虑团队的可持续发展。

3. 高校科研团队评估重产出轻运行。目前，对高校科研团队绩效的评价存在重团队产出、轻团队运行的问题。访谈研究发现，绩效评价基本上都是对科研团队产出进行评价，而对团队科研过程和团队生命力则几乎完全没有涉及。实际上，高校科研团队是否有凝聚力、团队成员合作紧密程度如何、团队成员的个人目标与团队目标是否相容、成员与带头人之间、成员与成员之间的沟通是否顺畅等，对于团队是否能够达到个人能力的放大以及是否能够保持持续发展的能力具有极其重要的意义。而在现行的评价制度中，无论是对团队的整体评价还是对团队成员的个人评价，都缺少团队整体运行和团队成员发展方面的内容。

4. 高校科研团队评估重短期轻长期。考虑到科研工作的特殊性，高校科研团队一般需要比较长的时间才能取得比较重大的创新成果。目前，我国对高校科研团队的评估一般是一年考核一次，有些高校甚至每个学期考核一次。对一些基础性自然科学研究，由于研究周期比较长，评估期限过短，实际上是逼迫科研团队去取得科研成果，难以取得原创性成果。短期评价不符合科研规律，不利于科研团队及其成员潜心研究。许多研究成果是否有创新价值、经济价值和社会价值，短期内很难显示出来，需要长期评价特别是长期的后续评价，才能真正给予正确合理的评价。短期评价机制不利于高校科研团队的成长与发展。

第五节　我国高校科研团队建设的对策思考

高校科研团队是高校创新的主力军，在培养创新型人才、培育创新型高校、取得创新型成果的同时，为支撑创新型产业、建设创新型国家发挥着重要作用。高校创新是国家创新体系的直接组成部分，是国家创新体系的三大主体之一。高校培养的创新人才是整个国家创新体系的人才支撑体系。加强高校科研团队建设，既是高校创新的需要，也是培养创新人才的需要。解决高校科研团队建设存在的问题，必须对症下药，以科学发展观为指导，创新理念，改革体制，增加投入，完善评估，促进高校科研团队不断发展。

一、创新理念

理念支配思想、形成认识；认识指导行为、影响政策。创新理念主要包括树立高校科研团队超前发展的理念、规范管理的理念、全面创新的理念。

（一）超前发展理念

树立高校科研团队超前发展的理念，就是要把高校科研团队的发展提高到科教兴国、人才强国的高度，提高到培养创新人才的高度，提高到建设创新型国家的高度，制定相应的法律法规和政策措施，加快发展速度，提升发展质量。

第一，加快发展速度。加快发展速度就是要以超过常规的发展速度去发展高校科研团队，大幅度提高发展速度。把计划机制与市场竞争机制有机地结合起来。在保持竞争性发展的同时，拨出一定专款作为科研均等化发展资金，让每一个高校教师都有一定的基本科研经费。这样更有利于形成高校科研团队生态系统。只有发展数量众多的低层次高校科研团队，才能保证形成一定量的中层次高校科研团队，从而发展形成少量的高层次高校科研团队，形成合理的金字塔式高校创新生态环境。加快高校科研团队发展速度，必须突破传统的发展理念，确立超前发展的理念。要尽快扭转我国高校研发经费占全社会研发经费的比例不断下滑的趋势，进而超常规快速不断提高该比例，使其从 2006 年的 9.2% 到 2020 年达到 15% 左右 [89]217。

第二，提升发展质量。提升发展质量就是在加快发展速度的基础上，创造有利于发展的学术环境，保障学术自由，大幅度提升高校科研团队发展质量。在保障学术自由方面，我国可以借鉴西方发达国家的经验。西方发达国家为了确保大学的学术自由，纷纷颁布相关的法律、法规，实现了学术自由的法律化。提高科研团队的发展质量，必须有充分的学术交流和学术活力。高校科研团队不但要加强团队内部交流，还要加强团队外部交流。美国大学教授协会以及终身教职制度、集体谈判制度和黑名单制度，都值得我们借鉴。建设世界一流大学，需要世界一流的高校科研团队。发展不仅是数量的增长，更是质量的提高。提升发展质量是高校科研团队建设的内在要求。

（二）规范管理理念

树立规范管理的理念就是要对高校科研团队及其相关事务进行规范管理，以保障高校科研团队健康发展。

第一，切实完善管理依据。科研是宪法赋予的权利，依法管理是科研机构的基本职责。我国宪法第47条规定："中华人民共和国公民有进行科学研究、文学艺术创作和其他文化活动的自由。国家对于从事教育、科学、技术、文学、艺术和其他文化事业的公民的有益于人民的创造性工作，给以鼓励和帮助。"《中华人民共和国科学技术进步法》也为加强科技管理提供法律依据，但该法针对高校科研的规定很少，没有关于高校科研团队和产学研一体化的专门规定，也没有高校科研与研究生教育的一体化规定。树立规范管理的理念，要把科研团队管理纳入法制轨道。按照规范管理的要求，建议在《中华人民共和国科学技术进步法》专门增加"高校科学研究"和"科研团队"章节，明确高校的重要地位和高校科研团队的重要作用。依法规定政府对高校科研投入、项目管理等方面的义务与责任，依法建立产学研一体化制度，高校科研、教学和学习一体化制度等，为高校科研团队建设和管理提供法律依据。

第二，积极实施规范管理。在完善《中华人民共和国科学技术进步法》后，教育部、科技部等有关部门，应进一步制定高校科研团队的有关政策和制度，完善科研项目的有关规定，积极实施高校科研团队规范管理，以保障高校科研团队的快速健康发展。积极实施高校科研团队规范管理，政府和高校科研管理机构首先要规范自身管理行为，依法保障科研经费投入，规范科研经费的使用和管理，杜绝投入和使用的随意性；在高校科研团队申报、评审、运行、结项等过程中，遵守科研规范，依法进行管理，搞好科研服务，保障公平竞争，维护竞争秩序。同时，根据《中华人民共和国科学技术进步法》等法律法规，完善各项科研管理制度。管理机构积极实施高校科研团队规范管理，要把规范管理和优化服务有机地结合起来，既要创造宽松的学术自由环境，又要加强团队管理研究，解决学术失范问题，遏制学术不端行为。

（三）全面创新理念

树立全面创新的理念，就是要全面思考高校科研团队在提升高校创新能力过程中的作用，系统谋划高校科研团队建设，用全面创新的理念实现高校科研团队建设的多元化，把高校科研团队看作一个系统来建设，全面提升高校的创新能力。

第一，实现高校科研团队建设多元化。创新与高校创新都是多方面的，建设创新型国家也具有多方面的内容，科技创新只是其中的一个重要组成部分。与此相对应，高校科研团队也不仅仅是科技方面的科研团队。树立全面创新的理念，实现高校科研团队建设多元化，一是要发展高校科技科研团队，提升高校科技创新能力的同时，加强高校人文科研团队建设，提升高校人文创新能力。二是发挥高校多学科优势，建立跨学科科研团队，特别是文理综合创新团队。三是建立高校科研、教学和学习一体化科研团队，在产出科研成果的同时培养创新人才。四是以科学发展观为指导，发展多层次高校科研团队，形成高校科研团队金字塔生态系统。五是科研经费的分配要兼顾公平与效率，避免经费过度集中在少数权威、重点高校手中。

第二，把高校科研团队看作一个系统。高等教育系统本身是一个复杂的综合性系统，高校科研团队系统是高等教育系统的一个子系统，是国家创新体系的重要组成部分。树立全面创新的理念，就是要把高校科研团队当作一个系统来建设，运用系统科学的理论来思考高校科研团队建设。国家创新体系、高等教育系统以及高校科研团队系统三者之间互相联系、互相影响，存在着大量的能量、信息交换。随着国家创新体系的不断发展，高校科研团队作为高校创新的主力军无疑也越来越重要。高校科研团队建设不仅要紧密联系高等教育系统，而且要考虑它与整个国家创新体系的联系，把高校科研团队系统与其他相关创新系统结合起来研究。建立高校科研团队金字塔生态发展系统，推进高校科研团队系统的科学发展，不断提升高校创新能力。

二、改革体制

改革体制就是要克服现有体制中的弊端，建立适合于高校科研团队发展的各种制度与政策，以增强高校科研团队内部活力，提高高校科研团队学术产出，造就高校科研团队领军人才，使管理体制、激励体制和人才体制适应高校科研团队建设的需要。

（一）改革管理体制以增强内部活力

高校科研制度安排缺乏灵活性，科研运行机制缺乏有效性，是高校科研团队内部活性不足的主要原因之一。改革管理体制是增强高校科研团队内部活力的重要对策。

第一，增强高校科研团队内部管理活力。改革传统的管理体制，实行高校科研团队目标管理，是增强高校科研团队内部管理活力的有效措施。实行目标管理不是政府和高校给科研团队确定目标，也不是科研团队给团队成员规定目标，而是要加强沟通与协商，增强目标的引导性、自主性。政府和高校要采取措施，培养高校科研团队负责人的管理能力，加强与科研团队沟通。团队负责人要把提高团队内部管理水平和完成科研目标结合起来，把科研团队围绕整体目标进行集体攻关和给予团队成员自由研究有机结合起来，以增强团队目标管理活力和成员个性管理活力。一方面是增强团队目标管理活力。增强团队目标管理活力不是鼓励高校科研团队随时改变科研目标，而且要围绕科研目标增强管理合力，更有效地实现科研目标。实行高校科研团队目标管理，科研管理机构和团队负责人主要控制科研目标，对完成科研目标的具体过程、途径和方法并不过多干预，这完全符合学术自由的原则。因此，实行高校科研团队目标管理，科研监督的成分很少，但控制目标实现的能力却很强，能有效地把加强科研管理与尊重学术自由结合起来。另一方面是增强成员个性管理活力。高校科研团队成员在知识和能力上优势互补，是科研团队的一个重要特征，不同的团队成员，其知识和能力个性不同。增强高校科研团队内部管理活力，需要增强团队成员个性管理活力，即在高校科研团队目标管理过程中，以人为本，尊重成员个性，做到扬长避短、因人适用，用人所长、因才适用。

第二，增强高校科研团队内部组织活力。高校科研团队也是一种组织形式，这种组织形式与高校的学科组织以及科研、人事等职能部门密切相关。团队组织既有自己独特的组织个性，也有一般组织形式的特点。改革管理体制，增强高校科研团队内部组织活力，主要包括两个方面：一方面是增强团队内部学科组织活力。增强团队内部学科组织活力，需要针对学科划分过细、门户观念过重导致的力量分散等问题，优化学科组织结构，活化用人机制，促进学科交叉。对于比较大的跨学科高校科研团队，可借鉴美国高校独立研究机构的建设经验，组建类似 Bio-X 团队的跨学科研究中心，以非常灵活的方式组织跨学科科研团队成员，建立矩阵结构组织进行科研团队内部管理，以增强跨学科团队内部组织活力。另一方面是增强团队内部人事组织活力。

增强团队内部人事组织活力与打破学科分割紧密相连，需要突破单位所有制，整合跨学科优势资源，促进跨学科、跨单位合作，鼓励跨学科、跨单位组建科研团队。增强团队内部人事组织活力既符合高校科研团队的发展要求，也是增强团队内部人事组织活力的需要。

第三，增强高校科研团队内部文化活力。文化对体制具有无形的作用，重视高校科研团队文化特别是学术文化建设，促使高校科研团队形成和谐宽松、合作互助、共同学习、互相激励的文化氛围，促使团队成员形成学术交流、资源共享的习惯，可以不断增强高校科研团队的文化凝聚力，巩固管理体制改革成果。（1）增强团队内部学术文化活力。高校科研团队是以学术创新为目的的团队，团队内部学术文化应当是一种学术自由文化和学术创新文化。增强团队内部学术文化活力就是要增强团队内部学术自由文化活力和学术创新文化活力。（2）增强团队内部合作文化活力。高校科研团队内部合作文化活力是内部文化活力的另一个重要方面。高校科研团队具有学习与创新并轨的特点，需要加强合作才能增强学习能力和创新能力。增强团队内部合作文化活力，一方面，要增强团队成员合作理念。另一方面，尽可能减少甚至消除团队内耗。只有这样，才能提高团队的科研绩效。

（二）改革激励体制以提高学术产出

改革开放以来，随着科技体制改革的不断深入，我国高校科研团队得到了很大的发展，但是，由于激励体制等原因，高校科研团队学术产出还是不高，与西方发达国家相比，还有比较大的差距。因此，改革激励体制，不断激励高校科研团队勇于创新，是加强高校科研团队建设，提高其学术产出的必由之路。

1. 建立科研团队奖励制度。建立科研团队奖励制度，是激励高校科研团队提高学术产出的重要措施。

第一，中央政府建立科研团队奖励制度。在大科学时代，科技创新更需要团队合作，因此，中央政府要加大对科研团队的奖励力度，改变过去对个人奖励的做法，重视对科研团队进行表彰奖励，且今后的国家奖励要以奖励科研团队为主。建议在一年一度的国家科学技术奖励大会上，定期命名表彰一批"国家科研团队最高奖"、"国家优秀科研团队奖"等，对学术产出特别高、取得重大创新成果的科研团队予以奖励。也可以对创新团队单独设立奖项，给予表彰奖励。同时，中央政府有关部门也可以建立科研团队奖励制度，教育部应当专门针对高校科研团队建立奖励制度，以表彰优秀的高校科研团队。

第二，地方政府建立科研团队奖励制度。与此同时，地方政府特别是省级政府要加大对科研团队的奖励力度，重视对高校特别是地方高校科研团队进行表彰奖励，且今后的地方奖励也要以奖励科研团队为主。在一年一度的各省市科学技术奖励大会上，定期命名表彰一批"省级科研团队最高奖"、"省级优秀科研团队奖"等，对在本省市范围内学术产出特别高、取得重大创新成果的科研团队予以奖励。地方政府也可以对地方创新团队单独设立奖项，给予表彰奖励。同时，地方政府有关部门也可以建立科研团队奖励制度，地方教育行政部门特别是省教育厅应当专门针对高校科研团队建立奖励制度，以表彰优秀的高校科研团队。

2. 给予科研团队优先支持。为高校科研团队创造良好条件也是重要的激励措施。根据高校科研团队的依托资源不同，可以把高校科研团队分为依托基层组织的高校科研团队、依托研究平台的高校科研团队和依托研究项目的高校科研团队。给予高校科研团队优先支持，就是要对其依托资源给予优先支持。

第一，在基层组织建设方面优先支持。依托基层组织的高校科研团队是指高校科研人员依托基层组织，如教研室、研究所等高校基层学术组织而组成的高校科研团队。政府和高校要把科研团队与重点学科建设有机结合起来，把科研团队的学术产出作为重点学科建设的一个重要条件。要对基层学术组织建设给予优先支持，一方面，政府在高校基层学术组织建设方面要给予政策支持，另一方面，为了支持这种高校科研团队的建设与发展，高校要加强自身基层组织建设，为高校科研团队提供良好的组织空间。同时给予教研室、研究所等高校基层学术组织一定的学术管理权、财务支配权和人事管理权，为基层学术组织创造良好的科研条件，为培育和发展高校科研团队创造基础条件。

第二，在研究平台搭建方面优先支持。依托研究平台的高校科研团队是指高校科研人员依托研究平台，如研究中心、实验室等高校学术研究平台而组成的高校科研团队。在研究平台搭建方面优先支持，一方面，政府要把科研团队学术产出作为国家重点实验室评审、国家和省部级研究中心认定的重要条件，促使科研团队不断提高学术产出。同时，政府及其有关部门要有更多的高校研究平台建设计划，为高校研究平台建设提供资金保障。另一方面，高校要改善自身的研究平台建设条件，引进优秀人才，为研究平台提供人才支撑，依托平台组建与发展优秀科研团队，保障研究平台在建设创新型国家过程中充分发挥作用。

第三，在研究项目资助方面优先支持。依托研究项目的高校科研团队是指高校科研人员依托研究项目，如基金项目、委托项目等各类项目而组成的高校科研团队。项目计划与科研课题是高校科研团队的主要依托资源。政府和高校都应当出台政策，优先支持高校科研团队承担国家和省部级重大科技攻关项目，优先给予项目计划与科研课题资助，优先推荐科研团队学术产出高的骨干人才参评国家科学技术奖、长江学者、有突出贡献的中青年专家和劳动模范等。把科研团队的学术产出作为以后科研立项、项目评估的重要条件，促使科研团队不断提高学术产出。

3. 建立科研团队优惠政策。建立有利于高校科研团队提高学术产出的配套政策，包括知识产权保护政策、财政税收优惠政策、政府采购优先政策和人才引进灵活政策等[75]157-173，可以充分调动高校科研团队不断提高学术产出的积极性。

第一，完善知识产权保护政策。高校科研团队的创新成果是知识产权的重要来源，政府要健全知识产权保护体系，加大知识产权的保护力度，营造尊重和保护知识产权的法治环境。政府和高校都要加强从事知识产权保护和管理工作的力量，改革高校知识产权保护体制，切实保障高校科研团队成员的知识产权权益。国家科技计划和各类创新基金等对高校科研团队所支持项目，在国外取得自主知识产权的相关费用应给予适当财政补贴。完善科技成果转化政策，高校应对高校科研团队的科技创新成果完成人和在科技成果转化中做出突出贡献的人员，依法给予相应报酬。政府有关部门组织应建立专门委员会，对涉及国家利益并具有重要自主知识产权的企业并购、技术出口等活动进行监督或调查，避免自主知识产权流失和危害国家安全。鼓励运用高校科研团队知识产权的企业除依法支付报酬外，给予科研团队一定的奖励、股权或期权等，充分调动科研团队不断提高学术产出的积极性。

第二，调整财政税收优惠政策。高校科研团队在建设创新型国家的过程中发挥着重要作用。国家应当调整和完善财政税收优惠政策，给予高校科研团队政策支持。财政税收优惠政策对科研创新有着直接而关键的作用。具体而言，一方面通过各种措施加大政府对 R&D 活动的支持，如通过提高 R&D 经费水平促进国家整体科技实力，支持高校等机构加强科研团队建设，另一方面通过税收政策激励科技投入，即政府将应收的税款让渡给企业用于科技开发，调动企业科技创新的积极性，为高校科研团队创新成果提供良好的转化渠道。对加强高校科研团队建设而言，财政税收优惠政策主要涉及大幅度增加高校科研团队投入，确保财政投入的稳定增长，切实保障重大专项的顺利实施，优化财政科技投入结构，创新财政科技投入管理机制；加大对企业自主创新投入的所得税前抵扣力度，允许企业加速研究开发仪器设备折旧，完善促进高新技术企业发展的税收政策，支持企业加强自主创新能力建设，完善促进转制科研机构发展的税收政策，支持创业风险投资企业的发展，扶持科技中介服务机构等，以此促使企业购买高校科研团队的创新成果，推动高校科研团队创新成果产业化。

第三，健全政府采购优先政策。当高校科研团队的创新成果产业化时，需要政府采购优先政策给予支持。政府采购优先政策主要是指政府对创新产品给予采购优先的一系列政策，以保护本国的自主创新产品。政府采购优先政策主要包括：一是完善财政性资金采购自主创新产品制度。完善自主创新产品认证制度、认定标准和评价体系等。二是改进政府采购评审方法，给予自主创新产品优先待遇。政府采购评审应当优先考虑自主创新因素。在满足采购需求的条件下，在以价格为主的招标项目评标中优先采购自主创新产品。当自主创新产品价格高于一般产品价格时，要根据科技含量和市场竞争程度等各种因素，给予自主创新产品一定幅度的价格扣除优惠。三是健全激励自主创新的政府首购和订购制度。如高校科研团队开发的试制品和首次投向市场的产品，符合先进技术发展方向和国民经济发展要求的，具有较大市场潜力需要重点扶持的，经有关部门认定，实行政府首购，由采购人直接购买或政府出资购买。四是健全本国货物认定制度和购买外国产品审核制度。即根据《中华人民共和国政府采购法》规定，采购人应优先购买本国产品。五是发挥国防采购扶持自主创新的作用。

第四，完善人才引进灵活政策。对高校科研团队的人才引进，政府和高校要给予灵活政策，鼓励高校科研团队积极引进海内外优秀人才。完善吸引优秀留学人才和海外科技人才来华工作、回国服务优惠政策，结合国家自主创新战略、重大科技专项和重点创新项目等创新政策，应采取科研团队引进、核心人才带动等多种方式引进海外优秀人才。政府要放宽外籍杰出科技人才申请来华工作许可、在华永久居留的条件，鼓励其在高校工作，在其居留证件有效期内可办理多次入境有效签证。制定保障具有永久居留资格的在华外籍高层次人才合法权益保障法规。妥善解决引进优秀人才的医疗保险、配偶就业、子女上学等问题。对海外高层次留学人才回国工作，可以不受高校用人单位编制、增人指标、工资总额和出国前户籍所在地限制。同时，要改革和完善人事制度，给予高校科研团队一定的人事自主权、工资分配权、自主聘用权，实行固定岗位与流动岗位相结合，人员使用与科研项目等相结合的制度。除涉密岗位外，可推行高校科研团队负责人和关键岗位面向国内外公开招聘制度，完善以岗位工资、绩效工资为主要内容的收入分配制度。

第五，建立产学研一体化政策。借鉴西方发达国家的经验，建立产学研一体化政策，用科研政策将企业、高校、科研机构结合成一个有机整体，集科学研究与科技开发、人才培养及培训、技术推广及开发应用、生产与销售为一体，充分发挥各自的优势、推动科技与经济的结合，发展生产、发展科技的过程。除了企业、高校、科研机构合作，政府相关政策配合外，与产学研直接相关的法律法规和财政支持，是推动产学研一体化的关键。因此，政府建立产学研一体化政策，一是用法律法规保障产学研一体化。产学研一体化是产学研合作的高级阶段，也是产学研合作创新的优化配置。法律法规是保障产学研一体化的首要前提。为了给产学研合作提供坚实的制度基础，建议修改在《中华人民共和国科学技术进步法》一法中明确规定产学研一体化制度，同时修改专利法等法律法规，对产学研合作创新做出详细的规定，为建立和完善产学研一体化制度提供详细的法律依据和法律保障，可以借鉴美国《贝耶—多尔法案》的经验，规定我国政府资助下产生的大学发明，所有权可以归大学，前提是大学要承担起专利申请和将专利许可给企业界的义务，以促进高校科研成果产业化，提高科研成果转化效率。二是用财政资金保障产学研一体化。借鉴美国等西方发达国家的经验，利用财政资金在高校建立一系列产学研合作中心，开展合作研究，同时设立财政专项基金以补偿产学研合作风险。

（三）改革人才体制以造就领军人才

创新人才特别是领军人才是最宝贵的高校科研团队建设资源。领军人才是创新人才的杰出代表，是高校科研团队的领导者，对高校科研团队建设具有至关重要的作用。改革人才体制，提升领军人才综合素质是充分发挥高校科研团队引领作用的必然要求。"千军易得，一将难求"，领军人才综合素质不高是我国高校科研团队目前面临的突出问题，一个高素质的领军人才往往能带动一项重大技术突破，一个学科的兴起，甚至是一个产业的出现。造就领军人才必须改革人才体制。人才体制包括人才引进体制、人才培训体制、人才培养体制，改革人才体制要立足当前，面向未来，把领军人才的引进、培训和培养有机结合起来。

1. 引进高校科研团队领军人才。在当前我国高校领军人才十分缺乏的情况下，引进应成为一项重要的政策措施。引进高校领军人才包括从国内引进和从国外引进两个方面。

从国内引进即从高校外的国内政府机关、科研机构与企事业单位引进高校需要的领军人才。从国内引进主要包括两种情况：一是中国科学院院士、中国工程院院士、博士生导师、国家有突出贡献的中青年专家、国家百千万人才工程一、二层次人选；二是享受国务院政府特殊津贴人员、获得博士学位人员、正高职称的学科带头人。引进方式主要有两种：一种是通过调动、录用、聘用的方式，引进到高校工作，成为高校正式工作人员；另一种是通过临时聘用、借用、兼职等柔性流动方式，吸引更多优秀人才来高校科研团队奉献智慧和力量。为了保证优秀人才能够引得进、留得住、用得好，高校要制定一定的引进政策，为领军人才提供优厚的政治待遇和福利待遇，妥善解决引进人才落户、医疗、保险、税收、配偶安置、子女入学等方面的问题。

从国外引进即主要从国外高校、科研机构与企事业单位引进高校需要的领军人才，包括引进外国科研人员和吸引优秀留学人员回国两个方面。在引进外国科研人员方面，我国高校可借鉴美国吸引世界科学精英和高端人才的成功经验，引进世界一流专家学者来华工作。建议中央政府拨出财政专款，设立"引进世界一流领军人才"基金，专门用于引进世界一流领军人才，并配套制定永久定居或移民等政策。高校制定相应的配套政策，解决引进人才的福利待遇问题。在吸引优秀留学人员回国方面，要继续创造条件、完善配套政策，加大吸引留学人才的力度，特别是有潜力成为领军人才的海外名校杰出人才。在今后一段时间内，我国的经济社会和科技教育发展仍将处于追赶阶段，高校亟需领军人才，吸引优秀留学人员归国是解决高校当前高层次紧缺人才不足的重要途径之一。

2. 培训高校科研团队领军人才。由于领军人才的培养需要很长的时间，在目前高校普遍缺乏领军人才的情况下，对目前的高校"领军人才"加强培训也可以成为一项应急措施。培训高校领军人才可以从两个方面着手。

第一，建立国内培训基地。在中国一流大学建立若干国家领军人才培训基地，为领军人才提供快速成长平台，聘请世界一流领军人才到基地讲学，为领军人才提供科技、人文等高级课程，提升领军人才综合素质。为了加快培训领军人才，在国家领军人才培训基地，实行特殊政策，采取特殊措施。一是实行特殊的学术自由政策。二是遵循领军人才的成长规律。三是为领军人才建立学科特区。

第二，建立国外培训基地。由政府部门或国内一流大学牵头，与西方主要发达国家世界一流大学合作，在世界一流大学建立中国领军人才国外培训基地。与这些基地建立领军人才学术交流制度，定期选拔领军人才到国外培训基地进行学习培训和学术交流。

3. 培养高校科研团队领军人才。随着我国创新型国家建设进程的不断深入，2020 年前后我国的经济社会和科技教育发展应该进入超越阶段，我国在国际人才竞争中面临的形势将会越来越严峻，我国的领军人才不能也不可能长期依赖海外来培养，要尽快树立领军人才必须立足于国内培养的理念，坚持早期介入、分阶段发展、长期扶持的方针，在综合素质养成、专业能力形成、创新能力激发、领军能力完型等不同阶段为领军人才成长创造条件、营造氛围。[91]领军人才作为高层次创新人才，其生成数量取决于整个创新人才队伍的基数。培养领军人才必须以培养大量的创新人才为基础。而要培养大量的创新人才，必须彻底改革应试教育，全面推行创新教育。在推行创新教育、培养创新人才的基础上，制定领军人才培养政策，建立领军人才培养基地，设立领军人才培养基金。

三、增加投入

要扩大高校科研团队总体规模，必须加大高校科研团队经费投入。没有经费投入增长，扩大规模就是空谈。要确立超前发展战略，树立高校科研团队特别是创新团队的经费投入是建设创新型国家的一种战略投资理念，加大各级政府财政经费投入力度，确保各级政府创新团队财政经费投入的增长速度不低于同级财政科研经费的增长速度，各级政府财政科研经费投入的增长速度不低于同级财政经常性收入的增长速度，高校自身创新团队经费投入的增长速度不低于高校自身科研经费的增长速度；高校自身科研经费投入的增长速度不低于高校自身经常性收入的增长速度。完善以各级政府和主管部门为主、科研团队所在单位为辅、社会化多渠道的科研团队建设投入机制，对科研团队特别是创新团队承担的科研课题、重大项目和创新平台建设在经费安排上实行重点倾斜；中央财政应通过基金委、教育部等多种途径给予高校等研发单位在人才培养、引进、项目研发等方面连续稳定的资助；地方政府特别是省级政府也要加大财政科研经费投入力度，拓宽资金投入渠道，逐步形成在基础研究方面以政府投入为导向，在开发研究方面以市场投入为导向，在应用研究方面以混合投入为导向的科研团队建设经费投资回报机制，促进经费投入与创新回报步入良性循环。

（一）增加国家层次的科研团队经费投入

国家层次的科研团队是以国家级实验平台、研究中心、计划项目、科研课题为依托组成的科研团队，是我国高水平科研团队的代表，包括以国家自然科学基金(基金委)、国家社会科学基金、973 计划等为依托组成的科研团队。中央政府要加大国家自然科学基金、国家社会科学基金等国家财产经费投入力度，以扩大国家层次的科研团队规模。除了竞争性科研投入外，中央财政还应拨出一定科研专款作为高校教师均等化科研资金，以便高校教师自由组成科研团队。

首先，以基金委的经费投入为例。高校获得的基金委资助额大约占经费总额的三分之二。2009 年基金委受理全国 1674 个依托单位提出各类申请 10.2 万余项，比上年增加 1.8 万余项，增长 21.6%，是历年来增幅最大的一年。按照科学民主评审原则，组织专家进行遴选，共资助了全国 1056 个依托单位的各类项目 20343 项，金额 70.54 亿元，为支持创新研究和人才培养、推进国家创新体系建设发挥了重要作用。在基金委长期资助及国家其他科技计划的共同推动下，我国基础研究优秀成果和创新人才不断涌现。基金委通过持续支持创新研究，为提升我国基础研究整体实力做出了重要贡献。在 2009 年度科技奖励中，国家自然科学奖授奖项目共 28 项，除 1 位获奖人为香港地区外，其余 27 项内地获奖者均不同程度得到过基金委的有力支持，平均每项成果完成人获得基金项目逾 18 项。国家技术发明奖一等奖的所有授奖项目、国家科学技术进步奖一等奖的大部分授奖项目主要完成人也都得到过基金委的长期资助。[①]扩大基金委科研团队总体规模是建设创新型国家的需要，也是扩大高校科研团队建设规模的需要。加大基金委科研团队经费投入，一方面要加大基金委经费总额投入，另一方面要增加基金委中创新团队基金投入。根据基金委年度报告的统计数据，可以对 2000—2009 年基金委支持力度进行分析（见表 4.6）。

表 4.6　2000—2009 年国家自然科学基金统计分析表

	2000	2001	2002	2003	2004	2005	2006	2007	2008	2009
国家自然科学基金（百万元）	1284	1415	2184	2236	2702	3615	4463	5000	6300	7054
比上年增加（百万元）	—	131	769	52	466	913	848	537	1300	754
比上年增长（%）	—	10.2	54.3	2.4	20.8	33.8	23.4	12.0	26.0	12.0

说明：表中的资料根据国家自然科学基金委员会网站 http://www.nsfc.gov.cn/Portal0/default124.htm 统计资料整理而得。

从上表的数字分析可知，基金委的经费投入不稳定，增长幅度最大为 54.3%，最小为 2.4%，而 2000—2009 年的平均增长幅度为 20.7%，虽然增长幅度不低，但是由于基数低，基金委经费总额还是偏低。因此，必须持续地加大基金委科研团队经费投入，建议从 2010 年开始，基金委经费每年以 20% 的增长速度增加，则到 2020 年，基金委的经费总额可以达到 52412 百万元（即 524.12 亿元，按现价汇率折算，大约相当于美国科学基金 2010 年预算水平）。同时，由于高校科研实力不断增强，如果保持 2/3 的份额，则高校科研团队到 2020 年能够获得 349.41 亿元，可以大大增加高校科研团队整体实力。在基金委科研团队中，要对基金委创新团队投入实行倾斜政策。基金委创新团队即基金委设立的"创新研究群体"，2000 年是 15 个，2009 年是 28 个，年均增加 1.44 个，年均增长速度为 7.18%。同时，根据基金委年度报告提供的统计数据，可以整理出 2000—2009 年国家自然科学基金创新研究群体基金情况（见表 4.7）。

---

① 资料来源：国家自然科学基金委员会 .2009 年度报告 [EB/OL].[2010-10-18].http://www.nsfc.gov.cn/nsfc/cen/ndbg/index.html.

表 4.7　2000—2009 年创新研究群体基金统计分析表

	2000	2001	2002	2003	2004	2005	2006	2007	2008	2009
创新研究群体基金（百万元）	70.8	69.6	70.8	73.2	70.8	78	107	142	138.5	137
比上年增加（百万元）	—	-1.2	1.2	2.4	-2.4	7.2	29	35	-3.5	-1.5
比上年增长（％）	—	-1.7	1.7	3.4	3.3	10.2	37.2	32.7	-2.5	-1.1

　　说明：表中的资料根据国家自然科学基金委员会网站 http://www.nsfc.gov.cn/Portal0/default124.htm 统计资料整理而得。

　　从上表的数字分析可知，基金委创新团队的经费投入不稳定，增长幅度最大为 37.2％，最小为 -2.5％，2000—2009 年的平均增长幅度为 7.6％，大大低于基金委经费总额平均增长幅度 20.7％。而且，有三个年度呈现负增长。因此，必须持续地加大基金委创新团队经费投入，建议从 2010 年开始，基金委创新团队经费每年以 20％ 的增长速度增加，则到 2020 年，基金委创新团队的经费总额可以达到 1018 百万元，那么，2020 年，可以资助大约 200 基金委创新团队，按照目前高校获得的比例，2020 年，高校基金委创新团队大约可以申报获得 130 个左右，将会大大增强高校创新团队整体实力。

　　其次，以教育部的经费投入为例。教育部在支持高校努力获得基金委等国家科研项目的同时，要加大自身投入，努力扩大以教育部自身实验平台、研究中心、计划项目、科研课题为依托的高校科研团队总体规模。以教育部创新团队为例，教育部创新团队即教育部"长江学者和创新团队发展计划"创新团队项目。这个计划从 2004 年开始实施，每年通过遴选，支持 60 个左右创新团队。教育部创新团队 2004 年是 59 个，2008 年是 72 个，年均增加个数 3.25 个，年均增长速度为 5.1％，低于基金委创新团队规模年均增长速度。同时，根据教育部网站提供的教育部创新团队经费统计数据，可以整理出 2004—2008 年国家教育部创新团队基金情况（见表 4.8）。

表 4.8　2004—2008 年教育部创新团队基金统计分析表

	2004	2005	2006	2007	2008
教育部创新团队基金（百万元）	177	180	186	189	216
比上年增加（百万元）	—	3	6	3	27

	2004	2005	2006	2007	2008
比上年增长（%）	—	1.7	3.3	1.6	14.3

说明：表中的资料根据教育部科学技术司网站 http://www.dost.moe.edu.cn/outpart/module.jsp?type=5 统计资料整理而得。

从上表的数字分析可知，教育部创新团队的经费投入增长缓慢，增长幅度最大为 14.3%，最小为 1.6%，2004—2008 年的平均增长幅度为 5.1%，低于基金委创新团队经费总额平均增长幅度 7.6%，大大低于基金委经费总额平均增长幅度 20.7%。因此，建议教育部修改"长江学者和创新团队发展计划"和《"长江学者和创新团队发展计划"创新团队支持办法》等政策，持续地加大教育部创新团队经费投入，在一定时期内扩大教育部创新团队总体规模，建议在近五年内教育部创新团队经费投入增长速度年均至少为 20%，为高校创新团队发展发挥一定的规模效应。如果从 2009 年开始，教育部创新团队经费每年以 20% 增长速度增加，则到 2020 年，教育部创新团队的经费总额可以达到 1926 百万元，可以资助大约 640 个教育部创新团队。由于教育部创新团队只针对高校申报，因此，到那时可以大大增强高校创新团队整体实力。

（二）增加地方层次的科研团队经费投入

地方层次的高校科研团队也是高校科研团队的重要组成部分。由于地方高校很难申报国家层次的科研团队，因此，中央政府应当鼓励地方政府加大高校科研团队经费投入力度，对地方政府的科研投入实行奖励或处罚配套政策，为建立高校科研团队生态系统奠定基础。地方政府应当主动出台政策，加大科研团队经费投入，扩大地方层次的科研团队规模，并拨出一定数量的专款组建一定数量的地方创新团队。同时，地方财政还应拨出一定科研专款作为地方高校教师均等化科研资金，以便高校教师自由组成科研团队。综合运用财政、税收、金融等多种经济手段，加大对高校特别是地方高校科研团队建设的扶持力度，促进地方高校的发展，为区域创新培养创新人才，为地方经济社会发展打下基础。

（三）增加高校层次的科研团队经费投入

高校层次的高校科研团队是高校投入自有资金组建的科研团队。中央政府和地方政府应当出台政策，鼓励高校特别是地方高校自筹资金组建校级科研团队。高校应当拨出专款，组建一定数量的校级科研团队和校级创新团队，为申报省级和国家级科研团队和创新团队打下基础。科研实力比较弱的地方性高校，也应当积极筹备资金，组建一定数量的科研团队，并拨出专项资金最少组建一个校级创新团队，以便对全校科研工作起到示范作用。各级各类高校要在科研均等化方面做出一定努力，增加一定数量的科研均等化经费，把科研竞争机制和科研均等化有机地结合起来，形成制度，建立高校科研团队金字塔生态系统。

四、完善评估

完善评估是促进高校科研团队创新的重要手段。虽然对不同科研团队很难用统一的评估标准进行评估，但在建立长效的评估机制、设计合理的评估指标两个方面具有共同性。

（一）建立长效的评估机制

科学研究需要尊重科学研究规律，注重长期效益，适当延长评估时间，反对急功近利，因此，建立长效评估机制是建立科学合理的高校科研团队评估体系的必然要求和基本前提。

首先，要尊重科学研究规律。建立科学的高校科研团队评估体系必须尊重科学研究规律。高校科研团队的主要使命就是进行科学知识的生产，并且科学知识的生产也是评估科研团队绩效的基本依据。当代科学知识的生产呈现出许多新的特征，生产的过程与规律也在发展变化。对高校科研团队来说，要提高科研绩效，就必然要探索和遵循当代科学知识生产的规律和规则。当代科学知识社会学认为，科学知识是社会建构的，是研究者在一定的社会关系网相互商谈的结果。在这一网络中，同行研究者之间也结成了一种商谈关系。通过商谈后，他们往往会达成一致意见，采用某种强制性的方案与框架，排除各种背景干扰，最后写成论文发表，并以此来劝服他人相信他们说的是正确的、重要的，也是有事实依据的。论文发表是科学知识生产的主要表现形式。科学世界是一个凭论文说话的世界。在科学知识的生产过程中，研究者也会通过某种方式发生联系。一种最为常见也是最为主要的联系方式是论文的引证联系。一篇科学论文常常要引用大量的文献，论文的被引频次也是文献计量学中的一个重要的指标，常用来证明一篇科学论文水平的高低，而一个机构所发表的科学论文的总被引次数也能够在一定程度上表明其科研实力与水平高低。研究者在撰写科学论文时，经常要通过引证，特别是对权威性文献的引证来层层布防，使论文变得坚不可摧。这样一来，引证已经变成了一项技术化的工作。通过引用工作，研究者寻找到一个支持者和盟友集团，并且通过相互引证，支持者与盟友集团还可能进一步的扩展，变得更加强大。研究者通过研究得出了某项成果，在经过确证并成为核心知识之前，必须通过交流与评价网络的漫长检验。对高校科研团队来说，只有掌握当代科学知识运作的规则，遵循科学知识的生产规律，才有可能提高科学知识的生产效率，进而提高科研团队的工作绩效。因此，对高校科研团队进行评估，必须尊重科学研究规律，建立长效评估机制。

其次，要确定合理评估时间。科学研究规律表明，高校科研团队的创新成果，在经过确证并成为核心知识之前，必须通过交流与评价网络的漫长检验。所以，对高校科研团队进行评估也必须改变目前存在的重短期轻长期的问题，适当延长评估时间。一是改变目前一年考核一次的方法，可以考虑两年甚至更长时间的考核周期，特别是对一些基础性自然科学研究和一些重大科研项目，更要延长评估时间，以便高校科研团队及其成员潜心研究。二是把事前评审和事后评估结合起来。目前，各级政府项目存在的另一个突出问题是重事前评审、轻事后评估，这是政府实施的科技或人才项目的一个共性问题，也是我国 R&D 经费投资效益不高的一个重要原因。建议在高校科研团队项目实施中，把事前评审和事后评估结合起来，特别要加强对团队支持期满的绩效评估，这样既可以提高科研经费的使用效益，也有助于评价科研团队运行发展与目标完成情况，为后期的跟踪管理奠定基础。对科研效益明显、创新成绩突出的科研团队，可以采取滚动投入的方式加以稳定支持，使他们能在宽松的环境下提高持续创新的能力；对团队效果不明显甚至根本没有进行实质性团队工作的，则进行淘汰或相应处理。三是把期间评估和累计评估结合起来。所谓期间评估就是阶段性评估，所谓累计评估就是到目前为止对该团队（所有成员）取得的所有成果逐年累计，进行总体评估。如此评估可以不以某一阶段成果论成败，而是看科研团队累积的长期成果，有利于科研团队潜心进行长期研究，取得重大科研成果。

（二）设计合理的评估指标

设计合理的评估指标，就是依据科学的方法，综合考虑高校科研团队在科研过程中取得的所有成果，包括团队投入、团队产出、团队效益等评估指标，全面合理地评估团队绩效。[92] 与科研发达国家相比，我国的科研评价起步较晚，1986 年国家自然科学基金委员会成立后，同行评议机制才被正式引入到国内。此后，国家社科基金会、科技部、教育部等部门在科研项目评审中均建立了同行评议机制。但到目前为止，我国没有专门的科研团队评估指标体系。本研究认为，合理设计科研团队评估指标体系可以从三个方面考虑：一是借鉴西方发达国家的经验，建立科学合理的科研团队评估指标体系，推进个体科研评估和科研团队评估规范化和法制化。二是成立国家科研评估专题研究课题组，专门对个体科研评估与科研团队评估进行研究，设计出科学合理的个体科研评估指标体系与科研团队评估指标体系。三是加强科研评估立法，借鉴美国等发达国家对科研评估的立法经验，修改科技进步法，在其中设立专门章节，或者制定专门的科研评估法，详细规范科研评估行为。

设计合理的评估指标，首先要正确处理全面评估与重点评估的关系。全面评估是科学合理评估的前提，由于评估科研绩效具有复杂性、专业性等特点，过于简单的指标很难精确评估科研团队的创新成果，但指标过于复杂，评估成本又很高。因此，正确处理全面评估与重点评估的关系，就是要在尽可能简化评估指标体系的情况下，全面评估高校科研团队绩效。其一，评价内容要全面考虑。评估高校科研团队绩效，不仅要评估科研团队的研究水平和科研成果，而且要评估高校科研管理机构甚至政府科研管理机构的科研管理水平和管理效果。如 1993 年美国国会颁布了《政府绩效与结果法案》（GPRA），将支持基础研究的联邦政府机构也纳入绩效评估范围。其二，指标设计要抓住重点。全面考虑评价内容不等于胡子眉毛一把抓，在进行指标设计时要抓住重点内容，把团队投入、团队产出、团队效益等作为评估指标的主要内容。其三，指标体系要综合平衡。确定高校科研团队评估指标体系时，要综合考虑各种因素，重视整体评估、质量评估、运行评估、长期评估，把个体评估与整体评估、数量评估与质量评估、产出评估与运行评估、短期评估与长期评估结合起来。此外，还要把统一评估与分类评估结合起来。

　　基于以上考虑，参考前面的研究，本研究对高校科技科研团队评估指标体系和高校人文科研团队评估指标体系进行分类设计，设计的高校科技科研团队评估指标体系见表 4.9。

表 4.9　高校科技科研团队评估指标体系

一级指标	二级指标	三级指标
团队投入	创新人才	团队获得的人才项目数量
		团队的两院院士、博士生导师、教育部杰出人才、教育部跨世纪人才、教育部青年教师奖获奖者数量
		团队高级职称占团队成员总数的比重，团队 R&D（全时人员）人数的比重
	R&D基地	团队覆盖的国家级重点学科数、省级重点学科数，博士点、博士后流动站数
		团队覆盖的国家级重点、教育部重点、省级重点实验室（中心或基地）数量
	项目与经费	团队获得的国家自然科学基金项目数，科技项目总数
		团队评估期间获得的科研经费总数，实际支出的科研经费总数
团队产出	成果数量	团队专利申请数，专利授权数
		团队技术转让收入
		团队 SCI、EI、ISTP 收录论文数，CSCD、CSTPC 收录论文数
		团队专著总数，论文总数
	成果质量	团队 Science，Nature 论文数，ESI 顶尖论文数，各学科顶尖论文被引数
		团队 SCI 被引论文次数，CSCD、CSTPC 被引论文次数
		团队获得的国家最高科学奖、国家自然科学奖、国家技术发明奖等数量
		团队的全国百篇优秀博士论文，标志性精品成果数量，创新人才培养数量

续表

一级指标	二级指标	三级指标
团队效益	投入产出率	团队成员的人均产出率
		团队整体的万元产出率

人文社会科学评估不同于自然科学和技术科学评估，本研究设计的高校人文科研团队评估指标体系见表4.10。

表 4.10　高校人文科研团队评估指标体系

一级指标	二级指标	三级指标
团队投入	创新人才	团队的博士生导师、英才人数
		团队高级职称占总人数的比重，团队中 R&D（全时人员）人数的比重
	R&D 基地	团队覆盖的国家级重点学科数、省级重点学科数，博士点、博士后流动站数
		团队覆盖的国家级重点、教育部重点、省级重点人文社科基地数量
	项目与经费	团队获得的国家社科基金项目数，教育部社科基金项目数，社科项目总数
		团队评估期间获得的科研经费总数，实际支出的科研经费总数
团队产出	成果数量	团队 SSCI、A&HCI、ISSHP 收录论文数，CSSCI 收录论文数
		团队提交有关部门的研究报告总数，人文社会科学专著总数，论文总数
	成果质量	团队人文社会科学顶尖论文数，各学科顶尖论文被引数
		团队 SSCI，A&HCI 被引论文次数，CSSCI 被引论文次数
		团队教育部人文社会科学奖，省级人文社会科学奖数量
		团队的全国百篇优秀博士论文，标志性精品成果数量，创新人才培养数量
团队效益	投入产出率	团队成员的人均产出率
		团队整体的万元产出率

以上高校科技科研团队评估指标体系和高校人文科研团队评估指标体系，可以根据评估对象的不同做出适当调整，如对国家重点高校的科研团队进行评价，可以将省级相关数据删除，以增强数据的可比性。

第五章

高校科研队伍的组织文化建设与科技创新

大学是研究学问的机构、是探究学术的殿堂、是学术交流的场所，是以文化传承与知识创新为目的，以高级专门人才培养与知识创新为目标的文化教育机构，具有人才培养、科学研究、社会服务三大职能，而这三大职能的发挥，即无论是人才成长所需的集体培养，还是科学研究、社会服务所需的交流与合作，都离不开大学这一系统的基本组成单位——大学学术组织。大学学术的生产主要来自这些看似松散联合的学术组织群，它是大学学术生产力发展的重要平台，对大学的发展具有巨大的促进作用。因此，构建有效的大学学术组织制度和文化就成为我国当前大学制度改革的核心目标之一，它是提高大学学术生产率的重要一环，是实现中国高等教育改革与发展战略的具体体现。

文化是制度之母。虽然在我国近几年的研究中，越来越多的学者开始关注大学学术组织建设，但是，学者们关注的焦点大都集中于对大学学术组织结构、职能、运行模式的研究上，对于学术组织的文化建设关注较少。文化是一个组织的灵魂，可以帮助成员树立正确的人生观、世界观和价值取向，确保他们更好地为组织服务，完成组织的目标与使命。大学学术组织文化是指大学学术组织成员共同拥有的价值观、信念、仪式、符号、处世方式及其表现出来的行为方式。它往往是无形的，但是其对组织成员的行为与价值观的影响却不容小觑。这种无形的组织文化与有形的大学制度安排之间互为因果，组织文化可以转化为有形的制度安排，有形的制度安排无疑也会塑造组织的文化传统、影响组织的文化氛围。健康良好的组织文化不仅可以提高组织内部科研人员的工作效率，而且更能够从外部吸引和聚集一流的学术人才，从而提高整个学术组织的学术生产率。

第一节　高校科研队伍组织文化的内涵

高校科研队伍的组织文化从本质上讲是一种学术组织文化。然而对于学术组织文化的概念，目前学术界并无定论。学者们分别从宏观、中观和微观的角度进行了描述。

从宏观的角度考察，学者将大学或者院校这个整体作为一个学术组织，其文化的研究也就以大学为基础，侧重于对作为整体的组织信念和价值的分析。伯顿·克拉克（Burton Clark）在《高等教育系统——跨国学术组织之间的比较》一书中就将院校文化作为学术组织文化模式的一个重要类型。他认为高等教育是由生产知识的群体构成的学术组织，它是一种社会结构，也是一种文化。美国学者塞吉范内（J.Sergiovwanri）认为组织文化主要是指能够体现本校特色的指导思想、管理哲学和办学宗旨。在国内持学术组织文化宏观说的学者也有很多，其中比较有代表性的观点来自闫光才。他认为"大学作为一个有机的整体，其文化以无形的方式存在于这个整体之中并发挥作用。大学学术组织文化实际上是一种集学术文化和科层文化于一体的'混合文化'"，这种混合文化对于认清大学组织内部机构设置的规律和影响大学内部机构变化的因素具有重要作用。此外，大学之所以是大学，主要是基于学术的逻辑起点，许多学者认为学术组织文化等同于校园文化。在把整个大学作为学术组织文化载体的前提下，大学学术组织文化实质上就是大学精神文化、大学学术文化、大学制度文化和大学环境文化的总和。

从中观的角度追溯，舒尔·多普森（Schulte Donson）和伊安·莫内克（Zan Muoneke）提出了组织文化的四种模式中的学院文化。他们提出这种以学院（或者说院系）为基点的学术组织文化主要目的是把非专业人员及行政文化排斥在学术组织文化之外。在这种学术组织中，倡导的是学术自由与教授治学。中观学术组织文化是一种具有很强的文化亲和力，学者的学识才情以及人格魅力、学术活动的非功利性和学术自由的文化。大学学术组织文化的中观说实质上可以理解为存在于宏观文化说基础上的一种亚文化。这种纯正亚文化的保持需有严格的条件限制，例如学院的规模不能过大，决策需要权限集中，等等。而随着社会的发展和高校扩招规模的不断进行，这种组织文化学术显然不能很好地贴切现实，存在一种文化的乌托邦倾向。因此，这一方面关注的学者比较少，研究也逐渐式微。

从微观的角度分析，学术组织是建立在以学科为中心或者以科研团队为中心的基础上来进行探讨的，即学术专业化的文化。托尼·比彻运用学科的观点对学术部落中的学科文化进行探讨。他认为学科成员拥有共同的生活方式和行为准则，分享着有关理论、方法和技术的信念……从而形成了不同学科的学科概念、价值标准和思维方式。而对于以科研项目组成的学术组织，托尼·比彻认为他们更是一种学术共同体，一种拥有独立的学术信念、价值观和活动规范。

基于三个维度的考察，本研究认为，高校科研队伍的组织文化是大学学术组织成员所共同拥有的学术理念、学术目标、学术精神以及由此而形成的学术氛围，这种组织文化是全体组织成员意志、特性、习惯和科学文化水平相互作用的结果，反映了大学学术组织成员的学术共识。

一、高校科研队伍组织文化的实质

组织文化是一个组织的内核。了解组织文化，有必要先了解文化的定义。目前在学术界对文化的定义有广义和狭义之分。英国人类学家爱德华·泰勒（Edward Teuer）认为广义上的文化"是一个复杂的整体，它包括知识、信仰、艺术、法律、伦理、习俗以及作为社会成员的人应有的其他能力和习惯"。狭义的文化指"人类所创造的精神财富的总和"，它主要是指对人们的价值观、理想信念、目标追求、精神以及这些内化层面的外在表现。文化现象遍布于组织生活之中。借鉴文化的定义，大学学术组织文化就是指大学中学术组织所特有的为所有组织成员共同持有的价值、信念、精神和目标追求及其外在表现的综合体。具体来讲，学术组织文化主要包括学术理念、学术目标、学术精神和学术氛围四个方面。

（一）学术理念是导向

所谓理念是指远景与方向的指导原则，是理论化、系统化的具有相对稳定性和延续性的认识思想和观念体系。它是一个组织的最高领导原则。相应的，学术理念就是学术组织发展远景与方向的指导原则，是学术组织最高领导原则，是学术组织在其形成过程中对学术组织的性质、使命、责任、目的、功能与价值等一系列问题的理性认识。学术理念的核心主要蕴含三个方面的含义：其一，关于学术组织性质的认识；其二，关于学术责任观；其三，关于学术组织的发展观。据此，学术理念的本质特征，其变化自然也就表征着大学理念的发展。这三者是相互联系的，学术组织性质观决定了其责任观，使命观蕴含了学术组织的发展方向，即发展观。

（二）学术精神是灵魂

劳伦斯·米勒（Laurence Miller）在《美国企业精神》中指出："一个组织很像一个有机体，它的技能和构造更像它的身体，而坚持一套固定的信念，追求崇高的目标而非短期的利益，是它的灵魂。"[93] 学术精神是学术组织文化的高度浓缩，是学术组织文化的灵魂。学术组织精神指在组织哲学和组织价值观的指导下经过精心培养而逐步形成的并为全体学术成员认同的思想境界、价值取向和主导意识。它要通过学术组织成员有意识的实践活动体现出来。学术组织精神反映了一个学术组织的基本素养和精神风貌，反映了组织成员对组织的理解和认同，也包含了对组织未来发展和命运所抱有的理想和希望，成为凝聚组织成员共同奋斗的精神源泉。组织精神具有强大的凝聚力、感召力和约束力。

（三）学术目标是关键

目标是个人、部门或整个组织所期望的结果，它是企业或组织所指向的终点。学术目标即学术组织通过组织成员的共同努力所要达到的最终结果，是组织努力奋斗的方向，是组织成员共同的行为导向。学术目标的表象在于学术研究。学术研究不同于知识普及。后者并不要求普及者创造新知，而学术研究是要创造新知的，要讲出人所不知、人所未讲的东西，也就是说，学术研究必须标新立异、卓尔不群、别具慧眼、独树一帜。创造新知是学术研究的终极目标，也是学术组织存在价值的根本前提。只有明确了创造新知这个根本的学术目标，学术组织成员才能明确自己的使命和努力的方向，才能涵养性情，忠于高尚的学术探索；才能不断学习，不断思考，保持思维的灵敏度；才能有一种耐力的职称，不为外界的纷扰而背离学术研究的初衷。

（四）学术氛围是保障

所谓氛围，是指特定环境中的气氛和情调，它可以使人产生一种强烈的感觉。这种感觉来自特定环境中所体现的精神。学术氛围是氛围的一个从属概念，是通过各类学术性制度和活动积淀形成的学术本质、个性、精神面貌的集中反映。学术氛围包括制度氛围和观念氛围。观念氛围是制度氛围的内化体现，制度氛围是观念氛围的外化表现。良好的学术氛围能最大限度地启迪学术人员的思维，发掘学术人的兴趣，强化他们对学术的执着和对学科的热爱，能促进学术人员严谨的治学态度和踏实的学术作风。具体来讲，因为学术组织结构的特殊性，即"在学术界，工作等级是极为平坦的，联合方式也相当松散"[62]86 决定了其学术氛围在制度上的民主性特点，在学术与真理面前，每个人在人格和地位上都是平等的，没有高低贵贱之分。组织成员应该拥有平等的权利。学术氛围另一个重要的方面是学术竞争氛围。竞争是任何组织保持活力的一个重要因素，没有竞争就会使人产生慵懒、不思进取。因此，合理的竞争机制是学术氛围不可或缺的一个重要方面，也是学术组织成员拼搏精神的重要动力之一。良好的学术氛围还应该包括团结合作的处方式。由于现代学科分化越来越细化，单凭一个人的力量去完成某个知识的创新无异于是天方夜谭。只有加强学术组织成员之间的彼此合作，达到对共同目标的认可，才有可能取得丰硕的成果。

二、高校科研队伍组织文化建设的内容

（一）学者文化

"交往"一词，在现代汉语中主要定义为"相互往来"，强调的是人与人之间的相互关系。其英文对应词一般是"communicate"，指传递某事物、交流情况、交换消息、交流思想等。在当今知识经济时代和全球化、国际化的背景下，"交往"比以往任何时代都更频繁、更有意义。同样，不同大学相同学科和专业的学者加强相互之间的交往，对于他们提升自身的学术生产力，也是有积极意义的。大学学者具有高度的"学科忠诚"，他们虽然工作于不同的单位，但同一学科专业内部学者之间却交往频繁、联系紧密。从知识层面上讲，知识本无国界，更无学校之间的界限，知识的探求、发展和传播是通过学术界的集体努力而实现的，学术同行之间的交往意义重大。从组织层面

上讲，不同单位的学术同行之间形成一种"业缘"关系，它和"亲缘"、"友缘"关系一样，都能为学者个体的成长提供重要的社会支持，成为学者社会资本的重要组成部分。

"交往"简单地讲就是主体之间的相互作用、相互沟通、相互理解。普遍意义上的交往是人类的一种内在需求，能够满足人的心理需要。但普通的交往一般没有比较稳定而长期的目标，没有特殊的交往主体，没有外在的来自社会的期望与要求。因而普通交往的组织结构比较松散，人们在各自的需求满足之后就自然散去，以后也可以因为别的目的而再次聚合。而学者之间的交往不只是简单的相互认识的过程，更是一种包容、理解、认同和促进的过程。通过交往，大学学者在知识与情感方面实现了对话与共享，使相关主体共同在场、共同参与、彼此分享对方的知识经验和情感体验。[94] 所以，与普遍意义上的交往相比，大学学者之间的交往不仅有着特殊的交往主体和交往情境，而且交往目的更为明确、交往功能更为强大。大学学者交往的特殊性和意义可以归纳为以下四点。

1. 大学学者的交往是一种知识性交往，能够促进经验技能的共享。大学学者之间的交往是以知识流通为基础的，是一种相对特殊的学术性交往。"学术是一种群体性活动。你不可能单独地从事研究工作。你从事研究和出版著作，也就意味着你将把你所知道的东西教给别人。为了确保学术之火不断燃烧，学术就必须持续不断地交流，不仅要在学者的同辈之间进行交流，而且要与未来学者进行交流"[95]88。通过学者之间的交往，学术得以传播，学者的学识才能得以增强，学术得以快速发展。这是因为：首先，大学学者在交往中能够分享彼此从事学术工作的感受，通过相互安慰和激励来克服消极情绪、保持良好的工作心态和高昂的学术热情；其次，大学学者在交往中能够与学术同行分享各自的成功经验或失败教训，以此改进工作，甚至从中归纳出相关知识技能或原理方法，使之升华为学术的一部分内容；再次，大学学者以自身工作中的疑难问题为对象展开交流，有助于形成解决问题的行动策略，促进自身工作的顺利开展；最后，大学学者围绕文本知识进行探究与研讨，能够促进研究的深化和创新能力的提高，以此加速创新成果的产出。以上这些显性和隐性知识的交流和共享，对于大学学者的发展都是极其有益的。

在现实生活中，大学学者交往所发挥的改进工作的成效是显著的。大学学者在学术工作中需要了解他人的成果，更需要学术同行的支持与协作。他们要与学术同行保持密切的信息联系、不断交流看法、互助合作。许多科研课题的选题、研究思路、主要观点、研究方法等的形成，都得益于自由讨论中碰撞出的思维"火花"；多学科的学习交流和分工协作更能克服单学科研究的困难与不足，提高研究成果的普遍性和适用范围。所以，大学学者之间的交流是探索真理的一种有效途径，学术工作的开展需要前人知识的积累和同侪间观点的碰撞，没有这种直接或间接的交流与互助，大学学者单枪匹马、闭门造车，必定很难取得大的成果。

2. 大学学者的交往还是一种情感性交往，能够促进学者心灵层次的融通。交往是一种相互对话、相互沟通和相互理解的过程，交往主体由相互认识走向相互承认，进而达到相互理解和接纳。大学学者之间深入的沟通与交往虽然以探讨高深知识为基础，但同时也是情绪情感相互交流的过程，是思想、精神相互贯通的过程。心灵层次的交往超越了对知识的阐述和单纯的对学术的追求，更多地表现为对学者的现实生活的人文关怀、对存在的现实关切。正如雅斯贝尔斯在《什么是教育》中所说，教育"是人对人的主体间灵肉交流活动"，"是人的灵魂的教育，而非理智知识和认识的堆集"[96]3。大学学者有着各自特殊的知识背景与价值倾向，相互之间差异较大，但是，通过一定的交往，他们可以相互沟通、理解，从而超越个人认识的樊篱实现更大程度的融通，这也是对学者们单一的求知生活的一种拓展和丰富。

可见，大学学者虽然是知识层次较高的"社会人"，但社会交往对其心理需要的满足和个性的完善同样具有不可忽视的作用。拥有不同学科背景和知识经验的学者在相互交往中，可以探讨共同关心的社会问题、增长个体知识经验、了解其他学科方向的思维方式和价值倾向，这对于学者开阔知识视野、提高思维能力是很有益处的。从这个角度来讲，大学学者交往与普通交往的最大区别就在于它的教育性和目的性。学者之间的交往主要依托学术而进行，但又绝不仅仅止于学术，还要追求学者之间心灵的沟通与理解。知识交流与情感交融在大学学者交往中实现了很好的整合，使交往成为学者获取知识、获得学界精神支持的重要途径。

3. 大学学者交往是一种学术发展性交往，能够促进学者在学术圈中获得承认。大学学者同侪之间密切交往，是扩大其学术影响的重要手段。大学学者都是所属"科学共同体"的成员，他们所处的学术地位、所能获得的学术声誉与他们是否开展和是否擅长学术交流和交往密切相关。如果大学学者与大学内外的其他学术群体（包括本学科和其他学科的）保持广泛的学术联系、积极参与"科学共同体"的各项活动，就能争取到"科学共同体"的认同和接纳，获得较高的学术知名度。所以，与"科学共同体"的其他成员进行广泛的、经常的和平等的学术交流和交往，是大学学者保持自己的学术生命、与所属学科同步发展的重要条件。通过这种交往，大学学者才能在"学术圈"中显露出自己的声音，在学术界发挥一定的影响，从而获得更好的发展机会。实际上，学者间的互动和追随"科学共同体"，都是科学发展逻辑在大学中的体现。任何学者都不应该闭门造车孤立地开展学术工作，而必须与外界同行互相学习、互相合作、取长补短、互通有无。这是大学学术发展的重要机制，是学者进行学术交往的根本动力。因此，加强同侪之间的交往，就成为大学学者工作的一部分，是他们进行学术生产必须重视的一个环节。

4. 大学学者的交往具有某种投资性质，能够促进学者社会资本的积累。在论述学术同行对于大学学者发展的促进作用时，我们很自然会想到"社会资本"（social capital）这一概念。"社会资本"是近 20 年来在社会学、政治学和经济学领域中应用频繁的一种理论，它揭示了人与人之间的关系，如信任及规则在个人、团体和社会发展中的巨大作用。由于研究者各自知识背景的差异，不同学者对社会资本有不同的描述，因而尚没有形成一个权威性的定义。但是，通过与物质资本和人力资本的比较，我们也可以对"社会资本"形成一种初步的认识。它与物质和人力资本的相同特点包括：通过积累而成；有规模效应；需要不断地更新；具有生产性[97]。社会资本的独特之处在于：在使用上可以达到互惠的效果；不可让渡，具有个性，与拥有者共存，并有使用范围；具有可再生性，是非短缺的；其作用的发挥是直接通过不同主体间的合作实现的；其作用不仅体现在生产价值上，而且体现在有关方面可以共享收益上，体现在对共同体的维持和促进上，因此虽然社会资本有所有者，但是其利用的效果更具有社会性，收益有更大的扩散性。社会资本的研究者普遍认为，社会资本有降低交易成本、提高效率的功能。社会成员彼此之间的信任、合作，以及在此基础上形成的个人及组织间的网络联系有助于降低经济运行的"交易成本"，通过信任和规范可以有效地减少组织内部的"搭便车"行为，解决"集体行动的逻辑"悖论。同时，社会资本可以促进信息流动，减少因信息不完全而带来的风险和不确定性，从而有利于经济的繁荣和发展。社会资本等非正式制度在很大程度上有助于正式制度绩效作用的发挥。[98]

随着社会资本研究的持续高涨，有学者开始将社会资本理论引入到教育研究尤其是高等教育研究领域中。有研究认为，高校社会资本具有社会融资、信息获取、合作创新等多项功能，高校社会资本的积累需要法律政策、高校领导、团体组织、社会责任等多重保障。[99]吉林大学孙凯在其硕士学位论文中认为，高校教师社会资本是高校教师建立在信任和互惠原则基础上，以获取回报为目的所利用的社会资源。在某种程度上，它是受高校社会资本影响的。操作化为学术威望、活跃程度（学术交流）、敏感程度和权力（含政治权力和学术权力）。高校社会资本不仅表现为学校与其内部和外部的个人、组织之间相互联系的广度，而且更加体现为这些联系的稳定性和扩展度。高校社会资本包括内部和外部社会资本两个部分。一方面，高校内部社会资本是学校内部存在的、有利于学校成员的信任与合作、促进学校各个部门间、各部门与教师间直接的沟通与协调，从而增强学校内部凝聚力的社会资本。具体包括存储于学校领导之间的社会资本、存储于学校领导与教师员工之间的社会资本、存储于学校教师员工之间的社会资本、存储于教师与学生之间的社会资本以及存储于学校各个部门之间的社会资本。另一方面，学校外部社会资本是指学校与学校外部之间存在的、有利于学校发展的社会资本。它具体包括学校的纵向联系（指学校与上级政府部门、特别是上级教育行政主管部门之间的关系）、学校的横向联系（指学校与其他学校、科研院所、税务部门、金融机构、人事部门等之间的关系）以及学校的准亲缘关系网络（指学校与学校所培养的学生之间的联系，如校友会等）。外部社会资本主要影响学校获取各种稀缺资源的能力。[100]

从微观层面上讲，大学学者交往是积累自身社会资本的核心手段。作为一种"社会投资"的学者间交往，具有社会融资、信息获取、合作创新等多种功能，能够为大学学者学术生产力的提升提供有利的社会支持。因此，加大在社会资本方面的投资是大学学者寻求发展的当务之急。大学学者不仅要建立足够多的社会资本，更要善于使用这些社会资本，利用所拥有的社会资本来提升自身的人力资本。

（二）学科文化

大学拥有广阔而多样的学科知识领域，具备跨学科研究的良好条件，是学科文化生成与发展的摇篮。但我国大学的跨学科研究起步较晚，发展的组织化水平较低，难以充分发挥跨学科研究的应有功能。因此，如何正确认识大学跨学科研究的意义、找出制约其发展的瓶颈、提高大学跨学科研究的层次和水平，是我国高校科研队伍建设中需要着力解决的重要问题。

大学的跨学科研究有其产生的必然性和发展的现实推动力，对于大学科技创新力和竞争力的提升意义重大。

1. 不同学科的知识在本质上的相通性是大学跨学科研究的前提和基础。在科学发展的历史长河中，知识由哲学分化成众多学科，科学随着知识的分化而不断向纵深发展。然而，科学的突飞猛进也导致分支学科的综合化趋势日益明显，大量边缘学科、横断学科不断涌现，最终形成科学的高度分化与高度融合并存的局面。打破学科间的条块分割，促进学科交叉与融合，成为科技发展的时代特征和创新源泉。正如斯米尔诺夫所言，"学科本身越来越深入自己的对象时，就越接近这样的一个界限。这个界限表明，构成其他学科对象的属性和过程在客观上包含在这一对象中。学科研究一旦达到了这个界限，便必然会发现，不去考察似乎与这一学科完全无关的属性和现象，就不可能认识构成该领域学科本身对象的那些现象"[101]。这表明科学越发展，就越需要跨学科合作研究，只有积极地吸收、借鉴相关学科的思想、方法，才能取得创造性的研究成果。跨学科研究的实质是知识的重新组织与整合，它的出现是大学学术职能发展的重要体现，即欧内斯特·博耶（Ernest Boyer）所认为的大学正在兴起的第二种学术领域——"整合的学术"。"整合的学术"是"从不同的学科和广泛的知识背景出发，在知识和范式之间建立起联系；同时，打破原有知识体系的僵化分割，为新学科的成长和知识的应用提供交汇点"[102]。在大学之中，不同学科专业的学者由于专业基础、思维方式等方面的差异，一般很难自发地进行很好的合作。但有组织的跨学科研究却能弥补这种不足，"集体研究可以提供同声翻译，把专家的行话变为共同分享的语言"[1]³。通过跨学科研究，能使不同领域的大学学者互相了解、互相借鉴，相异知识基础上的学术思想碰撞，更容易促进学者学术灵感的焕发。因此，大学的跨学科研究意义重大，各种交叉科学往往会成为科学革命的爆发点、新兴学科的生长点、重大技术的突破点和创新人才培养的制高点，对于大学的学术发展影响深远。

2. 解决社会综合性问题的迫切需要是大学跨学科研究的现实推动力。大学的跨学科研究是社会需要催生的结果，从 20 世纪 40 年代跨学科研究活动兴起之时，跨学科研究就成为解决社会政治、经济、军事等各方面实际问题的有效工具。在"二战"中，从英国皇家空军的雷达系统到美国军队的新式涡轮发动机的发明，都是众多物理学家、化学家、数学家、生物学家等各类科学家有组织的跨学科研究的结果。到 20 世纪 80 年代，跨学科研究更是进入了日新月异的飞速发展时期。各国大学、科研机构都开始了跨学科研究活动，跨学科研究领域不再局限于邻近学科之间，跨越自然科学、社会科学乃至人文科学的研究活动也广泛出现，大大改变了科学和大学学科结构的图景。现代社会中存在很多综合性的实际问题需要研究和解决，比如生态环境的维护和改善、资源的开发和利用、重大自然工程与社会工程项目的建设，以及各种社会系统的管理问题等。为了对各种实际问题做出科学的分析，提出有效的解决方案，需要研究者运用多种知识武器，创造新的方法和手段，进行多学科、多角度、多层次的交叉研究和综合研究。因此，跨学科研究已经成为解决复杂的科技问题和社会问题的重要手段。伴随着这种跨学科研究的开展，许多新的边缘学科、综合学科、横断学科不断涌现，从而又促进了学科在更广泛意义上的交叉融合，有利于大学创新力和竞争力的增强。

（三）团队文化

随着以团队为核心的现代管理理念在大学中的渗透，有些大学内部已经出现了各种类型的团队，如教学团队、科研团队、管理团队、服务团队等，以团队形式进行教学、科研、管理和服务成为大学管理的一种发展趋势。

美国学者乔·卡岑巴赫（Jon R.Katzenbach）认为，团队是指一定的有互补技能，愿意为了共同目标而相互协作的个体所组成的正式群体。[103] 这种界定突出了团队与群体的不同，即所有的团队都是群体，但只有正式群体才是团队。以任务为导向，拥有共同的行为目标和有效的交流与合作，构成团队的本质特征。

"团队"管理理念在大学中的引入和发展，是为了弥补大学传统组织结构僵化的不足。"传统的组织形式就像金字塔，管理层次分明，自上而下统一指挥，强调专业化的分工，岗位职责十分清晰，绩效考核体系也比较完善，在稳定可预测的环境中能够平稳运行。但随着组织内外环境的变化，传统组织形式暴露出一些缺陷：专业化的分工把组织分成相互独立且相互冲突的区域；分工过细使一些额外的临时性工作没人做，绩效考评也仅限于是否完成'分内事'；多层结构导致管理人员臃肿，官僚主义倾向明显；表面上的'协作'压制了组织中的各种观点和冲突，影响组织的创新精神和变革；信息沟通不畅，对出现的问题反应迟钝；组织严重缺乏活力，甚至影响到生存"[104]。与传统的组织形式相比，"如果某种工作任务的完成需要多种技能、经验，那么由团队来做通常效果比个人好。团队是组织提高运行效率的可行方式，它有助于组织更好地利用雇员的才能。管理人员发现，在多变的环境中，团队比传统的部门结构或其他形式的稳定性群体更灵活，反应更迅速"[105]269。因此，在大学建立一定数量的学术团队，对于发展大学学术是非常必要的。团队由不同学术背景的大学学者组成，具有明确的目标和较强的互补性，相互之间信任感较强，因此能发挥巨大的团体内聚力，有效达成团体的学术发展目标。

虽然以团队形式进行教学、科研、管理和服务在大学发展中具有诸多优势，但当前的大学团队建设仍然存在很多问题，阻碍了团队功能的有效发挥。从一般性意义上分析，我们将大学团队建设中的问题简单归纳为组建问题、内部建设问题和外部扶持问题三个方面。首先是大学团队设置水平低，大多只是"工作群体"，未能达到"工作团队"的具体要求；其次是大学团队内部建设不利，表现为团队缺乏凝聚力、成员精力投入有限、团队缺乏民主氛围、团队较为忽略成员个人的学术发展等；最后是大学团队建设缺少足够的组织和制度支持，具体表现为大学团队与大学组织内外环境缺乏有效联系、团队工作的开展缺乏必要的组织支持、缺乏科学的团队管理制度、对团队工作缺乏定期评估等。针对以上这些问题，大学团队建设工作也需要从团队组建、内部建设和外部扶持等三个方面进行相应的改进。

组建团队是团队文化建设的第一步。为了提高团队的质量，在组建之初就需要注意以下几点。

1. 提高认识水平，正确区分"工作群体"与"工作团队"。在大学中，很多人对团队缺乏深刻的认识，将群体与团队混为一团，把群体误认为是团队。其实，二者是有很大区别的，斯蒂芬·P. 罗宾斯把群体定义为："是两个或两个以上相互作用和相互依赖的个体，为实现某个特定目标（工作目标或任务）而结合在一起的。在工作群体（work group）中，成员通过相互作用，来共享信息，做出决策，帮助每个成员更好地承担起自己的责任。工作群体中的成员不一定要参与到需要共同努力的集体工作中，他们也不一定有机会这样做。因此，工作群体的绩效，仅仅是每个群体成员个人贡献的总和。在工作群体中，不存在一种积极的协同作用，能够使群体的总体绩效水平大于个人绩效之和。工作团队（work team）则不同，它通过其成员的共同努力产生积极协同作用，成员努力的结果使团队的绩效水平远大于个体成员绩效的总和"[105]270。按照斯蒂芬的观点，团队的目标是提高集体绩效，成员之间存在着积极的协同配合作用，责任是个体的或共同的，成员的技能是相互补充的，团队绩效远大于个人绩效的总和。而群体的目标是为了信息共享，成员之间的协同配合作用多为中性的，责任的承担是个体化的，成员的技能是随机的或不同的，其总体绩效大多等于个体绩效的总和。团队与工作群体的根本区别在于工作团队的积极协同作用。团队的这种协同作用可以使组织在不增加投入的情况下提高产出水平。团队的建立是有目的、有方法的，必须使之具备团队的特征。"建立团队不是变戏法，并不能保证一定产生积极的协同作用。仅仅把工作群体换种称呼，改称工作团队，不可能自动地提高组织绩效"。[105]270

2. 增强团队成员的异质性和互补性。为了提高团队的战斗力，在组建团队时必须保持合理的团队结构，这样才能使成员在技能、性格、气质、学缘等方面保持适度差异，以便于优化组合、集成优势、形成最佳的能力结构。团队成员在来源上可以跨专业／学科、跨院／系、跨校、跨地区／国界；在身份上可以有学生、教师、教辅人员、后勤保障人员、管理人员、政府官员、社区人员等；在成员特质上，不同技能、性格、气质和学缘的成员可以形成互补，提高协同能力和创新力；在角色分配上，根据成员的人格特点和个人偏好合理分配工作任务，以提高其绩效水平。

除了增强团队成员的异质性之外，团队组建中还有两个细节问题需要注意。一是选择能够胜任工作的团队领导。优秀的团队领导能够成为团队的"精神领袖"、核心和灵魂，成为工作中的向导、指挥者与先行者，并拥有较强的非职位性影响力，体现出高超的专业能力和管理能力。二是保持团队的适度规模。高效团队一般规模较小，大概是 20～25 人，这样才易于相互交流、相互配合，从而形成较强的凝聚力、忠诚感和责任感。

3. 增加团队的多样化类型。在大学团队设置中还有一个突出的问题是类型单一。目前大学内所存在的真正的团队主要是科研型团队，缺少教学型团队、管理型团队、服务型团队等的有效组合。科研型团队在学科类别上又主要是自然科学类，而人文社科类的团队却发展不足，"由于受高校自身科研基础和科研条件所限，目前我国高校的科研主要集中在基础研究和应用基础研究，我国目前已组建的科研团队主要集中在生物、化学、物理等领域，如南京大学的新型微结构材料的制备与物理效应团队、兰州大学的化学合成和化学生物学团队等"[106]。

4. 多方协作加强团队组建工作。从大学、团队及成员这些主体来看，高效团队的组建离不开三个方面的共同努力：首先，从"大学"这一主体来看，要从促进知识创新的高度出发，鼓励项目团队的出现和发展，为其调配充足的资源，积极支持项目团队的建设；其次，从"团队"这一主体来看，要立足于学术前沿，形成适宜自身实力和特色的学术愿景，创造成员共同工作的途径，加快团队内部知识信息的交流、共享和创新；最后，从"团队成员"这一主体来看，团队成员要建立可持续的成熟的互动关系，也要善于确立需要讨论的课题，对于"谁拥有某一方面知识"、"谁能够做什么"、"谁能够对这个项目做出贡献、能做出哪些贡献"等问题能够进行充分的讨论并达成共识，以便合理分工、取长补短。团队成员之间还应当相互尊重彼此的知识、技术和能力，重视各种不同的观点和意见，充分承认彼此对团队的贡献。

三、高校科研队伍组织文化的基本特征

与包括院校文化在内的其他组织文化相比，高校科研队伍的组织文化有自己的独特性质。

第一，高校科研队伍组织文化的逻辑起点是学术研究。学术创造是高等教育的生命之源，与院校文化中所包含的行政文化、企业组织文化和其他行政组织文化不同，高校科研队伍以知识为中心，并根据个体成员所掌握的不同理智材料而组织起来，是以知识的发现、保存和创新为主要任务的学术系统。它有着学术组织所特有的信念和追求，学术至上、追求真理是其显著特征。与企业或行政文化要建立统一、清晰而明确的目标，并设立严格的等级和程序来实现这一目标，以简化组织活动的多样性、复杂性和模糊性，追求管理的秩序和效率不同，在大学学者的视野中，探求高深学问是其唯一的信条和目标，所以，他们更加看重的是知识的创造。为了这个目标，他们乐意为学术组织的研究活动投入更多的时间和精力。知识的创新和发展能使学术组织的成员在精神上获得满足感，形成对大学、对自己所在组织的自豪感，

从而能对学术组织的宗旨、精神、目标和愿景拥有更加深刻的理解和充分的信任。

第二，高校科研队伍组织文化的根本精神是学术自由。学术自由是高校科研队伍组织文化的一面旗帜。学术自由之所以重要，是因为自由地发表新思想和新发现，不仅不必因其向正统挑战而怀有畏惧之心，并且确信这种新思想或新发现如果经得起考验，那就可以使新正统代替旧正统，因而，学术自由是创造新知的必要条件。拥有学术自由权力的人员应该包括大学中从事教学、科研活动的教师和学生，其内容涉及教学自由、研究自由、学习自由、言论自由、思想自由等。在这当中，研究者——尤其是教授是学术自由最积极和最强有力的保护者，教授拥有自由的权力，就可以有效地抑制学校行政权力对学术的庸俗化影响，使学术自由的理性光芒照耀着高等教育系统，使学术自由的大旗飘扬于高校科研队伍组织之上空。

当然，学术自由并不意味着学术在真空中运作。雅斯贝尔斯（Karl Jaspens）曾主张学术的一切由学术里的人来决定，他强调学术要远离政治上的纷争和免受极端的国家主义的影响，但他的理想与现实太遥远，也完全如童话般的在现实中无法实现。任何学术体制都不能够完全依赖自身的力量而发展，学术研究在现代社会中与国家的关系愈益紧密，尤其是在研究经费的投入方面，政府起着非常大的作用，这说明学术自由是有限度的。这种限制不仅来自于政治，而且来自于经济。随着经济时代的到来，学术研究与经济间的关系将走向一种新的形式，学术既会从经济中得到巨大的支持，也会受到限制，很多尖端的研究成果可能会因为经济原因不能为人类所共享，等等。

第三，高校科研队伍组织文化的目标追求是学术创新。大学的知识品性决定了高校科研队伍组织文化的目标追求是学术创新，它指导着高校科研队伍组织的一切活动和行为。优秀的学术组织文化不仅能使组织成员有一种良好的组织认知，更能使他们产生对超越自我的信仰和价值观的承诺。当"学术创新"这一价值理念成为主导高校科研队伍组织行动的目标，并把组织引向成功时，它就会成为组织全体成员的共享价值，成为成员们在日常的学术活动和为人处世中不自觉养成的习惯，使全体成员朝着一个既定的目标奋斗，组织成员的向心力和创造力由此会得到更大的发挥，这种精神力量是显性的规章制度所无法企及的。

第四，高校科研队伍组织文化的组织氛围是团结拼搏。高校科研队伍组织文化的氛围首先是团结。团结是优秀组织的典型特征，也是组织成员互相合作的前提。现代科技的发展越来越交叉化、融合化，科学研究越来越难以在单一学科内取得创新性突破。于是，学术组织成员之间的团结就显得越来越重要。团结的文化氛围可以使组织成员更快地得到知识、积累经验、聚集力量、启发思维、开阔视野，从而激发创造性。甚至，在一定程度上我们可以认为，团结合作已经成为学术创新的唯一途径。群策群力的智慧和同舟共济的力量，是任何一个单独的个人所无法比拟的。团结合作氛围下的每一个组织成员都会有着对学术目标的清晰认识和对合作的渴望，这种认识和渴望是组织目标得以顺利实现的重要保证之一。

在积极鼓励团结合作的同时，高校科研队伍组织的发展还需要有一种拼搏的精神气质。拼搏气质最明显的外在表现形式就是竞争的氛围。竞争是学术组织成员在相同的外在条件下，充分发挥和表现自己的学术实力，争取在科研团队、大学和社会认可的过程。竞争是发展的重要动力，没有竞争就可能会使人安于现状，失去拼搏精神，就会在学术探究中趋于停滞和退化的状态，整个学术组织也会死气沉沉没有活力。学术组织和学者自身的创造激情也会缺乏保障。只有形成拼搏竞争的组织氛围，才能克服组织成员的自负自满，使他们能够鞭策进取，锐意改革和精益求精。

四、高校科研队伍组织文化的核心功能

组织文化在高校科研队伍中发挥着极为重要的作用，组织文化一旦形成，就会成为约束组织成员行为的非正式控制规则，使组织成员放弃一些不适合组织期望的行为和利益取向。由于受到组织文化的熏陶，组织成员拥有相同的价值观和道德观，这样，组织内的人际关系将更加融洽，组织的各种矛盾得到缓解。良好的组织文化对于学术组织的健康发展功能巨大。

（一）凝聚成员向心力

组织是有着共同价值取向、共同利益和共同目标的集合体，而能够维系集合体存在的是一种行之有效的为成员认可并共享的文化，它是一种自然语言，也是一种核心竞争力，它的功能如同葡萄藤，可以使散落的部分"团结"在一起。文化可以把一个组织里新的成员社会化到这个组织的文化系统中来。

因此，文化是个人把他们自己转化成为他们所属的团体成员的基本依据。它使得一个组织具有凝聚力，也为这个组织培养出一种特定的认同感。高校科研队伍文化代表了组织成员共同的期望、信念和价值，组织成员的学术理念、行为方式、思维模式都有共同之处。因而高校科研队伍是一个有着共同理想，被组织成员高度认同，并能共同分享的组织，其组织文化使得人们为了共同的价值走到了一起，能平等地进行交流，从而使得成员团结起来，成员间能够达成共识。尽管由于个体在价值观等方面各有不同，但是通过组织文化的认同、参与，成员们也会因精神与情感的联系而凝聚在一起。因此，高校科研队伍文化具有凝聚组织成员向心力的功能。

（二）增强学术战斗力

良好的组织文化可以增强学术组织的号召力、凝聚力和可持续发展力，从而提高科研队伍的战斗力。号召力是学术组织吸引组织成员的主要因素，它往往来自于学术带头人的学术权威性、学术研究的发展前景和学术氛围的浓郁性。学术组织的凝聚力往往来自于组织认同感、归属感和责任感，在一定程度上也反映了该组织的发展潜能，包括组织理念、行为规范、管理机制、人际关系和组织精神等。科研组织的凝聚力是维持组织存在和发展的关键。这是科研组织与成员得以发展的动力，往往来自于组织的合作文化、学习文化、竞争文化和创新文化等，包括了组织及其成员的学习潜力、创新意识和创新方法的萌动、激发和开发。

（三）强化组织整合力

美国学者凯兹·卡思（Katz）认为，社会系统的基础是人类的态度、知觉、信念、动机、习惯等心理因素。组织文化不仅有助于增强社会系统的稳定性，它还强化了组织的价值观，使得组织的价值观在组织的经营和各项活动中，得到很好的执行。在强的组织文化氛围中，组织成员目标一致，行动协调，组织活动效率提高也塑造了员工行为的控制机制。组织文化作为一种意义形成和控制机制，能引导和塑造员工的态度和行为。组织文化中包含着组织的核心假设、理念和隐含的规则，这些假设、理念和规则规范着工作环境中员工的行为，只有表现出符合要求行为的员工才能被组织接纳。遵守这些规则是得到奖励和晋升的基本前提。也就是说，组织文化的确定，将使组织制度和效能得到充分的发挥。组织文化的规范约束价值是指组织文化对每个组织成员的思想、心理和行为具有约束和规范的作用。组织文化对组织成员的约束不是制度式的惩罚性约束，而是一种软约束，这种约束来自于组织文化氛围、组织行为准则和组织共同的道德规范。群体意识、社会舆论、共同的习俗和风尚等精神文化内容，会造成强大的使个体行为从众化的组织心理压力和动力，使组织成员产生共鸣，从而产生自我控制。相比于规章制度，这种软约束更加稳固，更加持久也更加有效。

（四）扩大外部竞争力

竞争力是一个组织的外显能力。它是一个组织综合实力的外在体现。向心力为组织强的竞争力提供了前提条件，战斗力为其竞争提供了现实可能性，整合力为其强竞争力的持续性提供了保障。一个优秀的高校科研队伍文化，对内是和谐共生、活泼有序的，而对外则表现为创先争优、尽显峥嵘。当高校科研队伍的成员有了共同的期望、信念和价值，拥有共同的愿景目标和具体目标，并在这样的目标指导下遵循一定的规则进行优化，它的外部竞争力也会随之提升。

第二节　高校科研队伍的两种组织文化

一、高校科研队伍的优良组织文化

高校科研队伍是指高等学校的教师和科研人员为适应科研活动的需要而形成的正式或非正式的组织。高校教师和科研人员除了"个体身份"之外，还是各种正式或非正式组织的成员，这些组织大小不一、纵横交错、文化各异，组织成员从中会受到多重影响。这种由高级知识分子组成的科研队伍，不仅跟其他组织一样具有组织文化，而且这种"文化的影响"力量非常强大。高校科研队伍的组织文化是高校科研队伍内部相对稳定而独特的社会心理环境，是科研组织在形成和发展过程中所积累的价值观念、伦理规范、思维与行为方式等的总和。大学科研队伍的组织文化意义重大，是影响大学科研发展的内在文化因素，能够发挥目标导向作用、激励和凝聚等作用，对于大学教师和科研人员的成长以及大学整体的科研发展具有持久而强烈的促进作用。正因为如此，高校科研队伍的组织文化备受重视，人们希望通过"文化的手段"提升组织业绩，而不是像"制度的手段"那样需要付出很高的成本和代价。实际上，高校科研队伍的组织文化包括精神文化、行为文化和制度文化三个层次，组织的行为和制度既受组织文化的深层次影响，又在一定程度上渐进地改变着组织文化，使组织内部特定的行为方式、制度规范最终沉淀为组织文化的重要组成部分。在当前创新型国家建设、高等教育强国建设等时代背景下，高校科研队伍的创新潜力备受期待，而"组织文化的营造"也是增强高校科研创新实力的重要途径。这就需要我们加强对高校科研队伍优良组织文化的研究，从而有效地推动高校科研创新。

（一）高校科研队伍的优良精神文化

高等学校的精神文化色彩非常浓厚。正如伯顿·克拉克所言："大学天然是由'爱'维系的不可分割的组织……与公司、公共机关、工会和大多数其他组织相比，大学的情感联系更为强烈。就业于不同规模和不同形式学术系统的人，不仅是与观念形态的材料打交道的'有思想的人'，而且以对自我确定的虔诚而著称。自信毕生献身于知识、年轻一代和社会福利，远离市场粗俗的实利主义，本身是极大的安慰。世界上最古老的职业之一的所谓利他主义，经常在起着作用。因此，作为一种类型，学术系统在象征方面是富有的，它的成员献身于特定的象征物，常常依附于更广泛的坚定的思想意识，同时异乎寻常地为爱所联系，尽管也可能与自称的情况相反。"[62]85 可见，高校具有浓厚的文化价值和意义，是最典型的文化意义机构。高校科研队伍为了形成优良的精神文化，需要树立"学术至上"的价值观和人生追求，需要形成"共同愿景"来确定目标和任务，二者结合才能把人生观具体化为目标与策略。

1. 高校科研队伍需要树立"学术至上"的价值观和人生追求。树立"学术至上"的价值观是高校科研活动隶属于"精神生产"属性的内在要求。高校科研队伍所从事的生产属于精神生产而不是物质生产，他们的劳动是创造性的、探索性的脑力劳动。这种劳动要想取得好的成效，劳动者不仅要具有良好的学识，而且要有坚定的学术信念、崇高的学术追求、求实的学术态度、独立创新的学术勇气，等等。缺少了这些内在品质，高校教师和科研人员就很难有大的成就，只能成为一种教书"匠"，而无法成长为学术"大师"。同样，高校科研活动的成效、精神产品的多寡与优劣，也深受学术品质这种"无形之手"的影响。这些学术信念、学术追求、学术态度和学术勇气等，归根结底源自于"学术至上"的价值观，即能够以科研发展为人生追求的终极价值。精神生产对"生产者"内在品质的要求，决定了高校科研活动具有一定的层次性，它的基本内容是大学的教学、科研和社会服务这些有形的活动，高级形式却是学者的"学术化生存"，实现了"劳动"与"人之生存"的一体化。在"生产"与"生存"的相互渗透中，"科研活动"的"有形"被赋予了"无形"的精神色彩，并由此酝酿出巨大的内在力量，让智慧和灵感免于间断，让精神生产更具主体性和创新性。

树立"学术至上"价值观的现实可能性源自高校学术生活的精神魅力。高等学校是一种特殊的学校，它是一座知识城，也是一座智慧城。这里，充溢着智慧的灵性和文化的光芒。高校师生为着共同的目的——探究真理，奉献人类——而走到一起，他们带着学术的良知与责任，相互激励、教学相长，造就了一种充实而自由的学习、研讨、向上的学术氛围；这种氛围不断形成、不断扩大，同时又反过来激发师生无穷的想象力，勃发出知识的盎然生机。在这种学术氛围中，睿智的教师和求知欲旺盛的学生，享受着知识与智慧带来的无与伦比的乐趣，从而领悟生命的真谛和宇宙的奥秘。高校这种学术至上的文化氛围，根源于对高深知识的探讨，它提供自由探索的空气，不允许不利于或者妨碍自由探索的东西存在。更重要的是，"这里有大师，有真正伟大的思想家，他们是理论生活存在的活的证明，他们有权威，但不是来自权力、金钱或家庭，而是来自能够赢得尊敬的天赋，来自他们对学术的巨大贡献。"[107] 德国社会学家马克思·韦伯（Max Weber）也指出："古往今来，有数不清的科学探索者都把追求科学真理的过程本身视作至高无上的幸福，确认这过程本身就是伟大的，即使失败，但生命的意义已经得到了充分体现。"[108]32 高校学术生活强大的精神魅力，使得"学术至上"的价值观具有了较强的现实可能性。

"学术至上"的价值观有其具体的体现与要求。"学术至上"的含义很多，它最基本的意思是要以学术本身为目的，不求索取，摒弃荣誉、权力、金钱、地位等私心杂念。在高校科研队伍中，"学术至上"意味着"学术"是最被人看重的，"学术"成为整个组织的价值观和运转的主轴，就像"赢利"之于经济组织一样。"学术至上"意味着高校教师和科研人员开展科研工作主要是为了学术自身的目的，而不是为了追逐学术之外的功利性价值；意味着在学术界有所建树才是最重要的，俗世的功名利禄、人们孜孜以求的所谓权力、金钱与地位并不值得关注；意味着与学术自身要求相悖的浮躁与功利之风必须受到遏制；意味着所有不利于科研发展的因素都应当得以排除。这些具体的要求使得"学术至上"的价值观能够对高校科研队伍产生文化引领、价值引导和精神支持的作用，激励组织成员持续追求科研创新。

2. 高校科研队伍需要形成"共同愿景"来确定目标和任务。鲍得里奇（J. Victor Baldridge）教授在《决策与有效的领导》一书中认为，学院和大学是一种独特的专业组织，尽管它与其他复杂的科层组织有许多共性，但其主要特征不同于工业组织、政府机构和商业公司。这些特征中的第一条就是"目标模糊性"："在学术组织中目标的模糊性是共同的。多数组织都知道自己正在做什么：商行追求利润，政府以法履行职责，医院努力诊治病人，监狱囚禁和改造罪犯……相反，学院和大学的目标模糊、使命复杂而且论争激烈。"[109]246-250 对于高校科研队伍而言同样如此，在高校科研活动中，每个人的具体目标是不同的，而"组织"一定要从中形成"共同区域"，使个人目标与组织目标具有尽量大的一致性，使"组织"成为"共赢"的手段，具有较大的吸引力和激励力。为了促进"共同愿景"的形成，要让"组织共同的目标"涵盖基础性研究与应用性研究和开发性研究；涵盖不同学科和专业的研究；涵盖个体研究与集体研究，而不能厚此薄彼，把科研活动中的薄弱部分排除在组织目标之外。

首先，高校科研队伍要通过平衡基础性研究与应用性、开发性研究而促进"共同愿景"的形成。在市场经济利益的驱动下，高校科研队伍往往注重应用性研究和开发性研究，而基础性研究备受忽视。为了改变这种状况，高校科研队伍要为基础性研究提供强大的精神和物质支持，既要有精神鼓励，也可以设立基础性研究基金、奖励基金和出版基金等基础性研究资助项目，促进基础性研究与非基础性研究"共同愿景"的形成。

其次，高校科研队伍要通过平衡不同学科和专业的研究来促进"共同愿景"的形成。在资源（特别是经费）有限的情况下，不同学科、专业的研究通常会出现不平衡与冲突现象，资源配置也往往倾向于"锦上添花"而不是"雪中送炭"，产生了强烈的"马太效应"。为了改变这种状况，要通过具体的措施使科研队伍既发挥优势、又保证全面；既要重点资助力量较强的学科和专业以保持科研特色和优势，又要鼓励和扶持其他学科的研究。缩小不同学科发展的悬殊差异符合高校学科综合化发展的需要，有利于实现不同学科、专业研究之间的协作，避免因学科"短板"而影响科研整体的发展，同时也能满足对专业人才进行综合培养的需要。所以，平衡不同学科和专业的研究对于科研队伍综合性研究水平的提高意义重大，有利于组织"共同愿景"的形成。

最后，高校科研队伍要通过平衡个体研究与集体研究而促进"共同愿景"的形成。高校教师和科研人员由于专业教学的需要，常常以各自的学科、专业为研究方向，从事与教学相关的个体研究。同时，研究成果的评价和研究者个人的晋升强调的也是个体研究成果，而不是集体研究成果的分享。因此，就出现了高校科研人员个体研究与集体研究之间的冲突。为了做好这种协调，要成立多种多样的学术组织促进个体研究与集体研究相结合；在确立研究项目或课题时要考虑如何有利于多学科的参与或集体合作研究；在科研管理制度特别是成果评价制度中应保证对集体研究成果与个体研究成果同样重视；在保证个体研究自由的情况下鼓励和支持集体研究。[110] 这样才能促进个体研究与集体研究"共同愿景"的形成。

（二）高校科研队伍的优良行为文化

高校科研队伍为了形成优良的行为文化，需要加强"知识共享"以拓展和革新劳动工具，需要增强"交流合作"以实现劳动中的开放性协作，这样才能突出"以知识为基础"的组织特性，适应社会化"大科研"的工作需要。

1. 高校科研队伍需要加强"知识共享"以拓展和革新劳动工具。高校教师和科研人员是一种"知识人"，他们以知识为基础开展工作，利用自身所掌握的渊博知识和人生智慧，为社会创造、传播和应用知识。他们不是一般性地具有劳动能力的人，而是知识的拥有者、传播者和创造者，是知识资本的使用者。他们从事着创造性劳动，依靠自身占有的专业知识，运用头脑进行创造性思维，并不断形成新的知识性成果。这种"知识人"的角色决定了高校科研队伍中的知识创新、流通与共享意义重大。高等教育机构是"控制高深知识和方法的社会机构"[62]11，它所开展的教学、科研和社会服务都是以知识为基础的，"如果有什么东西对于高等教育是基础性的话，它就是知识的中心概念。"[111] 从动态的意义上讲，"学术是一种群体性活动。你不可能单独地从事研究工作。你从事研究和出版著作，也就意味着你将把你所知道的东西教给别人。为了确保学术之火不断燃烧，学术就必须持续不断地交流"[95]88。高校教师和科研人员要与同行保持密切的信息联系，不断地交流看法、互助合作。许多科研课题的选题、研究思路、主要观点、研究方法等的形成，都得益于自由讨论中碰撞出的思维"火花"；多学科的学习交流和分工协作更能克服单学科研究的困难与不足，提高研究成果的普遍性和适用范围。所以，高校科研队伍"知识共享"的行为文化非常重要，它能够促进成员之间的知识性交往，通过同侪间观点的碰撞实现直接或间接的交流与互助，从而更有效地探索真理、提高科研队伍的水平与绩效。总之，高校教师和科研人员的成长依赖于知识工具的提升，而提升的最好策略就是实现最大限度的分享，乃至组织内部的无私共享，这样才能在组织内部引发知识的成倍复制，引发知识和思想的爆炸式增长。各种显性和隐性知识的交流和共享，能够改变组织成员单枪匹马、闭门造车的工作方式，对于高校科研队伍的发展是极为有益的。

2. 高校科研队伍需要"交流合作"以增强劳动中的开放性协作。高校科研队伍"交流合作"的行为文化源于学术活动的"组织化"特性。高校教师和科研人员虽然主要以个人的智力进行科研，但他们的工作并不是孤立进行的，而是需要在各种学术组织中开展协作劳动。"学术组织"（academic organization）是组织中的一种重要类型，它的字面意义是"学院的、学术的组织"，实际上是指各种"组织起来"的学科资源与力量，是从事教学和研究的各种"单元"和机构。大学、学院、学系、教研室、研究室（所、中心），以及其他各种从事教学和科研的机构，都是这种基于学科而发展起来的"学术组织"。从总体上讲，高校自身就是一个宏观或整体意义上的学术组织。如果详细划分，不同的学科、工作任务又形成了各种各样的亚学术组织。而且，各个亚组织中的成员可以存在一定程度的交叉，即一个学者既是某个学科中的成员，同时也可能是某个项目或某一研究中心的成员。高校教师和科研人员在多个亚组织中交叉存在的状况，显示出他们在工作方式上有别于其他组织成员的特殊性所在。一般而言，高校发展水平越高，其内部的组织化程度也就越高。因为不同的组织形式都是高校为适应各种不同的科研活动内容而创设的。这些学术组织既是大学实现自身目标的工具与手段，也是高校科研人员满足个体需要、实现自身价值的基本依托，它们使整个高校的学者之间可以根据工作需要随时进行调整，开展多种形式的互助与协作。所以，学术活动的"组织化"特性决定了高校科研队伍必须形成"交流合作"的行为文化。

"交流合作"是高校科研队伍提升业绩的重要技巧。英国著名科学家贝弗里奇（W. I. B. Beveridge）就曾注意到，"多数科学家在孤独一人时停滞而无生气，而在群集时就相互发生一种类似共生的作用，这正如培养细菌时需要有好几个有机个体，生火时必须有好几根柴一样。这就是在研究机构工作的最大有利条件"[112]。黛安娜·克兰（Diana Crane）也指出："当一个研究领域的成员是和其他科学家处于互动状态中的时候，就会有一个指数增长的时期，……如果一个研究领域的成员彼此之间并不互相作用，也不与那些在领域中还没有发表作品的科学家发生互动，那么，这个领域的增长率就应该是线性的。"[113]22 可见，学术交流能够在科研活动中发挥强大的智力优势，对于高校科研队伍的发展是至关重要的。雅斯贝尔斯就曾明确指出，"大学任务的完成还要依靠交往的工作——学者之间、研究者之间、师生之间、学生之间以及在个别情况下校际之间"[96]149。"如果大学人都小心翼翼地把自己封闭起来而不与他人交流，如果交流变成了仅仅是社会交际，如果实质性的关系因习俗而变得朦胧不清，那么大学的智力生活就会衰落"[114]。可见，加强高校科研人员间的交流与合作，是完善高校科研活动、促进高校科研创新的一个基本要求和技巧。有学者形象地指出，学术交流是"研究能力的黏合剂"，通过"黏合"，实现科学劳动者之间的智力协作；学术交流是"智力的弹性碰撞"，通过"碰撞"，激发出各种"学术思想火花"；学术交流是"知识的播种机"，通过交流，使新的科学知识得以广泛传播。[115]216 所以，高校科研队伍要大力提倡"交流合作"的行为文化，让组织成员具有交流与合作的强烈意识，让自己的学术劳动"活"起来、"动"起来；让自己在与同行的交流交往中获得尊重、信任、理解和赞赏，从而精神饱满地投入到科研创新中去。

（三）高校科研队伍的优良制度文化

高校科研队伍为了形成优良的制度文化，需要有"质量优先"的学术自由，需要有"创新取向"的制度文化，这样才能减轻"量化学术"管理制度带来的负面影响，减少"科层取向"的制度文化对科研创新所形成的阻碍。

1. 高校科研队伍需要"质量优先"的学术自由。"质量优先"是对知识工作者的特殊要求，符合高校科研工作的发展规律。彼得·德鲁克（Peter Drucker）指出："在体力劳动中，质量也非常重要。质量不高是有缺陷的质量。我们必须为体力劳动设定某种最低的质量标准。……但是在大多数知识工作中，质量不能有最低标准，也不能是有缺陷的质量。质量是产出的精髓。在判断教师的绩效时，我们不能问教师教了多少学生。我们应该问有多少学生学到了什么知识，这就是关于质量的提问。……因此，在知识工作者的生产率方面，我们首要的目的是取得质量，即取得最佳的质量，在可能的情况下，能取得最高的质量最好。然后，我们才能问：'完成了多少工作量？'这不仅意味着我们研究如何提高知识工作者的生产率的出发点不是数量，而是质量，而且还表明我们将需要学会明确地了解质量的内涵。"[116] 体现在高校科研队伍的发展中，对于质量的正确认识，也是高校科研队伍提高水平和业绩的关键。事物的发展包括量的方面和质的方面，由于"量"的扩张表现更为明显和直接，它往往会受到外界更多的关注。但是，对于高校科研队伍而言，"质"是发展中更为重要的方面。高校科研队伍的科研业绩之"大"不在于发表论文的数量巨大，而在于能够培养出优秀人才、产生高水平的学术成果；高校教师和科研人员的学术声誉和地位，也不是由学术成果的数量决定的，而是主要取决于他在学术上的独特贡献。所以，树立"质量优先"的意识非常重要，它能帮助高校教师和科研人员克服急功近利的思想，潜心于真正的学术工作，而不是为了数量的虚荣而放弃质量的追求。因为对于科研创新而言，追求卓越是基本的准则，任何"重量轻质"的思想和行为，必定是舍本逐末、得不偿失的。

把"质量优先"提升到"学术自由"的高度，是基于现实国情和实践困境所提出的制度文化要求。"质量优先"的"学术自由"显然不同于西方传统意义上的知识探索的"学术自由"，但这种现实中普遍存在的、源于苛刻的量化评价而导致的学术不自由，是更低层次的"不自由"，因为它还未涉及真正的"学术"层次，解决的仅仅是"学术"之外的操纵和束缚，这在西方国家是比较少见、因而未引起关注和研究的问题，是"中国特色"的问题。中国式的"学术不自由"外在表现为"量化评价"盛行、高校教师和科研人员沦为"学术民工"，严重束缚了高校科研队伍的科研创新。只有树立"质量优先"的制度文化来解除"量化学术"的干扰，高校科研队伍才能更好地提升水平与业绩。

2. 高校科研队伍需要"创新取向"的制度文化。高校科研队伍"创新取向"的制度文化是为了克服组织过强的"科层取向"。"科层取向"的制度文化源于学术组织的"科层制"特征，它崇尚理性原则，能够实现较高的效率，在管理的精确性、稳定性、纪律性和可靠性等方面具有明显优势。但是，"科层制"只是学术组织特性的一小部分而不是全部，"科层取向"往往会导致僵化、封闭的"防守式"管理，"不求有功但求无过"，不利于高校科研队伍开拓创新、锐意进取。与"科层取向"相比，"创新取向"的制度文化更关注高校作为"学术组织"的知识特性，更尊重组织成员在专业领域的权威地位，依靠成员的智慧主动谋求科研创新，在发展的主动性和创造性方面境界更高。

"创新取向"的制度文化能够促使高校科研队伍认识到"创新"的重大意义。高校本身就是以开放坦诚和欢迎新思想、新挑战为特征，高校科研队伍应该倡导及时应变、不断创新，并且这种创新应当是全员创新、系列创新、连续创新，而不是某些教授、某些领导等资深人员的非全员创新、局部改革与一时创造。在这种思想认识的基础上，"创新取向"的制度文化会非常注重弹性适应和成员发展。一方面，"创新取向"注重组织的适应性与创造性，而不是特别强调统一与稳定。高校科研队伍面临着外界复杂的情境和内部多学科的具体问题，因此组织的规范可以具有一定的弹性空间，以规范的"开放性"和"多元性"保证组织能够根据外部环境的变化和内部的特定需要而及时调整策略。另一方面，"创新取向"的制度文化关注组织成员的创新与成长。组织强调以人为本、强调人文价值与人性尊严、关心和尊重每一位组织成员，而无论其地位、身份、职权如何。所以，"扶持创新"的高校科研队伍文化有利于发掘组织成员的潜力、信仰、抱负和创造性，是一种重视全员参与、重视人的潜能开发的制度文化。

从静态来看，上述高校科研队伍优良组织文化的内容见图5.1，体现为"学术至上"的价值观激励、"共同愿景"的目标激励、"知识共享"的成长激励、"交流合作"的工作激励、"质量优先"的学术自由、"创新取向"的制度保障。

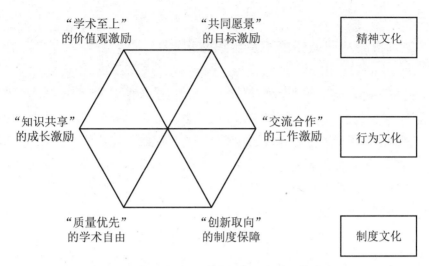

图 5.1 高校科研队伍优良组织文化的具体内容

从动态来看，高校科研队伍的发展有赖于组织的精神文化、行为文化和制度文化的协同优化，三者既要保持自身的优良，又要通过良好的组合状态来形成良性循环，其发展机制见图 5.2。

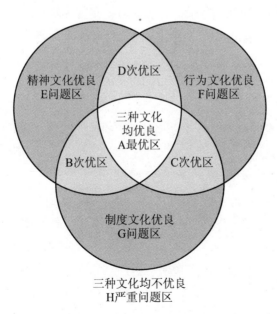

图 5.2 高校科研队伍优良组织文化的互动发展机制

二、高校科研队伍的不良组织文化

高校科研人员除了"个体身份"之外，还是各种正式或非正式组织的成员，这些组织大小不一、纵横交错、文化各异，组织成员从中会受到多重影响。这种由高级知识分子组成的教师队伍，不仅跟其他组织一样具有组织文化，而且这种"文化的影响"力量非常强大。高校科研队伍的组织文化是高校科研队伍内部相对稳定而独特的社会心理环境，是教师组织在形成和发展过程中所积累的价值观念、伦理规范、思维与行为方式等的总和。高校科研队伍的组织文化意义重大，是影响高校学术发展的内在文化因素，能够发挥目标导向作用、激励和凝聚等作用，对于高校教师的成长以及高校整体的学术发展具有持久而强烈的促进作用。正因为如此，高校科研队伍的组织文化备受重视，人们希望通过"文化的手段"提升组织业绩，而不是像"制度的手段"那样需要付出很高的成本和代价。

从内容上讲，高校科研队伍的组织文化包括精神文化、行为文化和制度文化三个层次。组织的行为和制度既受组织文化的深层次影响，又在一定程度上渐进地改变着组织文化，使组织内部特定的行为方式、制度规范最终沉淀为组织文化的重要组成部分。在当前创新型国家建设、高等教育强国建设等时代背景下，高校科研队伍的创新潜力备受期待，而"组织文化的营造"也是增强高校学术创新实力的重要途径。这就需要我们加强对高校科研队伍不良组织文化的研究，从而消除不良组织文化的负面影响，激励高校科研创新。

（一）高校科研队伍的不良精神文化

高等学校的精神文化色彩非常浓厚。"大学天然是由'爱'维系的不可分割的组织……与公司、公共机关、工会和大多数其他组织相比，大学的情感联系更为强烈。……作为一种类型，学术系统在象征方面是富有的，它的成员献身于特定的象征物，常常依附于更广泛的坚定的思想意识，同时异乎寻常地为爱所联系"。[62]85 "古往今来，有数不清的科学探索者都把追求科学真理的过程本身视作至高无上的幸福，确认这过程本身就是伟大的，即使失败，但生命的意义已经得到了充分体现。"[108]32 高校科研队伍为了改造不良的精神文化，需要转变"浮躁功利"的价值观和人生追求，需要改变"缺乏共同愿景"的状况以确定目标和任务，这样才能从"价值判断"和"目标制订"这两个层次克服精神层面的偏差。

1."浮躁功利"的价值观和人生追求。高校科研队伍的科研业绩提升，需要有一个学术味浓厚、排除了浮躁之气和功利性干扰的组织氛围。这种氛围是与学者的特性一致的，"学者全是这样一种人，他们的活动本质上并不追求实用目标，他们是在艺术、科学、形而上学思考中，简言之，是在获取非物资的优势中寻求乐趣的人。也就是以某种方式说'我的国度不属于这个世界'的人"[117]。"许多人从教学工作中可以得到最大的满足。对另一些人来说，研究活动则是关键；它能满足知识分子的好奇心，培养科学发现的快乐感和荣誉感"[118]。但是，在社会浮躁与功利之风的影响下，教师队伍内部却出现了人心浮躁、急功近利的现象，势必会影响高校科研实力的长远发展。"浮躁功利"的学术价值观意味着组织认同和选择的价值是短期见效的、显性的，而非长远的、隐性的；是功利价值而非无功利价值。在当今人们普遍缺乏信仰的时代，高校科研队伍同样面临着理想的失落，组织内部缺乏应有的信念与价值追求。

一方面是学科文化不彰，即组织成员所受到的本学科的信念、价值观的影响不够，特定学科的"学术味"不足，或者说没有很好地秉承该学科的学术文化，离"学科共同体"的价值观和信念太远。这种学科文化的淡漠是致命的，没有观念上的认同和信仰，没有"学科文化"的内在熏陶与渗透，高校科研队伍就会从思想到行动脱离整个学科共同体或"学术圈"的扶持和影响，丧失发展的学术性根基，在学术的层次和水平上难以跟上学科整体的发展水平。

另一方面是院校文化不良，影响了高校科研队伍的价值取向。高校这个特定的"单位"有其局部的学术氛围与组织文化，它会对置身其中的学者、各种学术组织产生"单位文化"的影响。这种"单位文化"或者说"院校文化"较之"学科文化"更为浅显和直接，它主要是大学所采用的制度和流行的活动经过扩散、沉淀而在人们的思想上自然而然形成的观念，比如学校是重学术还是行政，重教学还是科研，重本科教育还是研究生教育，重民主还是集中，重公平还是效率，重趋同还是求异，等等。高校科研队伍的浮躁功利常常是因为受到了高校整体氛围的影响。从高校的外部关系来看，我国高校追风逐热现象严重，与外界常常缺乏应有的边界。在其并不长远的发展历史中，先是遭受政治风暴的侵蚀，几近沦为政治的附庸，使学术组织出现了严重的行政化倾向；后来又被经济大潮冲击，似乎又成为经济的"主战场"，从学术组织向经济组织靠拢。从高校内部来看，各种功利主义也无处不在，比如很多与市场紧密联系的应用性专业发展迅猛，而那些基础性专业则因见效缓慢而后继乏人；很多教师整日忙于"创收"而不能潜心学术，教学和科研工作反而能推就推、不被重视。这些现象都体现出高校精神文化的缺失或薄弱，使得高校及其成员都趋于自利、浮躁和急功近利。可见，高校科研队伍的精神文化受到高校"学科文化"与"院校文化"的双重影响，如果没有浓厚的"学科文化"与积极进取的"院校文化"，高校科研队伍的发展就会在最深的层次上丧失动力与支持。

2."缺乏共同愿景"。高校科研队伍"缺乏共同愿景"是指组织成员目标各异，组织未能从中形成"共同区域"，因而无吸引力和激励力。高校具有"目标模糊性"："在学术组织中目标的模糊性是共同的。多数组织都知道自己正在做什么：商行追求利润，政府依法履行职责，医院努力诊治病人，监狱囚禁和改造罪犯……相反，学院和大学的目标模糊、使命复杂而且论争激烈"[119]，尤其需要促进共同愿景的形成。共同愿景（shared vision）是学习型组织理论中的一个核心概念，是彼得·圣吉（Petter Senge）所提出的"五项修炼"中的一种。从字面意思来看，组织的共同愿景与组织目标非常相似。但在我们的观念中，组织目标常常是自上而下制订的，主要考虑的是组织利益而非组织成员个体的需求，而且往往由领导者个人制订并加以分解传达。这样的目标对于组织成员而言显然是一种"外在"的要求，是组织强加的契约，很难真正调动人的积极性。而共同愿景是指被组织成员接受和认同的愿景，它的最简单表述是"我们想要创造什么？"。共同愿景建立在个人愿景基础之上，是个人愿景和组织愿景的有机结合，是从众多的个人愿景中提炼、综合而来的，因此它能够得到组织成员的认同和真心向往。事实上，共同愿景是存在于人们心中的一股令人深受感召的力量，它像一面旗帜，指引着组织成员前进的方向；它帮助组织培养成员主动真诚的奉献和投入，激发个体自我超越的动力，使其能够集中全部力量，促进组织的发展。

高校教师和科研人员有着强烈的开拓意识和进取观念，自身蕴含着无限的智慧和创造潜力，他们往往会把拓展科学知识新领域、培养高级专门人才作为组织的共同愿景。在共同愿景的强烈吸引和激励作用下，他们会主动承担职责，为组织愿景的实现贡献自己的积极性、主动性、想象力和创造力。而且，共同愿景是不断向前发展的，愿景的连续性会使每一位成员感觉到自己处于一个不断保持进取的群体之中，感觉到事业有奔头、更有积极性，不断把自己的心理与行为导向新的境界，推向新的高度。学术愿景的不断实现，还会增强组织成员的荣誉感、自豪感和自信心，从而进一步增强组织凝聚力。

遗憾的是，当前很多高校科研队伍在发展进程中缺乏共同愿景，甚至没有制订明确的组织目标，或者是没有循着一个明确的目标来发展。尽管在领导讲话中也存在诸多"发展目标"，但这种目标设定往往流于形式，成为一种"口号"，而不能在实际工作中发挥实质性的指导科研发展的作用。"缺乏共同愿景"的发展模式减弱了组织凝聚力，不利于组织成员产生强烈的归属感和向心力；同时也助长了教师队伍的惰性，只求不出问题，而不考虑如何把科研工作发展得更好，在科研发展上丧失动力和压力。这样就会随波逐流、想起什么就做什么，就无法形成积累，必然会导致高校科研队伍难以取得显著的科研业绩。

（二）高校科研队伍的不良行为文化

高校科研队伍为了改造不良的行为文化，需要减少"知识独享"以拓展和革新劳动工具，需要避免"单打独斗"以实现劳动中的开放性协作，这样才能有效地促进组织成员的成长，提升组织的科研业绩。

1. "知识独享"。高等教育机构是"控制高深知识和方法的社会机构"[62]11，它所开展的教学、科研和社会服务都是以知识为基础的，"如果有什么东西对于高等教育是基础性的话，它就是知识的中心概念。"[109]250 克服"知识共享"的必要性源于多途径"知识共享"具有诸多好处。高校科研队伍中的"知识共享"包括多种类型知识的共享、多主体的知识共享、更大限度的共享。首先，"更多类型的知识"要求高校科研队伍不仅关注传统的以学科为基础的知识，更要认识到因知识概念扩展而带来的多样化的知识。英国学者罗纳德·巴内特（Ronald Barnett）指出，"现今高等教育领域中，出现了知识范式的转换。传统的以学科为基础的知识不再能够包括所有的知识，相反，现在占统治地位的意识形态是操作主义。像洞察力、理解力、反应力、智慧与批判力被忽略，现代社会支持的是技能、能力、结果、信息、技术与灵活性。"[120] 这些知识都是分享的对象。其次，"更多人的知识"要求高校科研队伍不仅关注高级学者所掌握的知识，还应关注组织全体成员在工作中所使用的实践知识。这些知识是组织成员在实践环境中学习到并合法化的，这些动态的知识、主观的知识、操作化的知识同样影响着组织科研水平的发展。最后，"最大限度的知识共享"要求高校科研队伍不仅通过编码、传授来流通知识，更要促进缄默知识的共享。在高校科研队伍这种追求真理的组织中，缄默知识能够以微妙的方式被领会、融合、相互影响和内化，成为组织成员知识结构的一部分。知识流通从单向变成双向和多向，从文本方式转向超文本，从线性到非线性，能够大大提高知识共享的效率。在高校科研队伍中提倡一种共享的组织文化，有助于创造一种积极、信任与协作的组织氛围，推动组织整体目标的实现。

但是，当前高校科研队伍知识共享的文化氛围较为淡薄。组织成员之间常常存在文人相轻的风气，或者为了晋级、升职或竞争其他有限的资源而关系紧张。他们之间的亲密合作和彼此联系往往只局限于自己的小团体，与团体之外的其他人员则缺乏心与心的交流和亲密无间的合作。在知识共享方面同样如此，受自身利益的限制，所谓的"集体共享"往往只局限于拥有共同利益的小团体内部，在教师队伍整体层面上的共享程度还非常有限。所以，高校科研队伍的行为文化发展困境之一是"知识独享"的偏颇行为影响了组织成员的成长效果。高校教师和科研人员成长最需要的是知识成倍复制和爆炸式增长，而"知识独享"的行为关闭了知识分享之门，不利于组织成员的知识更新与能力成长。

克服高校科研队伍中的"知识独享"是有较大难度的。在这种知识性组织中，面对知识共享的要求，很多人可能会本能地提出质疑："为什么我要把自己所知道的东西告诉你？"知识共享难度巨大的主要原因就在于，知识具有自身的价值，是高校教师个体力量的源泉，他们拥有的独特知识越多，自身的价值就越高。因此，把自己的知识公开、与对方交流和共享，对于个体而言就有降低自身对组织价值的风险。所以，这种知识共享并不是易于实现的，没有推崇互助和共享的组织文化，没有知识共享的动机，组织成员不会因为信息技术本身而共享知识。

2."单打独斗"。高校科研队伍的行为文化发展困境之二是"单打独斗"的工作方式降低了组织业绩。大学设有多种学科和专业，拥有不同类型和层次的人才，有着学术交流与协作的天然条件。特别是现代科技日新月异、学科之间交叉和渗透广泛、信息增长迅速的背景下，如果不加强学术交流与协作，就很难跟上科学发展的前沿。因此，加强高校教师和科研人员之间的交流与合作，是提升高校科研队伍实力的一个基本要求和技巧。

但是，当前我国高校科研队伍中的交流与合作却不顺畅，缺少合作的活动载体、制度规范、知识基础和评价激励。首先，交流合作必须以"任务"为基础，共同的目标与任务最能促进科研中的互助合作。但是，很多教师队伍不能积极开展科研活动，"集体科研"不成气候甚至并不存在，必然会使成员走向"单打独斗"，只能以个体的方式开展科研。其次，高校科研合作需要不同学科、不同层次、不同背景的人员广泛参与。为了保证科研活动正常、稳定、有效地运行，必须建立规范的制度来解决研究人员如何分工、科研经费如何使用、科研设备如何配置、科研成果如何分配等问题。如果缺乏制度保障，合作就很难有效地进行，或者影响到合作的效果。再次，高校科研队伍的交流与合作要有合作的衔接点。也就是说，组织成员彼此之间所掌握的知识和技术不能非常相同或者差异悬殊，过于相似就没有交流协作的必要性；过于相异则没有互助协作的可能性。为了实现交流与合作，必须在研究的方向、研究的方法或研究的手段上有一定的相似和相异之处，这就要求高校的学科设置要能满足学科交叉发展的潜在需要。最后，科研评价要对"合作科研"予以支持而不是否认。"在以往的评价体系中，非但不鼓励合作研究，而且对合作研究还起到了相反的导向作用。例如，衡量科研贡献的一个很重要的指标就是看作为第一作者的论文数量有多少，而对于第二作者、第三作者往往较少计入甚至忽略不计。"[121] 这样，组织成员参与合作研究的积极性必然会大打折扣，都会倾向于独立申请课题、担当课题负责人，而不愿意仅仅作为课题参与者、学术成果的合作者。这种评价方法在很大程度上抹杀了科研合作者的学术贡献，一方面不利于重大课题的申请和完成，另一方面也会助长轮流坐庄当第一作者等不良风气，更加导向了"单打独斗"的行为文化。

（三）高校科研队伍的不良制度文化

高校科研队伍为了改造不良的制度文化，需要消除"量化学术"的误导以实现学术自由，需要克服"科层取向"的制度文化，这样才能减少不良的学术评价制度对于科研"质量"的影响，为教师队伍的创新提供制度环境保障。

1."量化学术"。"量化学术"在我国高校非常盛行。为了促使教师从事科学研究，多出成果、出高水平成果，许多高校制定了科研奖励制度、科研人员考评制度、甚至科研惩戒制度等，在科研工作中奉行"效率至上"原则，推行"数字式管理"。高校科研的年度考核规定了每年需要完成的任务和指标，为科研工作提供了一种标准，确实实现了很大的激励与约束作用。但是，这种频繁开展的学术考核与量化评价，完全忽视了科研工作的周期性与长效性特点。"如果奖励制度只承认科学工作的数量，那么有能力做出重大贡献的科学家会经常改变他们发表论著的习惯，匆忙付印而很少考虑他们论著的知识内容。他们将选择那些会很快有确定结果的研究课题，而不去解决该学科中重要的和困难的智力问题。完全忽视科学工作的质量肯定会阻碍科学进步"[122]。因此，有学者早就严正指出："若一个国家一个高级学术机构的学术评估机制建立在这样一种迷误上，就会造成一种荒谬的导向，鼓励低层次或速成性的写作，造成'成果'的泛滥，在虚假的学术繁荣表象下堆积起无数的泡沫文字，湮没真正有价值的学术研究。而对数量的盲目追求，同时也会影响到学者自身的知识积累和学术深化"。[123]

把减少"量化学术"提升到"学术自由"的高度，是基于现实国情和实践困境所提出的制度文化要求。拒绝"量化学术"的"学术自由"显然不同于西方传统意义上的知识探索的"学术自由"，但这种现实中普遍存在的、源于苛刻的量化评价而导致的学术不自由，是更低层次的"不自由"，因为它还未涉及真正的"学术"层次，解决的仅仅是"学术"之外的操纵和束缚，这在西方国家是比较少见而未引起关注和研究的问题，是"中国特色"的问题。中国式的"学术不自由"外在表现为"量化评价"盛行、高校教师和科研人员沦为"学术民工"，严重束缚了高校科研队伍的科研创新。若遵循这种过于数量化的考核制度，在某种意义上就会扼杀真正高水平的科学研究，是对学术浮躁和学术腐败的制度性诱导，是适得其反的。因此，高等学校科研制度的构建一定要相当谨慎，它不能一味地刺激科研活动在数量上的产出，而要认真研究学科发展规律、科学研究规律和科研人才的成长规律，要注重制度的导向性、长效性和实效性。

2."科层取向"。"科层取向"的制度文化源于学术组织的"科层制"特征，它崇尚理性原则，能够实现较高的效率，在管理的精确性、稳定性、纪律性和可靠性等方面具有明显优势。但是，"科层制"只是学术组织特性的一小部分而不是全部，"科层取向"往往会导致僵化、封闭的"防守式"管理，"不求有功但求无过",不利于高校科研队伍开拓创新、锐意进取。与"科层取向"相比,"创新取向"的制度文化更关注高校作为"学术组织"的知识特性,尊重组织成员在专业领域的权威地位,依靠成员的智慧主动谋求科研工作的创新式发展,在发展的主动性和创造性方面境界更高。

"科层取向"的制度文化认为,学术组织同样是一个非常形式化和结构化的地方,规章制度具有至高无上的地位;学术决策要按照严格的程序分步骤进行,规则和步骤需要被大力提倡、完美的计划是管理所必需的;学术组织的持久性和稳定性最为重要,因此要高度注重风险规避;组织中的等级和权责需要明确,通过正式的规则和政策把组织成员紧紧联结在一起,区分协调者、组织者和照章办事者。另外,由于受官本位、功利主义、利益冲突等的影响,"科层取向"的制度文化很容易产生本位主义而阻碍创新。比如,某些教师队伍的领导者如果权力欲过强、控制过于严密,就会使组织成员产生畏惧感,或者组织成员之间缺乏高度信任,在工作中就不能实现很好的沟通。在这种"科层取向"的氛围中,教师队伍很难拥有清晰的目标、怀有共同的信念,也无法通过团队会议、深度会谈、非正式交流与共同实践等方式实现良好的沟通,会使组织成员囿于潜在的规范和程式而难以创新。所以,"科层取向"的制度文化并不适用于高校科研队伍,高校科研发展似乎要奉行"无为而无不为"的原则,只有给予充分的自由、允许较大的弹性、尽量淡化行政管理的痕迹,才能增强管理的实效,实现管理的初衷。因此,在制定高校科研管理制度时,应当充分尊重科研活动的复杂性和创造性特点,淡化科层管理过于追求"秩序"和"效率"的色彩,真正以创新为旨向。

从静态来看,上述高校科研队伍不良组织文化的内容见图5.3,体现为"浮躁功利"的学术价值观、"缺乏共同愿景"的发展模式、"知识独享"的偏颇行为、"单打独斗"的工作方式、"量化学术"的管理误导、"科层取向"的制度干扰。

从动态来看,高校科研队伍优良组织文化也可能向不良组织文化演变,图5.2所示的发展机制另一方面表明,"三种文化均不优良"是最差的状态,可以称为"严重问题区";单一的"精神文化优良"、"行为文化优良"或"制度文化优良"稍好一点,可以称为"问题区";"精神文化和行为文化优良"、"精神文化和制度文化优良"或"行为文化和制度文化优良"更好一点,可以称为"次优区";"三种文化均优良"是最好的状态,被称为"最优区"。三种

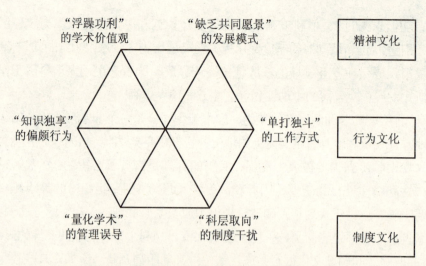

图 5.3 高校科研队伍不良组织文化的具体内容

文化互相影响，形成"递增式"良性循环或"递减式"恶性循环，而三者中的"短板"常常就是文化改良的"最佳切入点"。所以，高校科研队伍需要依据具体状况而采取适宜的文化建设策略。

第三节 国外高校科研队伍的组织文化建设

本章选择了国外优秀高校科研队伍的两个经典案例分别进行解剖并加以分析。在案例选择上，一个是具有悠久历史的正式组织，一个是以学术大师为核心组建的非正式团队。这两个学术组织成立时间长短不一，但是其取得的成就却令世人瞩目。其中组织文化的建设在这两个学术组织中都受到了很高的重视，也为后人所津津乐道。

一、英国卡文迪什实验室的组织文化建设

（一）卡文迪什实验室的辉煌历史

卡文迪什实验室（Cavendish Laboratory）是世界上最负声誉的物理学研究中心和教育中心之一，从 19 世纪 70 年代初诞生到 20 世纪 40 年代的 70 年发展中，以其辉煌的业绩和众多耀眼的物理学家而令世人瞩目。

卡文迪什实验室自建成至今一百三十余年来，实验室的研究领域遍及科学的各个方面，并且始终站在科学前沿的突破口。它开创了系统的电磁理论和实验、气体放电和原子结构、核物理、分子生物学、射电天文学、非晶半导体、凝聚态物理和有机聚合物半导体等很多极重要的科学领域，取得了极其多彩和重要的科研成果。除此之外，作为集科研与教育为一体的卡文迪什实验室在培养人才方面取得的成就也是硕果累累。该实验室首次创立了研究生培养制度。20 世纪 30 年代前，英美著名物理学家大都出自这个实验室，至 80 年代中期，该实验室已培养出 26 名诺贝尔奖获得者，3 个勋爵、26 个爵士、4 个皇家学会主席、6 个大英科学促进会主席。因此，其被誉为"天才的摇篮"、"诺贝尔奖的摇篮"、"造就科学大师的殿堂"、"现代科学革命的圣地"。

（二）卡文迪什实验室的组织文化建设

第一，为自由探索奠基——学术精神的形成。卡文迪什实验室第一任主任麦克斯韦（James Maxweu）在实验室建室之初，选择了《圣诗 101》中的一句话作为实验室的建室宗旨，并铭刻在实验室的大门上：Magn opera Domini Exqulsita in Omnes Voluntates ejus。1974 年，这句话被译成英文重新雕刻在实验室的大门口：The works of the lord are great，Sought out of all them that have Pleasure there in。译成中文便是：主之所为，极其广大；凡乐之嗜，皆必考察。这一学术原则直接以显性的方式为研究者们在学术的王国里自由畅行奠定了基础。正如有的学者所言，这是导致卡文迪什实验室一百多年来不断做出许多重大原创性、基础性成果，而且至今不衰的根源所在。

第二，为扩展新知而来——学术理念的延续。卡文迪什实验室几十年来人才辈出，其在文化方面还有一个重要的原因就是倡导拓展新的知识。这是卡文迪什的学术理念，也是卡文迪什人的使命。对于每年新来的大学生，曾任卡文迪什教师的物理学家卢瑟福（Ernest Rutherford）总是这样教导他们："你到这里来不是受教育的和被知道研究的，像你在中学那样。你来到这里是被告知为你自己搞出东西来，自己去学习。如果你后来发现不能做这个课题，就到图书馆去阅读——自己去进行和自己教自己"[124]。这样就使后来者专注于学术的创造和研究。

第三，为学术创新开路——学术目标的确立。麦克斯韦在其就职演讲时提出卡文迪什首要的建室方针就是"培育和传播真实的科学原理和深刻的批判精神。"[125] 因此，卡文迪什无论是在选择人才还是在选择课题上都遵从"原创性"原则。在人才选择时，备选人才想法的新颖性和是否能开辟新的科技领域是该实验室衡量他们素质的重要条件。并且，实验室的教授们对发现和扶持新思想和优秀"种子"乐此不疲。"培养人才的巨匠"卢瑟福把原创性作为其选人的不二标准；"辛勤园丁"W. L. 布拉格（Wiuian Bragg）以"得天下英才而教之"为乐，以"看到在青年思想中培植出有生长力的萌芽，并像园丁一样扶植"为其最大乐趣。莫特（Nevill Mott）在研究中最大的乐事也莫过于把别人放在成功的道路上。正是卡文迪什历任教授持续秉承的这种发现和播种良种的精神，才使得卡文迪什人才室显得金碧辉煌。在选择人才的基础上再在许多重要方向中一步步的寻找新的主导方向。卡文迪什实验室根据现实情况对其主要的研究方向曾进行过几次调整，例如电磁原理、固体物理、凝聚态物理等等。但是所有这些方向的变化都是源于该实验室研究人员的新想法，且实验室因为对这些新想法的尊重而导致新领域的开拓。由于每次方向的转变都具有科学前沿性和开拓性，因此随着每次方向的转变，新的国际权威和诺贝尔奖获得者也随之涌现。

成功筑成更多的成功。考克饶夫（John Cockcroft）对"二战"后卡文迪什实验室的成功说明的更加确切："科学家们持续着在新的领域中进行发现的伟大传统。"

第四，为民主氛围搭桥——学术氛围的营造。在卡文迪什，除了建室宗旨的精神指引、激励创新的文化支撑，另一个不可或缺的条件就是思想活跃的环境。优秀人才的成长，新思想的萌芽和壮大都离不开必要的环境。卡文迪什的自由环境也具有其独特的风格。该实验室的研究人员都是某课题负责人择优选出来的，但负责人却只管选才，对于选进来的人员怎样去他们的课题，研究者具有很大的自由空间，任其各显其能。实验室第四任主任卢瑟福经常邀请研究人员和学生到家里做客，这几乎成为当时卡文迪什实验室的传统；每个星期五晚上，他都要请几个人到家里一道用晚餐、喝咖啡。而这时也是讨论物理问题最活跃的时刻，常常在谈论中产生出许多重要的物理学思想和新观念。至今，卡文迪什仍保留着两个惯例，一是每两周一次的卡文迪什物理学会；二是每天下午 4 点的"TEA TIME"。在这个时间里，人们不分职务级别的高低，一律平等地进行交流。

总之，卡文迪什总是千方百计地创造自然、宽松和创新想法萌芽的氛围。

其频繁的正式或非正式交流、自由活跃的环境成为卡文迪什一道不可言语的别致风景。

二、丹麦哥本哈根物理研究所的组织文化建设

（一）哥本哈根物理研究所的历史地位

在 20 世纪 20 年代，丹麦首都哥本哈根曾经是现代物理学革命一个重要的学术中心。这主要得益于由丹麦著名物理学家尼尔斯·玻尔（Niels Bohr）1998 年在哥本哈根大学创立的理论物理学研究所。这个研究所在玻尔的带领下，洋溢着青春活力、勇于创新的年轻物理学家们不仅突破了传统的牛顿经典力学的藩篱，开辟了现代量子力学的新领域，为现代物理学革命做出了巨大的贡献，而且还由此培育出了一大批优秀的青年物理学家，后来的诺贝尔物理奖获得者中至少有 10 位出自于这个物理研究所。由于哥本哈根大学理论物理学研究所在现代物理学研究领域的重要地位，所以玻尔研究所的科学家们在学界一直享有"哥本哈根学派"的美誉。哥本哈根学派在它自身的形成和发展过程中培育了一大批优秀的物理学家，成为量子力学时期的物理学的主流。曾有来自 17 个国家的 63 位物理学家在歌本哈根物理研究所最辉煌的时候来此进行过知识的汲取。研究所总共发表了 273 篇有重要影响力的论文，可谓是硕果累累，人才辈出 [126]。

（二）哥本哈根物理研究所的组织文化建设

玻尔领导的哥本哈根学派是高校科研队伍的楷模，为全球科学界所赞誉和仿效。而它成功的精髓则是被后人所景仰的哥本哈根学派所产生的"哥本哈根精神"。哥本哈根精神究竟是什么？不同的人有不同的总结。玻尔的挚友、著名物理学家罗森菲耳德（Irene Rosenfeld）将其精髓概括为完全自由的判断与讨论的美德。而澳大利亚物理杂志编辑罗伯逊（Rdand Robertson）则认为："哥本哈根精神或许可以很好地被表征为玻尔给人的一种鼓舞和指导，它与聚集在周围的青年物理学家的才华相结合，体现了领袖与群众的互补关系"。而传记作家穆尔（Walter Moore）则提到"玻尔依靠他的洞察力和鼓舞力量，把他周围的人的聪明才智充分发挥出来。"因此哥本哈根精神是"高度的智力活动、大胆的涉险精神、深奥的研究内容与快活的乐天主义的混合

物"[127]。上述是哥本哈根精神良好的组织文化的具体体现，这种学术组织文化是令人鼓舞的，其建设与形成也是值得我们关注的。

1. 为求学术而淡泊名利。唯有专心于学术，执着于自己的理想，才能不为外界所干扰。真正做学问的人，需要"板凳甘坐十年冷"。在这一点上，哥本哈根物理实验室的创建者尼尔斯·玻尔为我们树立了很好的榜样。这些有的可以从我们对尼尔斯·玻尔创建玻尔研究所过程的回顾中得到一点启示。1913 年，玻尔在发表了具有重大突破意义的三部曲《原子和分子结构》之后，接到了来自世界各地的邀请书：1916 年美国加州大学发出了邀请，希望玻尔可以到加州大学去工作，并赋予丰厚的薪水；英国曼彻斯特大学校长也向玻尔寄出了邀请函，希望他到曼彻斯特去任职；而曾是玻尔导师的卢瑟福也于 1918 年，对玻尔寄出了"私人信件，本人亲启"的邀请信，以"把曼彻斯特办成现代物理研究中心"、"相当于玻尔在丹麦收入两倍的年薪 200 英镑"为条件，诚挚地请玻尔去英国任职。这次邀请对于玻尔显然具有很大的吸引力，除了丰厚的待遇外，卢瑟福更是波尔的导师和挚友。但是在自己的理想面前，玻尔这样回复卢瑟福："我非常喜欢再次到曼彻斯特去。我知道这对我的科学研究会有极大的帮助。但是我觉得不能接受您提到的这一职务，因为哥本哈根大学已经尽全力来支持我的工作，虽则它在财力上、在人员能力上和在实验室的管理上，都达不到英国的水平。……我立志尽力帮助丹麦发展自己的物理学研究工作……我的职责是在这里尽我的全部力量。"玻尔一心一意致力于在自己的国土上建立一个物理研究所，一心一意致力于自己物理学的追求，这种淡定的精神和对学术的执着，是以学术为业的每一个学者都应具备的品质。在玻尔的坚持和努力下，在近代物理史上有重大影响的玻尔研究所于 1921 年 3 月 3 日宣告成立。

2. 为追求真理而包容冲突。量子力学的发展历程是一个不断受到挑战和质疑的过程，而其质疑者就是伟人爱因斯坦。爱因斯坦在 1927 年 10 月索尔维第五次物理讨论会上提出：认为量子力学并不描述单个粒子的行为；暗含存在"系综"解释；否认了量子理论的完备性；1930 年 10 月在第六届索尔维会议上，爱因斯坦又设计了"光子箱"假说，挑战量子理论的不确定关系；他又于 1935 年 5 月提出"EPR 悖论"，以此来挑战哥本哈根解释……可以说量子力学在其成长的每一步都要面对来自巨匠爱因斯坦振聋发聩的不同的声音。然而在这些时候，哥本哈根学派并没有针锋相对以口舌还击，而是接受这种质疑和挑战，并借此充分展示了哥本哈根学派的团结协作力量：针对伟大的科学家爱因斯坦提出的不同挑战，哥本哈根学派的科学家们奋力拼搏，用集体的智慧克服了量子力学发展过程当中爱因斯坦所提出的一个又一个挑战，从而使该理论得到了很大程度上的完善。到最后，虽然爱因斯坦仍然认为量子力学理论还需要进一步的完备，但同时他也充分肯定了量子力学的重要价值，在某种程度上这个严谨而挑剔的巨匠也接受了这一次物理学上的革命。一个理论的发展不会天生是真理，它必须要经过质疑才能得到完善，而作为理论的创造者，也必须容许不同声音的出现，有海纳百川的气度和精益求精的理念才能一步步地向真理靠近。

3. 为学术创新而勇敢进取。罗伯逊这样描述哥本哈根精神："玻尔给人的鼓舞和指导，与他周围年轻物理学家的天才和个人才干的协同一致，一种领导与群众之间的并协性"[128]。在玻尔这种创新思维的影响下，这个学术组织每个人的精神上都印上了"创新"的烙印，形成了哥本哈根学派团结协作、自由探讨、独立判断和不拘形式的独特的研究风格。哥本哈根学派的年轻的物理学家们不仅勇于进取，富有朝气，而且敢于向传统和权威挑战，不迷信，不盲从，独立思考和追求真理是这些科学家们创新精神的主要构成要素，也是哥本哈根精神的具体体现。就是这样的精神，让这个学术组织成了举世瞩目的科研学术组织。哥本哈根学派的成功为我们现在的学术组织树立了一个榜样，玻尔以现在人的视角把管理学的思想方法在某种程度上引入了哥本哈根学派，形成了哥本哈根独特的创新文化。不仅如此，玻尔本人也具有卓越的领导才能，他能够使周围的一群锋芒毕露的天才团结到一起，朝着一个共同的学术目标而努力进取。在管理学发展的萌芽时期，这也确实是一个令人难以望其项背的奇迹。

4. 为求新知而团结合作。在前面提到，哥本哈根学派的成功不是一个伟人的功劳，而是一个集体智慧的结晶。哥本哈根团结合作的研究风格自其创始人玻尔时期就已经存在，韦斯科夫（Victor Weisskopf）对此深有感触："玻尔找到了一种很有特色的工作方法。他不一个人孤独的工作。把世界上最活跃、最有天赋和最有远见的物理学家聚集在他周围是他最大力量所在"。为了能使物理学家们及时的交换思想和学习分享最近的科学进展，玻尔研究所特别开展定期的讨论会。在讨论会上每个物理学家都可以不拘泥于形式，各抒己见，因此每次的讨论会自始至终都会充满着自由活跃的气氛。讨论会的成员不是固定不变的，而是随着哥本哈根学派影响力的扩大，一些著名的学派外的物理学家也应邀加入了讨论会。因此从 1929 年开始，这个讨论会的场地开始演变成为世界范围内的物理学家进行交流和沟通的场所，而科学家们思维的碰撞和民主的讨论也不再只仅仅局限于哥本哈根学派内部，而是蔓延全世界范围。而划时代的科学理论——量子力学理论也正是在这种思维的碰撞中，奠定了其形成的基础。此外，还有诸多的研究成果也在哥本哈根精神的影响下同时得到了孕育与发展。

其实，哥本哈根学派的研究的特色并不是在于给人一个印象深刻的庞大的物理学家群体，而是在这个庞大集体中令人敬佩的有序合作的精神。那些突破性的新灵感往往就是在这种充分的讨论和自由的交换思想中迸发出来的。在这样一种研究风格下，很难说清楚谁对于哥本哈根学派所取得的成功的贡献最大，因为它的成功是合作精神的成功，集体智慧的成功，是"集体创造力"的能力展现。不可否认玻尔研究所的每一个物理学家都是天才，但是他们中任何一个单独的力量都不可能达到集体合作的力量所达到的成就。他们的成功是超过个体天才的成功，是一种组织合作的成功。

三、国外高校科研队伍优良组织文化的特点

（一）树立高尚的学术理念

高校科研队伍作为探索人类未知世界，追求和发现宇宙真理，为解决人类面临的各种问题提供科学依据和知识支撑的前沿，其基本的使命是学术研究。学术研究是一种极其高尚的理性和精神追求，是探索性、创造性的智力劳动。学术方向要与时俱进，学术人才要有大师名师，学术成果要有重大影响，学术平台要有交叉融合。学术需要积淀，学者需要执着，就必须从内心树立起高尚的学术理念，就如玻尔所坚持和抛弃的一切。学者必须从心底里尊重知识，为人类知识的拓展而拼搏奋斗。卡文迪什实验室如果没有像卢瑟福这样的坚持者，就不会成为诺贝尔获奖者的孵化器；哥本哈根物理实验室如果没有玻尔的坚守，就不会有哥本哈根学派的存在。这些人取得成功的条件各不一样，但都有一点是共同的，那就是淡泊明志，宁静致远，认真读书，多思慎思，关注现实世界，注重学术积累。他们维护学术尊严，崇尚科学，力戒浮躁，追求卓越。在对于组织新成员，也是在尊重科学发展规律的前提

下，鼓励他们进行学术创新，宽容失败，尤其为那些长期坐"冷板凳"的学者，并没有歧视或抛弃，而是弘扬学术本真的理念，默默地等待其成才。所有的这些，从深层次来说，就是这些大师们对知识的尊重和对学术的执着所形成的思维。"研究学术"理应成为学者的最根本理念。

（二）发扬协作的学术传统

卡文迪什实验室、玻尔实验室和贝尔实验室的成功还取决于它们都形成、继承和发扬了优秀的传统，优良的传统是一笔巨大的财富。它像雨露春风一般滋润着实验室的每一粒"种子"，它的作用远比行政命令更有效。环境和传统的力量是伟大的，即使是一个资质比较普通的人，一旦能够进入具有良好学风和学术氛围的学术机构，并且能接受到它的优秀传统和学风的熏陶，那么他也完全可能在几年内成长为一个优秀的学者。

当然，优秀的传统并不是一成不变的静态工程，而是应该与时俱进的。卡文迪什实验室前主任派帕德（Peppard）认为，伟大的传统来自在任何时候判断什么才是正确的持续能力，以及坚忍不拔地确保它得到施行。有一些传统，譬如严谨的推理、批判的科学精神和创新精神，对于真理锲而不舍的追求，集体协作、平等、自由交流和争论的学风是应该而且要永远地保持下去的。而另一部分是不稳定或因时间变化而应该有所修正的，传统也必须根据现实发展情况进行扬弃，从而能够正确地继承和发展它的精华，否则传统就会约束和制约科研的进行。

（三）确立明确的学术目标

任何一个组织都应该有一个明确的和高屋建瓴的正确目标，它是一个组织存在和发展的根本保障。目标虽然不是一种具体的行动，但是它能够使人们心中有一种感召的力量，能够满足人们归属于一项重要的任务、事业或使命的内心渴望。纵观卡文迪什实验室、哥本哈根学派这两个分别在基础科学研究和应用科学研究方面最著名的研究机构，一个非常鲜明的特色就是它们在创室之始就都有自己的独特宗旨，并且把它写在醒目的位置以时刻提醒实验室的人员。从这个宗旨延伸出作为实验室成员应当具有或培养的价值观和价值体系。在这样的宗旨指引下，科研人员不会因繁杂浩渺的研究课题而迷失方向，不会因外部的某些因素而沦落自我。反之，如果一个组织没有明确的宗旨，或随机而遇、随意变动自己的宗旨，那么该组织的成员就不可能有明确的行动目标和行为支撑，从而也很难获得成功、有所作为。

（四）营造自由的学术风气

卡文迪什实验室被称为"人才的苗圃"，哥本哈根玻尔实验室视为"人才的摇篮"，贝尔实验室被誉为"研究的伊甸园"。它们都以研究氛围活跃而著称于世。为了促进交流，激发灵感的火花，三个实验室在营造宽松的文化环境方面可谓是殚精竭虑。卡文迪什实验室才有了午后茶时漫谈，教授家中晚餐、研讨会、各种俱乐部和国外学者访问等各种各样的方法。即使在学生选题时，也基本上采用自选与教授意见相结合的方式。贝尔的研究人员同样有自己选择的很大的余地，餐间的谈闻、研讨会、参加学术会议等都因受到鼓励而形成了自由良好的学风。为此，尤尔特特别指出，所有丰产的学科本质上都是创造性的，它们是心智运作的结果，是"在最大自由的氛围中茂盛地开花结果的"，为了这个结果，他愿意"为创造性的努力提供有益的环境"。

大量的事实都表明，营造思想活跃、交流频繁、善于和敢于开拓创新的学术环境是一个优秀学术组织所不可或缺的条件，甚至，优秀学术组织中的卓越者还会形成自己独特的学风。

第四节　高校科研队伍的组织文化建设策略

高校科研人员除了"个体身份"之外，还是各种正式或非正式组织的成员，这些组织大小不一、纵横交错、文化各异，组织成员从中会受到多重影响。这种由高级知识分子组成的教师队伍，不仅跟其他组织一样具有组织文化，而且这种"文化的影响"力量非常强大。高校科研队伍的组织文化是高校科研队伍内部相对稳定而独特的社会心理环境，是教师组织在形成和发展过程中所积累的价值观念、伦理规范、思维与行为方式等的总和。高校科研队伍的组织文化意义重大，是影响高校学术发展的内在文化因素，能够发挥目标导向作用、激励和凝聚等作用，对于高校科研人员的成长以及高校整体的学术发展具有持久而强烈的促进作用。正因为如此，高校科研队伍的组织文化备受重视，人们希望通过"文化的手段"提升组织业绩，而不是像"制度的手段"那样需要付出很高的成本和代价。

从内容上讲,高校科研队伍的组织文化包括精神文化、行为文化和制度文化三个层次。组织的行为和制度既受组织文化的深层次影响,又在一定程度上渐进地改变着组织文化,使组织内部特定的行为方式、制度规范最终沉淀为组织文化的重要组成部分。在当前创新型国家建设、高等教育强国建设等时代背景下,高校科研队伍的创新潜力备受期待,而"组织文化的营造"也是增强高校学术创新实力的重要途径。这就需要我们加强对高校科研队伍组织文化建设策略的研究,从而营造优良的组织文化以激励高校学术创新。

一、高校科研队伍的精神文化建设策略

高等学校的精神文化色彩非常浓厚。"大学天然是由'爱'维系的不可分割的组织⋯⋯与公司、公共机关、工会和大多数其他组织相比,大学的情感联系更为强烈。⋯⋯作为一种类型,学术系统在象征方面是富有的,它的成员献身于特定的象征物,常常依附于更广泛的坚定的思想意识,同时异乎寻常的为爱所联系,尽管也可能与自称的情况相反。"[62]85 高校科研队伍为了形成优良的精神文化,需要探索"学术化生存"的实现策略,需要关注"共同愿景"的构建方法,这样才能使精神文化建设既有方向又有策略,既有长远目标又有短期任务。

(一)高校科研队伍"学术化生存"的实现策略

高校科研队伍的"学术化生存"包括两种含义:一是指高校教师要超越"以学术为谋生手段"的较低级境界,把学术当作自己的生活方式,发自内心地热爱学术、献身于学术;二是指高校教师不仅要在工作中具备学术知识、能力与技艺,而且要使自己的整个生活与生存都体现出学术的味道,符合学术的要求,实现"生存的学术化"与"学术的生存化",使学术精神、学术追求"内化"到日常生活中去。这种"学术化生存"可以通过以下策略来实现。

首先,高校教师工作与生活高度关联的特性有助于实现"学术化生存"。高校教师是高级知识分子,他们的工作与生活富于探索性和反思性,这种不间断的思索使得他们的工作与生活难以截然分开,不存在"工作日"和"休息日"、"工作内"与"工作外"的鲜明区分。"教师的生活与工作很难划分为

截然不同的两部分，即便在家庭生活中，他们可能仍在思考着，很多创造性乃至日常性的工作并不完全在办公室和教室里完成。表面看起来教师的工作是自由的，但并不是清闲的。他们可以支配自己的时间，但绝大部分时间都用来思考。教师在社会生活中持有双重态度，往往以善意的眼光看待人，又以批评的眼光看待社会，本性上有一种乐观的精神，现实又常使他们忧国忧民。"[129]。这种情怀使他们在工作之外也难以停止自己的学术思维活动，成为一种物理意义上的"学术化生存"，体现为学术活动在学者生活的时间和空间上的拓展和延伸。

其次，高校教师对于学术职业的深刻认同有助于实现"学术化生存"。"学者全是这样一种人，他们的活动本质上并不追求实用目标，他们是在艺术、科学、形而上学的思考中，简言之，是在获取非物资的优势中寻求乐趣的人。也就是以某种方式说'我的国度不属于这个世界'的人"[117]1。"许多人从教学工作中可以得到最大的满足。对另一些人来说，研究活动则是关键，它能满足知识分子的好奇心，培养科学发现的快乐感和荣誉感"[118]146。对于大多数教师而言，学术活动的最大魅力就是充实的精神生活本身。另外，高校本身对于教师而言也是极具魅力的。高校拥有宜人的风景、优雅的氛围、奋发上进的青年学生、有所成就的各类人才，更有丰富的精神文化生活。这种优裕的人文地理环境和充实的精神生活，使高校教师沉迷于其中，忘却了劳动与生活的界限、谋生与求智的区别，高校因而就成为他们实现学术化生存的"飞地"。

最后，高校教师"自我实现"的心理需求也有助于实现"学术化生存"。高校教师作为社会的学术精英，基本上都有强烈的"自我实现"需要，他们所追求的往往是精神需求的最大满足和个人价值的充分体现。有研究表明，受过高等教育的教师心理比较成熟，具有一种延迟满足感——即甘愿为更有价值的长远结果而放弃即时满足的抉择取向——以及在等待中展示的自制能力。事业对于他们来说是第一位的，真正的人才永远是事业型的。[130] 正是由于这样的特性，高校教师才能"两耳不闻窗外事"地沉浸于"象牙塔"内的学术探究，才能甘坐冷板凳、十年磨一剑，为了心中的理想而无视现实中的艰辛与困难。他们在学术之外所追求的东西并不多，只是希望自己的劳动价值得到承认，能够和一群志同道合者共同开展学术活动、追求探究真理的乐趣。学术活动所蕴含的充实感和愉悦感，是他们实现学术化生存的最主要动力。这种内在的成就感会强化他们对自身生存方式的认同，使他们为了精神上的满足而甘愿降低或放弃一些物质利益，也就实现了一种精神和情感意义上的"学术化生存"。

（二）高校科研队伍"共同愿景"的建构策略

共同愿景（shared vision）是指被组织成员接受和认同的组织的愿景，它对组织凝聚力具有至关重要的意义。共同愿景就像一面旗帜，指引着组织成员前进的方向。它帮助组织培养成员主动真诚的奉献和投入，可以激发个体自我超越的动力，使之能够集中全部力量，促进组织的发展。对于高校科研队伍而言，建立共同愿景的关键环节是融合个人愿景和组织愿景，这也是共同愿景的根本特征和生命力所在。管理科学的艺术性决定了建立共同愿景没有统一的路径和步骤，只能根据组织的规模大小、成员结构、学术实力、任务多寡、外部要求等因素来设计，但在设计中也存在一些共性经验值得借鉴。

首先，共同愿景要建立在个人愿景的基础之上。在高校学术活动中，个体的劳动具有相对的独立性，个体离开了集体也还是可以开展工作、发挥作用的。劳动的个体性以及组织成员较高的成熟度使得个体对共同愿景依赖较少，甚至对建立共同愿景没有多大热情。这样，共同愿景能否真正发挥作用，是与这个愿景的质量密切相关的。高质量的共同愿景能凝聚人、激励人，低质量的愿景就会沦为形式上的愿景，成员很可能会置之不理。而共同愿景质量的高低，最根本地取决于它是否与成员个人的愿景紧密结合。只有组织成员把共同愿景视为个人愿景的体现，才会为共同愿景的实现贡献自己全部的智慧和力量。

其次，建立共同愿景不能采用自上而下的单一路径，而要有一个反复酝酿、不断提炼的过程。传统的组织目标制订往往遵循自上而下的原则，把组织总体目标层层分解，这样就会沦为"官方愿景"、"上级意愿"，只会在纸上陈述而非发自成员内心，也很难使愿景在组织内扎根。因此，高校科研队伍在建立共同愿景时要自下而上地进行，让组织成员充分参与，从而认同它、执行它，心甘情愿地努力实现这种愿景。同时，自下而上的路径可以使愿景在组织内得到充分的探讨和检验，从而使愿景不断革新，增强共同愿景的科学性、可行性和感召力。但是，避免由上而下建立并不意味着共同愿景不能来自上层。由于在组织中所处的特殊位置，上层人员往往比其他人更容易从宏观上把握成员各自的愿景，并把各种愿景整合起来，提炼出一个切合实际的共同愿景。因此，愿景提出以后，更重要的是要为组织成员共同分享，这种分享要通过组织上下反复酝酿、不断提炼来实现。

最后，建立共同愿景要以扶持成员的成长为前提。组织成员能够"得益于组织"，才能热爱组织、愿意奉献，才能对组织产生认同感、责任感、荣誉感，才会有"组织忠诚"、"组织责任"甚至"组织规训"。正如费尔斯通（William A. Fivestone）和威尔逊（Bruce L.Wilson）所说："教育组织中的组织文化对界定教师对任务的奉献起了很大作用，它激发了教师完成组织任务的活力，对组织的忠诚和奉献精神，它代表着对组织和组织理想的感情依附。这些不仅激发了教师遵守组织中制约他们行为的制度和规范的意愿，而且也促使他们把组织理想作为实现个人价值，从而为实现组织的预期目标而精神饱满地工作"[131]。所以，扶持成员成长是共同愿景建立的最重要的前提。

二、高校科研队伍的行为文化建设策略

高校科研队伍为了形成优良的行为文化，需要探索"分享知识"的行为策略，需要关注"团结协作"的达成策略，这样才能革新以知识为基础的劳动工具，同时借助他人和组织的力量取得更大的学术创新。

（一）高校科研队伍"分享知识"的行为策略

高校教师以知识为劳动工具，其成长依赖于知识工具的提升，而提升的最好策略是实现最大限度的分享，这样才能在组织内部引发知识的成倍复制，甚至引发知识和思想的爆炸式增长。各种显性和隐性知识的交流和共享，能够改变组织成员单枪匹马、闭门造车的工作方式，对于高校科研队伍的发展是极为有益的。但是，"分享知识"在高校科研队伍这种知识性组织中并非易事，面对知识共享的要求，很多人可能会本能地提出质疑："为什么我要把自己所知道的东西告诉你？"知识共享难度巨大的主要原因就在于，知识具有自身的价值，是高校教师个体力量的源泉，他们拥有的独特知识越多，自身的价值就越高。因此，把自己的知识公开、与对方交流和共享，对于个体而言就有降低自身对组织价值的风险。

为了减少知识共享的难度，达文波特（Thomas H. Davenport）和普鲁萨

克（L. Prusak）提出了三个促进大家愿意将自己的知识共享的条件，即互惠、声望和承认。他们在《营运知识》（Working Knowledge）一书中所提出的"组织内部知识市场的价格体系"包含互惠、声望和承认等。声誉和威望是关键的激励因素，使得人们愿意共享知识。协作共享系统"是一种松散的会计系统，记忆着每个参与者的贡献。只有索取，可能会被抛弃；付出很多，可能得到丰厚的回报，例如会被公认为专家。奖励或承认带来的回报具有重要意义"[132]。我们也可以从互惠、声望和承认这三个方面提出促进教师队伍"分享知识"的策略。

第一，让知识分享成为一种互惠的行为。当高校教师认为自己公开知识，在现在或将来能够得到相应的回报时，就会非常乐意提供自己的知识。如果每位组织成员都能保持知识"索取"和"付出"的相对平衡，而不是自私者因隐瞒而得利、开明者因慷慨而吃亏，就能让知识分享成为一种互惠互利的行为。

第二，给公开知识的成员特定的名声。只有每位成员都能得到保证，对方会承认和尊重知识的来源，并不会把知识首创权等相关声誉占为己有时，他们才愿意分享知识。尊重知识提供者的名声，不侵犯对方的知识产权，这是高校科研队伍分享知识的基本保障和首要前提。另外，当学识存在较大差异时，知识渊博者在学术交流中很难保持知识的"收支平衡"，这种"名声赋予"就显得更加必要，更有一种奖励性的激励意义。

第三，积极倡导无私奉献精神。即使有了各种条件保障，是否在学术活动中公开知识，还是取决于知识拥有者的个人意愿。尤其是在回报可能无法对等的情况下，更需要组织倡导无私奉献的精神，从组织成员的责任意识和集体荣誉感出发，呼吁成员无私地提供知识和信息，甚至把这种奉献看作是一种快乐。尽管这种无私心态和奉献精神不能强求，但组织进行积极倡导，还是能够营造出有益于分享知识的氛围，创设出促进和奖励知识分享、阻止和惩罚知识隐藏的组织氛围。

高校科研队伍内部实际上存在着一种知识市场。知识在处于"买方"和"卖方"地位的不同成员之间进行交换，而以上三个条件则在其中起着支付机制的作用。其中"信任"是这一市场顺利运作的必要条件，也就是说，成员之间彼此信任是以上三个条件得以实现的前提。知识分享源于信任，信任可以存在于成员个人之间，通过同事间密切的工作关系而发挥作用；也可以存在于组织的层面，通过一种促进和奖励知识共享、阻止和惩罚知识隐藏的组织氛围来发挥作用。所以，信任是高校科研队伍最需要培养的人际交往态度，大家彼此信任、坦率、真诚，知识分享就容易实现。同时，组织要对知识分享行为给予奖励和认可，并把对组织做出知识贡献的程度作为个人考评的重要部分。

（二）高校科研队伍"团结协作"的达成策略

高校科研队伍良好的组织业绩离不开团结协作的组织氛围，这样才能保证群体成员之间感情融洽、心情舒畅，工作上相互帮助、协调一致。罗伯特·欧文斯（Robert Paul Owens）在《教育组织行为学》中给出了一段颇能给人以启发的文字："质量是通过合作而不是通过竞争赢得的。这就需要发展组织文化，在这种组织文化中，重视共享信息和思想的开明、信任、诚实，而诸如每年的成绩等级的做法则削弱了这些因素。戴明这样说：成绩评估、功劳等级或年终总结只是奖励短期表现，而忽视长期计划，制造恐惧。破坏团队工作，主张竞争和政治，使人们痛苦、被征服、受伤、搏斗、不安、失望、沮丧，觉得低人一等，甚至绝望"[133]。所以，在高校科研队伍中营造团结协作的组织文化，远比强化短期竞争更为有效。

团结协作的行为文化是高校科研队伍发展的重要保障。团结与合作能够消解由于不良竞争所引发的负面影响，确保组织成员为了理想中的事业而齐心协力、共同奋进、锐意进取。这样的行为文化不仅有利于成员之间疏通感情、密切交往，使群体保持强大的凝聚力，而且有利于提高科学研究的水平和绩效。有研究表明，在信息交流、思想沟通、观点切磋等知识交流与协作过程中，存在着典型的"报酬递增"现象，即每个人拥有的知识不仅没有在交流中减少和丢失，而且能够获取和吸收别人的知识，甚至能够产生各方都不曾有的新知识。芝加哥大学校长雨果·宗南沙因（Hugo Sonnenschein）就曾指出："在芝加哥大学，我们引以为豪的是：我们学者团体的成员们深感交流观点和互相评论是我们的重大职责。这不是一个'斯文'的过程，它会使那些疏懒、软弱、僵化的人感到不安，同时还能活跃一部分人的思维，使他们变得富有朝气和精力充沛。交流观点和相互评论将使我们重新审视我们的观点是否合乎逻辑，学会如何坦率地就敏感问题发表意见，并且从旁人的观点中获得启迪。这种做法能够促使大学这一知识混杂物的大锅'沸腾'起来，……这比我们单独提出的观点具有更强的影响力和生命力"。[134] 学术交流是"研究能力的黏合剂"，是"智力的弹性碰撞"，是"知识的播种机"，可见高校科研队伍成员之间的团结协作是非常重要的，由此而形成的学术交流能够激发群体的智慧和创造力，大力促进学术创新。

高校科研队伍的团结协作可以通过多种途径来实现，其中大型项目是多学科合作必不可少的形式，可以提供机会和场所，为学术合作与交流创造有利的条件。另外，团队组织也能有效地促进协作，以团队的形式开展学术工作，更能激发成员对学术工作的执着、热忱和全心投入；激励他们在理由充分、详细论证的基础上挑战权威；鼓励同行面对面的交流、辩论、形成学术争鸣的气氛；也有助于开展集体讨论和师徒式的学习，使交流协作的频率与质量都能得到保证。

三、高校科研队伍的制度文化建设策略

高校科研队伍为了形成优良的制度文化，需要加强"同行评议"来减少"量化学术"的不良影响，需要探索"扶持创新"的制度策略，这样才能遵循学术规律、改善学术管理、促进学术创新。

（一）高校科研队伍需要加强"同行评议"来减少"量化学术"的不良影响

当前我国高校量化评价盛行，被称为"量化学术"，为了刺激学术产出而制定了数量导向的学术成果评价标准。量化评价的盛行是与学术评价中质量标准的欠缺密切相关的。我国高校的学术评价主要由行政管理部门做出，"外行评内行"的状况使得学术评价的标准必须简单、易操作。但"质量标准"显然是学校管理者难以深入把握的，而"数量标准"却极为简单，所以现行的评价方法就变成计算文章数量及核对期刊级别。当然，除了"质性评价"难以操作之外，对于"数量"的有意"引导"也是量化评价盛行的原因之一。学校管理者都很明白，如果侧重追求成果的质量，势必会降低成果"数量"的增长，而这是不利于彰显短期的办学政绩的。所以，学术评价的"不得已"量化，或者是"故意"量化，都使得"数量"成为第一追求。而成果数量的炮制，却耗尽了高校教师宝贵的时间精力，致使学术成果质量难以提升，学

术工作的可持续发展难以保证。

为了改变这种不合理的状况，高校的学术评价应当更多地采用"同行评议"的办法，由学术专家和同行来做出评价，因为他们才真正具有所需的学术资格。事实上，"由于分工而带来的专业化、专门化，一项研究成果只有同行才能较真切地了解到它的理论价值和意义，所以同行评议具有较高的可靠性。科学家们都很注重同行们对自己的理论和著作的看法。"[135] 只有发挥学术同行的作用，开展以同行评议为主的学术评价，才能突出质量要求，提高学术评价的信度和效度。

同行评议历史悠久，是学术共同体中普遍开展的一种活动。相对于量化评价而言，它是一种定性的评价。虽然同行评议也有不少缺点，比如太耗时、太费事，操作起来较为复杂等，但从整体上看，它历来都被人们视为最可靠、最基本的评价方法。比如，美国的学术评议主要通过同行评议的形式来进行。这里的"同行"是指一个由本专业教师和研究人员构成的"学术共同体"，既包括本院系的同行，也不排除其他院系的同行。同行评议是以一个学术共同体的存在为条件，共同体内的学者认同一些基本的学术价值和学术规范。同行评议最重要的意义在于为高校内部的学术评价提供一种可供参考的基准，既可以避免"外行管内行"对教师造成的伤害，也可以避免因高校内部"一派独大"而压制不同的学术观点。因此，从这个意义上讲，同行评议为教师的学术地位提供了一种独立的合法性来源，有助于增强其学术自主性。当然，同行评议作为一种行使权力的活动，也需要相应的监督制度来保证公平和公正，这种监督包括三个方面：一是对评委组建的监督；二是对评审程序执行的监督；三是对评审结果的监督。正确的执行与必要的监督，更能保证同行评议的应有效果。

（二）高校科研队伍需要加强"扶持创新"的制度激励

"扶持创新"的制度文化关注高校科研队伍的知识特性，尊重组织成员在专业领域的权威地位，依靠成员的智慧主动谋求学术工作的创新式发展，突出了发展的主动性和创造性。"扶持创新"的制度文化能够促使组织成员充分认识到"创新"的重大意义。高校本身就是以开放坦诚和欢迎新思想、新挑战为特征的，高校科研队伍应该倡导及时应变、不断创新，并且这种创新应当是全员创新、系列创新、连续创新，而不是某些教授、某些领导等资深人员的非全员创新、局部改革与一时创造。在这种思想认识的基础上，"扶持创新"的制度文化会非常注重弹性适应和成员发展。一方面，"扶持创新"注重组织的适应性与创造性，而不是特别强调统一与稳定。高校科研队伍面临着外界复杂的情境和内部多学科的具体问题，因此组织的规范可以具有一定的弹性空间，以规范的"开放性"和"多元性"保证组织能够根据外部环境的变化和内部的特定需要而及时调整策略。另一方面，"扶持创新"的制度文化关注组织成员的创新与成长。组织强调以人为本、强调人文价值与人性尊严、关心和尊重每一位组织成员，而无论其地位、身份、职权如何。"扶持创新"的高校科研队伍文化有利于发掘组织成员的潜力、信仰、抱负和创造性，是一种重视全员参与、重视人的潜能开发的制度文化。

高校科研队伍为了形成"扶持创新"的制度文化，需要借鉴以下三点经验：首先，组织成员之间要互相尊重和认可。不仅要尊重人格，还要尊重彼此不同的观点和意见，尊重彼此的专业特长、知识、技术、能力及对组织的贡献，而不能以歧视的眼光看人。互相尊重和认可有助于组织成员摒除彼此之间的学派之争、门户之见，形成和谐、坦诚而亲密的组织氛围。其次，高校科研队伍要鼓励成员的质疑和创新。组织要保护和鼓励成员个体的问题意识和质疑精神，激励成员求同存异、适当竞争，使组织成员之间既能协调合作，又有自我发挥的空间。为了扶持创新，高校科研队伍对于成员的尝试及失误要保持宽容的态度，使其敢于求异创新、敢于在失败中追求成长，以最大限度地开发自身潜能。组织提供的这种自由宽松的氛围，能够为成员的质疑、批判和创新提供良好的环境，有利于学术绩效的提高。最后，高校科研队伍要培养民主氛围。拥有民主之风的组织具有开放、坦诚的沟通气氛，组织成员身处其中能够感觉轻松惬意而非情绪压抑，能够接受意见而非拒绝批评。在这样的组织氛围中，信息能够充分沟通和共享，成员可以经常从组织得到反馈，并能坦然接纳其他成员的意见和建议。这样才能确保组织具有足够的信息沟通和反馈，使成员之间关系更融洽、合作更顺畅。

从静态来看，上述高校科研队伍的组织文化建设策略见图 5.4，体现为"学术化生存"的人生追求、"共同愿景"的成长模式、"分享知识"的成长策略、"协作互助"的工作方式、"同行评议"的保护策略、"扶持创新"的制度激励。

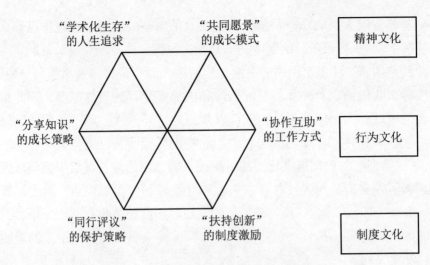

图 5.4　高校科研队伍的组织文化建设策略

第六章

高校学者学术生命周期与科技创新

20 世纪 80 年代以来，高校科研工作者的主体——教师的个体发展受到了前所未有的关注。首先，高校教师的待遇得到较大程度的改善，高校教师正在成为越来越具有吸引力的职业。改革开放之初，教师的平均工资水平在国民经济 12 类行业中，一直在倒数第一位至第三位之间徘徊。从 1984 年至今的 20 年间，高校教师年平均工资分别增长了 17.8 倍。2003 年，高校教师年平均工资超过 2.33 万元，比 2002 年增加 2261 元，比 1985 年增加近 2.21 万元。这一统计数字只反映了一个账面上有据可查的全国平均值。事实上在一些大中以上城市，高校教师职业的收入水平，很多已超过一般白领。其中又以北京、上海、深圳、广州这样的大型发达城市为教师高收入的领军者。其次，高校教师的专业发展受到重视。随着我国《中华人民共和国教师法》《中华人民共和国教育法》《教师资格条例》《教师资格条例实施办法》等的相继颁布，高校教师的专业发展正在从关注社会地位的认可到注重内在素质的提高，从注重教师群体专业发展到关注教师个体的专业发展，从关注教师专业发展的外在需求向关注教师自我反思的内在觉醒。2001 年《国务院关于基础教育改革和发展的决定》中首次提出了教师教育的概念，指出要在终身教育思想指导下，按照教师专业发展的不同阶段，对教师进行职前培养、入职教育和在职培训一体化的教育，把关注教师个体发展提升到一个新的高度。近年来我国关于"研究型教师"、"专家型教师"、"反思型教师"等理念的倡导，实质上也反映了我们对教师个体专业成长和发展意义的认识。此外，高校纷纷科学地运用开放的发展性教师评价，体现了"以人为本"、"以发展为核心"的管理理念，使教师从评价中获得激励、自信和不断前进的动力。

尽管学者的发展受到了前所未有的关注，但仍然没有充分激发出他们的创新潜能，高校学者学术"抗衰老"的能力相对较低，特别是高校的科技名师，其学术生命周期相对短暂。怎样科学培养创新型名师？如何有效促进他们的健康成长？如何持续激发其创造潜能并稳步延长学术生命周期？怎样挖掘与提升这些名师的智慧附加值？所有这些问题，正逐步成为人才学研究的热点，也日益成为政府、企业及高等教育界关注的重点议题。为了深刻了解国情，实现从高等教育大国向高等教育强国的转变，本研究特从我国10所著名高校中选取了200名于1905—1970年出生的并在国家科学技术前沿做出卓越成就的中科院院士、首席科学家、国家名师为样本，对我国大学科技名师的学术生命周期开展了初步研究，希望能够发现我国大学科技领域名师的学术生命周期和成长变化规律，进而探索我国大学教师队伍创造力培养和激发的有效路径与策略。

第一节　高校学者学术生命周期的内涵

一、生命周期

生命周期（Life Cycle），通俗地讲，就是一个生命体为从摇篮到坟墓（Cradle-to-Grave）的整个过程。以某个产品的生命周期为例，就是一种产品从原料采集、原料制备、产品制造和加工、包装、运输、分销，消费者使用、回用和维修，最终再循环或作为废物处理等环节组成的整个过程的生命链。根据对生命周期含义的理解，学者对学术生命周期有两种不同的理解：其一是指学术成果生命周期，即一项学术成果对以后的学术研究而言具有参考价值的时间程度；其二是指学者学术职业的生命历程，即一个学者的学术生命从孕育、成熟到巅峰、老化的过程。本文所指的学术生命周期，主要就后一种定义而言。

有关生命周期问题的研究，一直是诸多学科学者关注的重要课题。企业管理学界对于产品生命周期、企业生命周期特点与规律的认识已经形成多种流派，其中占据主导地位的是企业生命周期理论。最早提出企业生命周期概念的是马森·海尔瑞（Mason Haire）[136]。20世纪50年代，他开始应用生物学中的"生命周期"观点来研究企业问题。他认为，企业的发展也符合生物学中的成长曲线，并指出：在企业发展中，会出现停滞和消亡的现象。导致这些现象的主要原因，是企业管理的局限性，不断成了制约企业发展的瓶颈因素。

企业生命周期理论的集大成者当数爱迪斯[137]。他于 1989 年出版了著作《企业生命周期》(Corporate Lifecycles: How and Why Corporations Grow and Die and What to Do about It)。在该书中，他第一次明确了企业生命周期这一概念，并把企业生命周期分为十个阶段，即：孕育期、婴儿期、学步期、青春期、壮年期、稳定期、贵族期、官僚化早期、官僚期、死亡。爱迪斯还生动地描绘了企业生命历程中各个不同阶段的特征。他认为，企业的成长和老化，主要取决于灵活性和可控性此二因素的消长。企业经营所面临的危机或问题，乃是随着企业的成长老化因缺乏灵活性或自控性所引起的重大困难。企业建立之初，充满着灵活性，但可控性较差；企业进入盛年期后，其灵活性和可控性均强，故企业具有强大生命力；可当企业进入老化期，它的灵活性和可控性都会变得较差，直到最后走向死亡。在爱迪斯之后，理查德·达夫特（Daft.R.L.）于 1999 年提出了新的企业生命周期理论。他认为，企业的发展通常会经历四个主要成长阶段，即创业阶段、集体化阶段、规范化阶段、精细化阶段。他还从结构、产品或服务、奖励与控制系统、创新、企业目标、高层管理方式等六个方面对企业在这四个阶段的特点进行了描述。企业生命周期理论无疑为学术生命周期的研究提供了坐标。

二、学术生命周期

关于学术生命周期的研究，直接源于文献老化是一种必然的普遍的社会现象。1958 年，英国著名物理学家兼科学专家贝尔纳（J.D.Bernal）建议把原子物理学中测度放射性核素存活时间（即放射性寿命）长短的指标"半衰期"（half-life）移植到情报学中来，作为衡量文献老化的尺度。其含义是：某学科或专业现时尚在利用的全部文献中较新的一半是在多长时间内发表的。这是衡量文献老化速度及老化程度的重要概念，也可作为衡量文献老化程度的标尺。 文献的半衰期基本上与某学科或某专业的文献达到有一半失效所经历的时间是一致的。半衰期愈长，说明老化速度愈慢；反之亦然。人们根据半衰期，推断文献的生命周期乃从创建、发布、使用、半衰、衰退，直至消亡。文献的有效使用期称为"文献寿命"，不同文献，其寿命亦不同。人们根据文献寿命这一概念，推论信息也是一种具有生命周期的资源，并把"信息生命周期（Information life-Cycle）"看作是信息运动的自然规律。根据 ISO/TC171

文件成像应用技术委员会在 2000 年 10 月召开的伦敦年会所通过的 405 号决议，认为"信息无论是以物理的形式还是以电子的形式管理，该信息生命周期包括信息的生成、获取、标引、存储、检索、分发、呈现、迁移、交换、保护与最后处置或废弃"。正是受到文献寿命、信息寿命概念的启发，学术生命周期的探索才自然而生。

虽然说学术生命周期的研究受到企业生命周期理论的启迪，并且起源于文献寿命和信息生命周期的研究。并且无论是人才学、科学学还是教育学，都对人才的成长阶段特点及其规律进行了大量探索，如关于科学人才的最佳成才年龄规律，人们最为熟知的是我国著名科学学者赵红州的研究结论。[138]赵红州说："最佳年龄区对于不同的个人、不同的民族或不同的专业来说，都是不相同的。但是，从全社会的角度看，一定历史时期，最佳年龄区是相对稳定的。从 1500 年至 1960 年，全世界 1249 名杰出科学家和 1928 项重大科学成果的统计，科学发明的最佳年龄区是 25 至 45 岁，其峰值年龄在 37 岁左右。"也就是说，绝大多数的自然科学研究者，在 25 ～ 45 岁之间做出了他们的代表性的贡献。刘云等 2002 年对国家杰出青年科学基金 1991—1999 年资助的数理科学研究成果之绩效所做的专项调查报告表明，杰出青年获资助后创新热情减弱，杰出青年不再杰出。据统计，资助前后科研产出下降：国际学术刊物论文中第一作者所占的比例在下降（由 54.9% 下降到 36.0%）；中文核心期刊论文中第一作者论文所占比例在下降（由 50.4% 下降到 23.8%）；SCI 收录论文中第一作者论文所占比例在下降（由 57.9% 下降到 36.5%）；CSCI 收录论文中第一作者论文所占比例在下降（由 57.6% 下降到 28.8%）；SCI 收录论文的平均引文率在下降（由 4.5% 下降到 3.1%）；国际合作论文中第一作者论文所占比例在下降（由 44.8% 下降到 34.4%）。[139]我国人才学专家王通讯提出了人才成长的八大规律，即师承效应规律、扬长避短规律、最佳年龄规律、马太效应规律、期望效应规律、共生效应规律、累积效应规律、综合效应规律[140]。庄丽君、刘少雪等在教育部科技委《专家建议》上发表了题为《创新能力的激发与领军人才的成长》的文章，该研究通过抽取 444 名 1945—2008 年诺贝尔四大奖的获得者为样本，重点探讨了他们在创新能力激发阶段的若干特点和规律，指出：领军人才的成长具有一定的规律性。从职业生涯的不同阶段来说，走上工作岗位后的 10 ～ 20 年，是一个人的黄金年龄段，也是领军人才成长的最佳创新期。在这一阶段，领军人才从不独立、半独立，发展到完全独立的研究者，并逐渐进入他们科研生涯的黄金时期。如果在这一时期得到恰当的锻炼和激发，名师的成长则会更加有保障[141]。袁曦临、曹春和在《基于学术生命周期理论的高校人才价值评价》一文中，第一次使用了学术生命周期的概念，明确指出：学术生命周期主要是指该项研究成果对以后的学术研究而言，其具有参考价值的时间长度。换言之，该成果发表后多少时间内能够持续地对后续的研究产生影响。文中提出：大学科研人才的发展一般要经历初创与成长期（35岁前）、规范与稳定期、个性与创造期、老化与衰退期等四个时期。作者从科研、教学、管理、团队四个维度对处于学术生命周期不同阶段的学者的评价重点进行分析，例如，科研方面在第一阶段重点评价参与的积极性，第二阶段重点在成果的数量，第三阶段重点在成果质量；第四阶段重点在指导参与等[4]242-244。

经过对学术界相关研究成果的初步梳理，不难得出：学术界对于人才成长规律的探索、最佳创造年龄的研究以及对学术研究成果生命周期的研究，已经比较深入，但是，对大学学者学术生命周期的研究则刚刚起步。并且在已有的研究成果中，绝大多数人是理论探讨。比较系统深入的实证研究成果颇为鲜见。此乃本研究之初衷。

第二节　中国大学科技名师的学术生命周期分析

了解大学科技人才的成长规律，是加强大学科技队伍建设的前提。为了探索我国大学科技名师的成才规律，明确其学术生命周期及不同学术发展阶段的特点，为大学科技名师的发展创设良好的环境与条件，最大限度地激发其创造潜力，为我国科技事业的发展和高等教育事业的进步奠定坚实基础，本研究选取了北京大学、清华大学、浙江大学、中国科技大学、南京大学、上海交通大学、中山大学、武汉大学、华中科技大学、厦门大学等国内10所重点大学，主要以两院院士、长江学者、国家教学名师为选择标准，每校选取20位理工类教师，共200位大学科技名师组成样本。样本确定后，本研究选择了出生年月、性别、获得博士学位年龄、晋升教授年龄、受聘博导年龄和当选院士年龄等作为人口统计学变量，确定了SCI、EI等学术论文、项目、著作、专利、获奖等作为重点分析变量，利用中国期刊网等数据库、百度、谷歌等搜索引擎，尽可能收集到这些大学科技精英的情况，然后录入 SPSS 统计软件。为了能够说明大学科技名师的学术生命周期的变化规律，本研究重点设计了以年龄段和作者署名为自变量、以论文发表为因变量的反映作者学术生命周期特点的研究思路，以期能够客观真实地揭示我国大学科技名师的成长特点，为科技名师的培养、大学理工科教师队伍建设以及国家的人才政策提供参考。

一、中国大学名师学术生命周期总体特征及其分析

通过分析表 6.1 和图 6.1，可以发现，中国大学科技名师学术生命周期具有三个明显的特征。

首先，中国大学科技名师的学术成果中，其论文的第一作者和第二作者的年龄变化周期是一致的，即说明中国大学科技名师的创新发展和成长的年龄阶段为 35～58 岁，其发展周期为 23 年。

其次，中国大学科技名师学术成果中，其发表的总论文数和作为第三作者发表的论文数的年龄变化周期相一致，其创新能力发展年龄阶段为 35～68 岁，即名师在其领域的创新及其领先周期为 33 年。

最后，中国大学科技名师创新成果达到顶峰后呈现缓慢衰退趋势，但中国大学科技名师在其科技领域的创新成果和领先地位，达到峰值后则迅速下滑；中国大学名师科研成果的创新高峰期为 58 岁，在其科技领域的领导高峰期为 68 岁，期间相隔 10 年，亦即中国大学科技创新名师培养其科技领域生力军的黄金周期是 58～68 岁。

表 6.1　中国大学科技名师学术生命周期变化趋势（样本量 =200）

学者年龄	作者署名			
	第一作者	第二作者	第三作者	论文总数
35～40	2.8	1.3	2.2	6.6
41～45	3.8	2.7	3.6	10.3
46～50	4.9	4.4	5.5	14.6

续表

学者年龄	作者署名			
	第一作者	第二作者	第三作者	论文总数
51～55	5.9	5.4	7.9	19.3
56～60	6.9	6.9	10.2	24
61～65	5.7	6.2	12.8	24.7
66～70	3.7	5.8	16.1	25.6
71～75	2.4	3.7	11.9	17.4
76～80	1.0	0.7	3.5	5.2
81～85	0.7	0.2	0.9	2.0

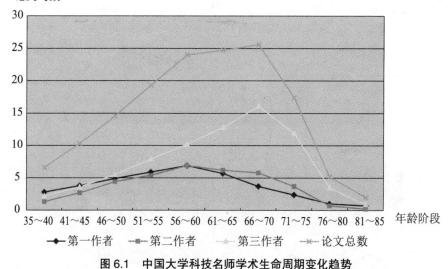

图6.1 中国大学科技名师学术生命周期变化趋势

二、不同时期中国大学科技名师创新激发阶段周期

人才创新能力激发周期是反映人才学术生命周期的重要指标，是指人才学习生涯结束或学术职业生涯开始到获得规范社会认可的时间距离。在本研究中，主要指样本对象自获得博士学位的年龄开始到当选院士的年龄间隔。

表 6.2 和图 6.2 表明，在 10 所大学所抽取的 200 位科技名师中，获得博士学位的平均年龄为 31.93 岁，其中获取博士学位的最大年龄为 46 岁，最小年龄为 24 岁；晋升教授的平均年龄为 45.62 岁，其中最大年龄为 75 岁，最小年龄为 27 岁；受聘博导平均年龄为 49.44 岁，其中最大年龄为 71 岁，最小年龄为 30 岁；当选院士的平均年龄为 58.09 岁，最大年龄为 80 岁，最小年龄为 36 岁。若以平均年龄为特征值，可以看出：我国大学科技名师学术生命周期之学术创新的平均激发周期为 26 年。

表 6.2　中国大学科技名师学术创新激发周期描述统计（N=200）

	获得博士学位年龄	晋升教授年龄	受聘博导年龄	当选院士年龄
样本数（N）	27	113	97	176
最小值（Min）	24	27	30	36
最大值（Max）	46	75	71	80
平均值	31.93	45.62	49.44	58.09
标准差	6.063	9.198	9.131	9.298

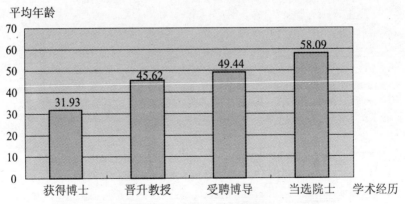

图 6.2　中国大学科技名师学术创新周期激发平均值统计

为了进一步揭示不同出生年龄段对学者学术生命激发周期的影响，可以以出生年月作为自变量把对象以 10 年为一个年龄段，来对其成为教授、博导和院士的年龄做更深分析。结合表 6.3 和图 6.3 对比分析可知，中国 1910—1920 年出生的中国大学科技名师，成为教授、博导、中科院院士的年龄间隔不大，其激发周期很短。然而，1921—1930 年出生的中国大学科技名师晋升为教授时的平均年龄是 42 岁，其当选为两院院士的平均年龄是 55 岁，其间相隔 13 年，亦即科技创新激发周期为 13 年。1931—1940 年出生的科技名师为教授的均龄是 46 岁，为中科院院士的均龄是 58 岁，其科技创新激发周期是 12 年。1941—1950 年出生的中国大学科技名师为教授时的年龄是 45 岁，成为两院院士的年龄是 60 岁，其科技创新激发周期是 15 年。从表 6.3、图 6.3 的相关数据分析可知，一方面，中国大学科技创新名师的创新激发周期呈现

表 6.3　不同时期中国大学科技名师学术创新阶段周期对比

	教授	博导	院士
1910—1920	54	55	57
1921—1930	42	44	55
1931—1940	46	51	58
1941—1950	45	52	60
1951—1960	38	41	49
1961—1970	33	32	42

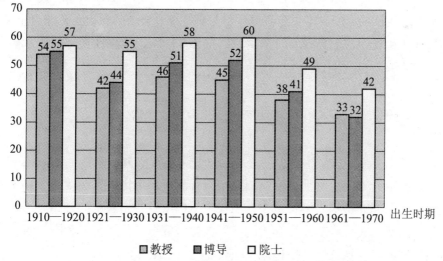

图 6.3　不同时期中国大学科技名师学术创新阶段周期对比

阶段差异性，但差异不大，其创新力激发周期是 12 ～ 15 年；另一方面，中国大学科技创新名师的科技创新能力及其激发周期整体上呈现延长趋势。究其原因，是因为 20 年代以后出生的科技名师，在新中国成立后有了更好的成长和发展环境，也说明社会经济的发展，和国内人才培养机制及其环境的改善能延长名师科技创新力生命周期。

三、不同时期中国大学科技名师学术生命周期变化情况

不同时期中国大学科技名师的学术生命周期变化情况存在很大差异。从表 6.4 分析可知，1905—1909 年出生的科技名师学术生命周期变化不明显；1914—1920 年出生的科技名师的学术生命周期曲线相对于 1909 年前，其学术生命周期变化明显，但两个阶段都存在"上升—下降—再上升"的变化特征。其中 1914—1920 年出生的科技名师的学术生命高峰出现较晚，其学术成就高峰在 71 ～ 75 岁之间；1921 年后出生的科技名师学术生命周期变化呈现"上升—下降"两个阶段，而且两个阶段的变化极其明显。

从各个时期学术生命高峰来看，1914—1920 年出生的科技名师的学术生命高峰约在 57 岁；1921—1930 年出生的中国科技名师的学术生命高峰是 47 岁；1931—1940 年其学术生命高峰是 68 岁；1941—1950 年其学术生命高峰是 58 岁；1951—1960 年其学术生命高峰是 47 岁。由其学术生命高峰的数值变化可知，中国大学科技名师的学术生命高峰年龄呈现"上升—下降—再上升—再下降"的周期变化规律，而且随着时期阶段的推移，中国大学科技名师的学术生命高峰年龄越来越年轻化。

四、中外高校学者学术生命周期的对比分析

（一）我国高校学者的学术生命周期相对短暂

在我国高校，学者学术生命周期是指其从参加工作的自然年龄至其法定退休年龄之间的年限。学者是指在高校中专门从事科研教学的知识分子，按照目前形势，成为我国高校学者的必要条件是取得博士学位。我国学者学术生命周期短暂主要表现在以下两个方面。

首先，工作年限短暂。在我国现行教育体制下，一个人取得博士学位至

表6.4 不同时期中国大学科技名师学术创新生命周期对比 单位：(论文)篇

时间 \ 年龄	35~40	41~45	46~50	51~55	56~60	61~65	66~70	71~75	76~80
1905—1909	2.5	1.8	3	6.3	1	2	4.3	5.8	—
1914—1920	2.2	2	0.6	2.4	0	5.2	18.8	24	18.2
1921—1930	2.2	0.7	1.2	6	15	29.6	35.2	35.1	22
1931—1940	1.7	5.4	11	17	29.7	39	47.1	29.9	—
1941—1950	3.9	10	25.5	50.8	56.2	33	8.3	—	0
1951—1960	18.6	30	39.1	28.2	8.4	—	—	—	—
1961—1965	20.5	25.4	14	—	—	—	—	—	—

少需要 22 年的时间。根据义务教育法规定，儿童 7 岁入学，以此作为年龄起点，当某个人达到作为学者最基本的条件时，已经接近而立之年。这其中还不包括其他因素，例如复读、先工作再读研、延长毕业年限等因素。我国法定退休年龄分别为男性 60 岁、女性 55 岁。按照 30 岁进入高校工作算起，一个学者的法定工作年限只有 25 ～ 30 年的时间，甚至少于其接受教育的年限。

其次，从其学术成就上而言，时间更为短暂。学者的学术生命周期分为四个阶段：成长期、稳定期、创造期和老化期。其学术价值随四个阶段的不同而不同，其变化见图 6.4。

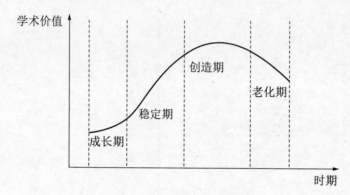

图 6.4　人才的学术生命周期

资料来源：袁曦临，曹春和 . 基于学术生命周期理论的高校人才价值评价 [J]. 科技管理研究，2009（8）.

由图中可以看出，学者取得学术价值的最高期与次高期在创造期和老化期两个阶段。评判一个人学术价值的显性标准可从其获得的职称资格略见一斑。通常，博士生导师资格的取得意味着其学术生涯高峰期的到来。在我国，高校科研人员要成为教授、研究员一般而言在四五十岁左右，即处于图中稳定期后期与创造期前期的上升阶段。至此个人的学术潜力并没有完全发挥出来，在此积淀的基础上，按照 60 岁退休，则正好处于或接近曲线中的最高点。博士生导师的退休年龄为 65 岁，按照取得博士生导师资格作为学者学术最高峰这一假设，在博导退休时其学术价值也基本处于创造期后期与老化期前期这一阶段，即学术价值的次高期。

对于难度大、产出慢的基础研究，更需要深厚的学术积淀，因此其学术价值最高期和次高期的年龄也必然向后推迟。

（二）国外高校学者的学术生命周期相对长久

"银发人"也是学术科研队伍重要的组成部分，在某些领域甚至有愈老弥精的趋势。有学者对 1960—2010 年 50 年间获得诺贝尔经济学奖的 55 位科学家年龄结构进行了统计。

在这 55 位诺贝尔经济学奖获得者中，55 岁以下的只有 3 人，占总数的 5.4%；56 ～ 60 岁之间有 9 人，占总数的 16.3%；61 ～ 65 岁之间有 17 人，比例为总数的 30.9%；66 ～ 70 岁之间与 70 ～ 75 岁之间都有 9 人，各占总数的 16.3%；76 ～ 80 岁之间有 6 人，比例为 10.9%；80 岁以上有 2 人，比例为 3.6%。

在 61 ～ 80 岁之间的共有 41 人，其中 61 ～ 70 岁之间有 26 人，71 ～ 80 岁之间有 15 人。由此可见，学术的参天大树的形成需要深厚的学术土壤。60 岁对于学者，尤其是对于基础学科的学者而言，是其学术价值高峰期的起点，是学术创作的黄金时期。

第三节　适当延长高校学者的学术生命周期

一、延长高校学者学术生命周期的意义深远

基于现实国情，我国高校固然不可能普遍设置终身教授岗位，但是实行弹性退休制度，适当延长那些虽然生理年龄已达退休但学术生命仍然健旺的学者的退休年龄，无论对于高校的学术发展还是带动年轻人的成长，以及学者们合理规划职业生涯都具有深远而重要的意义。

（一）有利于学者规划学术生涯，提高学术造诣

"凡事预则立，不预则废"，实行弹性退休制度，适当延长工作年限能够从时间维度上给学者以自由，使他们能够以从容的态度来规划自己的学术生涯，不用担心自己的科研因年龄的干扰而中断，为其研究的可持续性提供了可能。另一方面，守得住清贫、耐得住寂寞是研究高深学问的人所必需的心态，然而人非圣贤，在年轻时期不乏激情却难免受现实因素的支配而影响自己的学术。从这个角度来讲，教授尤其是博导则体现出了比青年学者更大的

优势，在这一时期，他们各方面都处于比较稳定的时期，为其心无旁骛地研究高深学问提供了现实基础。在适当延长的基础上用一个时间段而不是时间点来规定其退休年龄，既可以保证学者按照自己的步调来继续原有学术研究，又能体现单位对其足够的尊重和认同，使其能以老有所为的心态继续积累学术知识，从而提高学者的学术造诣。

（二）有利于团队传承学术文化，提高创新能力

文化是一个组织的灵魂，良好的组织文化能够提升组织的凝聚力，增强组织成员的归属感，提高成员工作的积极性。文化的形成不是一蹴而就的，它是一个长期积淀的过程。它需要组织中每个成员的共同努力，一般以特定的较有权威的人为发端而逐步形成。在高校这样特定的学术环境中尤其如此。学术带头人的人格魅力和行事风格对团队氛围的形成有着重要影响，他往往是学术团队的"台眼"，决定着学术团队的发展方向，影响着学术团队的"风暴级别"，即科研能力。在发展良好的学术组织中，"台眼"存在的时间越长，则越有利于组织文化的形成和稳定，越有利于团队学术和学术文化的传承，越有利于团队创新能力的提高。

（三）有利于国家发挥人才优势，提高竞争水平

我国是一个人口大国，但并不能说是人才大国。高校的人力资源有着高素质、高智能的特征，是我国优秀人才的聚集地，而教授、研究员、博士研究生导师则是优秀人才中的精英人才，是促进我国科研创新、提高国际竞争力的重要力量。适当延长他们的退休年龄，实行弹性退休制度，可以充分利用这部分人知识积累厚实，学术经验丰富的优势，增强我国科研队伍的实力，提升我国的国际竞争水平。

二、延长高校学者学术生命周期的路径选择

延长学者的学术生命周期，使学者合理规划学术生涯、提高学术造诣，使国家充分发挥人才优势、提高竞争水平，一种切实可行的办法是实行弹性退休制度，即根据不同的岗位需要设置退休年龄的弹性区间，个人可以选择在此期间退休或延长退休年龄。这种制度的优点是可以增加人们选择退休年

龄的自主权，可以让老年人有更多的选择他们退休的方式，特别是可以充分发挥作为知识精英的劳动者的潜能，有利于维护科研人员的学术自由，使他们持续地专注于科研创新。就具体标准而言，瑞典 1999 年进行的退休年龄改革中，允许劳动者在 65 岁这一法定退休年龄的基础上，选择 61 ~ 67 岁之间退休；丹麦法律规定，最低退休年龄为 65 岁，但劳动者可选择推迟到 70 岁退休；芬兰允许劳动者在 63 ~ 68 岁之间选择退休；西班牙在法定退休年龄 65 岁的基础上，可在一定条件下超过 65 岁；意大利自 1992 年开始，对退休制度屡有改革，逐步规定了一个 57 ~ 65 岁的弹性退休区间；法国规定了 60 ~ 65 岁的弹性区间。[142] 参照国际标准，结合我国实际情况，在今后的几十年，高校学者退休年龄应逐步提高，适当延长，其具体方式可以每 5 年提高 1 岁，逐步将男性学者法定退休年龄提高到 65 岁，将女性学者的退休年龄延长到 60 岁。

参考文献

[1] 伯顿·克拉克. 高等教育新论——多学科的研究 [M]. 王承绪，等，译. 杭州：浙江教育出版社，1988.

[2] 伯顿·克拉克. 研究生教育的科学研究基础 [M]. 王承绪，译. 杭州：浙江教育出版社，2001: 5.

[3] 徐剑，黄秋月. "二八定律" 在图书馆管理中的应用 [J]. 中国图书馆学报，2007(5): 106-108.

[4] 袁曦临，曹春和. 基于学术生命周期理论的高校人才价值评价 [J]. 科技管理研究，2009(8).

[5] 唐景莉，等. 技术发明一等奖缘何花落高校——两项高校科技成果打破国家技术发明奖一等奖连续六年空缺局面 [N]. 中国教育报，2005-03-29.

[6] 中华人民共和国科学技术部. 中国科学技术指标 2008[M]. 北京：科学技术文献出版社，2009.

[7] 2013 中国大学 Nature&Science 论文排行榜揭晓 [EB/OL]. http: //learning. sohu. com/ 20130109/ n362924569. shtml.

[8] 教育部人事司. 新中国 60 年高校教师队伍的发展壮大与变革 [J]. 中国高等教育，2009(18): 10-14.

[9] Manuel Soler. How inbreeding affects productivity in Europe[J]. Nature, 2001(411): 132.

[10] 贺芳玲. 世界著名理工大学的特征 [J]. 教育发展研究，1999(4): 74-76.

[11] 郝书辰. 牛津大学见闻 [J]. 党政干部之友，2006(12): 32-33.

[12] 王章豹，汪立超. 我国高校原始创新能力不足的成因分析及其建设路径 [J]. 辽宁教育研究，2007(4): 39-41.

[13] 李水山. 韩国教育界分析日本人屡获诺贝尔奖的独特视觉与观点 [EB/OL]. http: //www. xslx. com.

[14] Academic Ranking of World University[EB/OL]. http: //www. arwu. org/Chinese/ ARWU2009. jsp.

[15] 李金成，汤保国. 优化科研队伍结构，求得最佳整体效能——煤科总院科研队伍结构分析 [J]. 煤炭经济研究，1993(2): 31.

[16] 刘诚芳. 现代高校教师人力资源管理 [M]. 北京：民族出版社，2007：57.

[17] 陈晨.国家自然科学基金委员会考评创新群体 [N].科学时报,2008-11-24.

[18] 郝进仕.新建地方本科院校发展战略与战略管理研究 [D].武汉:华中科技大学,2010:83-84.

[19] 林杰.中美两国大学教师"近亲繁殖"之比较 [J].高等教育研究,2009(12): 44-45.

[20] 教员异动调查 [EB/OL].[2011-06-10].http: //www. e-stat. go. jp/SG1/estat/Xlsdl. do?sinfid = 000002847732.

[21] 日本总务科学省政府统计窗口 [EB/OL].[2011-10-20].http://www. e-stat. go. jp/SG1/estat/List. do?bid = 000001017860&cycode=0.

[22] 陈永明,朱浩,李昱辉.大学理念、组织与人事 [M].北京:中国人民大学出版社,2007.

[23] 孟凡丽.日本促进大学教师专业发展的 FD 制度及其启示 [J].高等教育研究,2007(3): 58-62.

[24] 日本总务省统计局政府综合统计窗口 [EB/OL]. [2010-06-30]http://www. e-stat. go. jp/SG1/estat/NewList. do?tid=000001016172. http://www. e-stat. go. jp/SG1/estat/NewList. do?tid= 000001011528.

[25] Frederick Rudolph. The American College and University: A History[M]. New York: A Division of Random House, 1962:396.

[26] 菲利普·G.阿特巴赫.21世纪美国高等教育——社会、政治、经济的挑战 [M].王九逵,等,译.北京:北京师范大学出版社,2005:273.

[27] 殷朝晖,刘叶.学术职业管理模式国际比较研究 [J].纺织教育,2007(4): 19-23.

[28] U. S. Department Education. Digest of Educational Statistics 2011. [EB/OL]. http://nces. ed. gov/programs/digest/.

[29] 房欲飞,谢仁业.美、英、日研究生教育发展的规模和速度比较研究 [J].学位与研究生教育,2004(5).

[30] 张玉琴,李奇术.日本研究生教育发展研究 [J].外国教育研究,2005(1): 50-53.

[31] 人大校长称中国最大博士群不在高校在官场 [EB/OL].(2009-10-27)[2011-10-30] http://news. eastday. com/c/ 20091027/u1a4763184. html.

[32] 上海市教育科学研究院高等教育研究所.抉择与探索:高等教育改革与发展若干问题研究 [M].上海:上海科学技术出版社,2001: 254.

[33] 朱永新,王智新.当代日本高等教育 [M].太原:山西教育出版社,1992.

[34] 顾建民.自由与责任——西方大学终身教职制度研究 [M].杭州:浙江教育出版社,2007: 136.

[35] 易红郡. 从编外讲师到终身教授：德国大学学术职业的独特路径 [J]. 高等教育研究，2011(2): 102-109.

[36] 卢乃桂，徐岚. 法国高等教育管理体制变革中的教师学术职业 [J]. 高等教育研究，2008(1): 92-98.

[37] 国务院学位委员会办公室. 透视与借鉴——国外著名高等学校调研报告（2008 年版上）[R]. 北京：高等教育出版社，2008: 97-98.

[38] 滕大春. 外国教育通史（第六卷）[M]. 济南：山东教育出版社，1994: 422.

[39] 顾明远，邢克超. 共性与个性：国际高等教育改革比较研究 [M]. 北京：人民教育出版社，2004.

[40] 李铁君. 大学学科建设与发展论纲 [M]. 北京：中国科学社会出版社，2004: 51-54.

[41] 眭依凡. 组织缺陷对大学发展的制约 [J]. 教育发展研究，2010(19): 5.

[42] 国务院学位委员会办公室. 透视与借鉴——国外著名高等学校调研报告（2008 年版下）[R]. 北京：高等教育出版社，2008.

[43] 大学案内 - 役职员 [EB/OL].[2011-12-20]. http: //www. tsukuba. ac. jp/about/index. html.

[44] 学群·大学院·学内组织 [EB/OL].[2011-12-20]. http: //www. tsukuba. ac. jp/organization/colleges. html.

[45] 大学案内 - 教育情报公表 [EB/OL].[2011-12-20]. http: //www. osaka-u. ac. jp/ja/guide/announcement.

[46] 学部·大学院·设施 [EB/OL].[2011-12-20]. http: //www. osaka-u. ac. jp/ja/academics.

[47] U. S. Department Education. Digest of Educational Statistics , 1971.

[48] HEFCE. Staff employed at HEFCE-funded HEIs: Trends and profiles 1995-1996 to 2008-2009[EB/OL]. [2011-10-13]. http: //www. hefce. ac. uk/pubs/hefce/2010/10_06/.

[49] U K HE International Unit. International Higher Education in Facts and Figures- Summer 2010: 15.

[50] U. S. Department Education. Digest of Educational Statistics , 1980: 214.

[51] 阎光才. 精神的牧放与规训：学术活动的制度化与学术人的生态 [M]. 北京：教育科学出版社，2011: 104-105.

[52] 吕淑琴，陈洪，李雨民. 诺贝尔奖的启示 [M]. 北京：科学出版社，2010: 286.

[53] 时东陆. 关于科学的定义 [J]. 科学，2007(3): 4-9.

[54] 时东陆. 再论科学的定义 [J]. 科学，2007(5): 23-27.

[55] 李醒民. 科学是什么？ [J]. 湖南社会科学，2007(1): 1-7.

[56] 龚学胜 . 当代汉语通用词典 [M]. 西安 : 世界图书出版公司 , 2009: 759.

[57] 刘惠琴 . 高校团队创新绩效评估 : 模型与实证研究 [M]. 北京 : 清华大学出版社 , 2007.

[58] 陈春花 , 杨映珊 . 科研组织管理的新模式——团队运作 [J]. 科学管理研究 , 2002(1).

[59] 万文涛 . 大学科研团队的培育研究 [M]. 南昌 : 江西人民出版社 , 2009.

[60] 刘惠琴 , 彭方雁 . 融合与创新 : 研究型大学科研团队运行模式剖析 [J]. 清华大学教育研究 , 2005(5) : 92-96.

[61] 孙艳华 . 简论科研团队与科研核心竞争力 [J]. 中国成人教育 , 2007(2): 40-41.

[62] 伯顿·R. 克拉克 . 高等教育系统 : 学术组织的跨国研究 [M]. 王承绪 , 等 , 译 . 杭州 : 杭州大学出版社 , 1994.

[63] 许国志 . 系统科学 [M]. 上海 : 上海科技教育出版社 , 2000: 180.

[64] 康旭东 , 王前 , 郭东明 . 科研团队建设的若干理论问题 [J]. 科学学研究 , 2005(2): 232-236.

[65] 李尚群 . 创新团队论——大学科研主体问题的当代阐释 [D]. 武汉 : 华中科技大学 , 2008: 150-165.

[66] 孟太生 . 科研团队领导行为及其影响团队效能的研究 [D]. 成都 : 电子科技大学 , 2008: 20-21.

[67] 柴葳 . 我国已跨入世界研究生大国行列 [N]. 中国教育报 , 2008-12-24.

[68] 戴勇 , 范明 . 科研团队有效性与主要影响因素关系研究 [J]. 中国科技论坛 , 2009(10): 102-105.

[69] 刘春香 . 美国硅谷高科技产业集群及其对中国的启示 [J]. 工业技术经济 , 2005(7): 35-36.

[70] 池颖 . 我国高校科研创新团队建设研究 [D]. 长春 : 吉林大学 , 2009.

[71] 董高峰 . 美国国家科学基金创新性项目资助政策研究 [D]. 北京 : 中国科学院研究生院 , 2008.

[72] 耿益群 . 美国研究型大学跨学科研究中心与大学创新力的发展——基于制度创新视角的分析 [J]. 比较教育研究 , 2008(9): 24-28.

[73] 李其荣 . 美国哈佛大学的魅力与特色 [J]. 中南民族大学学报（人文社科版）, 2009(6).

[74] 窦剑 , 陈莉 . 高校学术创新团队建设应注意的问题 [J]. 合肥学院学报（自然科学版）, 2005(3): 94-96.

[75] 陈劲 , 张学文 . 创新型国家建设——理论读本与实践发展 [M]. 北京 : 科学出版社 , 2010.

[76] 孙福全 , 陈宝明 , 王文岩 . 主要发达国家的产学研合作创新——基本经验及启示 [M].

北京：经济管理出版社，2008.

[77] 赵铸．美国高校创新教育给我们的启示 [J]．西南民族大学学报（人文社科版），2008(2)：267-269.

[78] 张斌贤，李子江．论学术自由在美国的制度化历程 [J]．沈阳师范大学学报（社科版），2003(5): 6-10.

[79] 傅凰．美国大学终身教职制的历史演进、变革及述评 [J]．宁波大学学报（教育科学版），2009(1): 50-54.

[80] 陈芳．美国大学教师学术自由权利保障的制度分析 [J]．现代教育科学，2008(3): 52-55.

[81] 李晓轩．德国科研机构的评价实践与启示 [J]．中国科学院院刊，2004(4): 274-277.

[82] 席酉民，郭菊娥，李怀祖．大学学科交叉与科研合作的矛盾及应对策略 [J]．西安交通大学学报（社科版），2006(1): 79-83.

[83] 邱均平，等．世界一流大学与科研机构学科竞争力评价研究报告 2009 [M]．北京：科学出版社，2009: 233.

[84] 经济合作与发展组织，中华人民共和国科技部．中国创新政策述评 I [J]．科学观察，2009(1): 22-25.

[85] 张茂林，董泽芳．高校科技创新团队数量与科技创新能力关系实证研究 [J]．科技进步与对策，2011(4): 151-155.

[86] 吴敬琏．制度重于技术 [M]．北京：中国发展出版社，2002: 192.

[87] 顾建民，王爱国．我国高校科研体制改革 30 年——成就与经验、问题与展望 [J]．中国高教研究，2008(9): 12-15.

[88] 郭文安．试论创新教育及其特点 [J]．中国教育学刊，2000(1): 9-12.

[89] 中国科技发展战略研究小组．中国科技发展研究报告 2008——中国科技改革与开放 30 年 [M]．北京：科学出版社，2009.

[90] 王磊．大学创新学术团队研究 [D]．上海：华东师范大学，2008: 155.

[91] 刘少雪．面向创新型国家建设的科技领军人才成长研究 [M]．北京：中国人民大学出版社，2009: 197.

[92] 马哲伟，等．高校科研评估 [M]．大连：东北财经大学出版社，2008: 133-139.

[93] Leslie, S. W. . The Cold War and American Science: The Military—Industrial—Academic Complex at MIT and Stanford [M]. NEW York: Columbia University Press , 1993.

[94] 李轶芳．交往教学理论探讨 [D]．武汉：华中科技大学，2004: 116.

[95] 欧内斯特·L．博耶．关于美国教育改革的演讲 [M]．涂艳国，方彤，译．北京：教育科

学出版社，2002.

[96] 雅斯贝尔斯. 什么是教育 [M]. 邹进，译. 北京: 生活·读书·新知三联书店, 1991.

[97] 杨冬雪. 社会资本: 对一种新解释范式的探索 [J]. 马克思主义与现实, 1999(3): 58.

[98] 胡凌秋. 作为扩展秩序的社会资本 [D]. 杭州: 浙江大学, 2004: 8.

[99] 胡钦晓. 高校社会资本论 [J]. 高等教育研究, 2005(9): 46-50.

[100] 孙凯. 高校教师人力资本和社会资本对科研绩效影响分析 [D]. 长春: 吉林大学, 2005: 10.

[101] 斯米尔诺夫. 现代科学发展中跨学科发展的某些趋势 [J]. 现代国外哲学社会科学文摘, 1986(8): 16.

[102] Rita Johnston. The University of the future : Boyer revisited . Higher Education, 1998(36): 253-272.

[103] 乔·卡岑巴赫. 团队工作 [M]. 熊念恩，译. 北京: 中国财政经济出版社, 2005: 69.

[104] 陈衡. 工作团队模式在系级管理中应用的思考 [J]. 武汉职业技术学院学报, 2003(3): 21.

[105] 斯蒂芬·P. 罗宾斯. 组织行为学（第七版）[M]. 孙建敏，李原，等，译. 北京: 中国人民大学出版社, 1997.

[106] 李晨光. 论高校科研团队 [J]. 科学与管理, 2003(4): 50.

[107] 彼得·圣吉，等. 第五项修炼·实践篇(上)——思考、演练与超越 [M]. 郭进隆，译. 台北: 台湾天下文化股份有限公司, 1977: 152.

[108] 刘剑虹. 大学教授: 文化评价及其意义 [J]. 高等师范教育研究, 1998(5).

[109] J. Victor Baldridge, et al. Policy Making and Effective Ledership[M]. Jossy-Bass Inc Publishers, 1980.

[110] 朱国仁. 高等学校职能论 [M]. 哈尔滨: 黑龙江教育出版社, 1999.

[111] David D. Dill and Barbara Sporn. Emerging Patterns of Social Demand and University Reform: Through a Glass Darkly[M]. Pergamon Press, 1995: 202.

[112] W. I. B. 贝弗里奇. 科学研究的艺术 [M]. 陈捷，译. 北京: 科学出版社, 1979.

[113] 黛安娜·克兰. 无形学院——知识在科学共同体的扩散 [M]. 刘珺珺，等，译. 北京: 华夏出版社, 1988.

[114] Karl Jaspers. The Idea of the University[M]. London Peter Owen Ltd. , 1965: 77.

[115] 朱九思，蔡克勇，姚启和. 高等学校管理 [M]. 武汉: 华中工学院出版社, 1983.

[116] 彼得·德鲁克. 21 世纪的管理挑战 [M]. 朱雁斌，译. 北京: 机械工业出版社, 2006:

102-103.

[117] 刘易斯·科塞. 理念人——一项社会学考察 [M]. 北京：中央编译出版社, 2001.

[118] 亨利·罗索夫斯基. 美国校园文化——学生·教授·管理 [M]. 谢宗仙，周灵芝，等，译. 济南：山东人民出版社, 1996:141.

[119] David D. Dill and Barbara Sporn. Emerging Patterns of Social Demand and University Reform: Through a Glass Darkly[M]. Pergamon Press, 1995: 202.

[120] Ronald Barnett. The Limit of Competence-Knowledge, Higher Education and Society. SRHE and Open University Press, 1994: 15-16.

[121] 王怀宇. 大学教授活动"集群化"：问题与对策 [J]. 高等教育研究, 2003(3): 64.

[122] 乔纳森·科尔，斯蒂芬·科尔. 科学界的社会分层 [M]. 赵佳芬，顾昕，等，译. 北京：华夏出版社, 1989: 18.

[123] 蒋寅. 学术的年轮 [M]. 北京：中国文联出版社, 2000: 12-13.

[124] N. A. Kay. Reconllections of rutherford[J]. National Philosopher I, 1963: 155.

[125] N. De Bruyne, A person View of the Cavendish, in Cambridge Physics In the Thirty, edited by Hendry, Bristol，1984.

[126] 廖伯琴. 伟大探索光辉成就——诺贝尔物理学奖获得者简介：1945 年—泡利 [J]. 物理教学探讨, 2007(8): 48.

[127] 徐敏. 量子理论的巨匠——狄拉克 [J]. 现代物理知识, 2003(1): 65-66.

[128] 韩菊. 海森伯：充满争议的物理学家 [J]. 物理教师, 2004(9): 37-39.

[129] 赵文华. 试论高等教育系统学术活动主体 [J]. 江苏高教，2000(6): 7-11.

[130] 黎海兰. 谈"引进人才优惠政策" [J]. 煤炭高等教育, 2001(1): 17-18.

[131] William A. Firestone and Bruce L. Wilson，Using Bureaucratic and Cultural Linkages to Improve Instruction: The High School Principal's Contribution[M]. Oregon: University of Oregon Press, 1983: 14-15.

[132] Davenport, T. H. & Prusak, L. Working knowledge: how organizations manage what they know[M].New York: Harvard Business School Press, 1998: 30.

[133] 罗伯特·欧文斯. 教育组织行为学 [M]. 窦卫霖，等，译. 上海：华东师范大学出版社, 2001: 289.

[134] 张敏，杨援. 芝加哥大学 [M]. 长沙：湖南教育出版社, 1994: 2.

[135] 马俊峰. 评价活动论 [M]. 北京：中国人民大学出版社, 1994: 183.

[136] Haire, Mason. "Biological Models and Empirical Histories of the Growth of Organizations."

In Modern Organization Theory, edited by Mason Haire[M]. New York: John Wiley &amp Sons, Inc. , 1959: 272-306.

[137] Corporate Lifecycles: How and Why Corporations Grow and Die and What to Do about It[J]. Management Review July 01, 1989.

[138] 王通讯 . 王通讯人才论集（第三卷）[M]. 北京：中国社会科学出版社 , 2001: 153-154.

[139] 刘云，等 . 数理科学国家杰出青年科学基金的实证调查与政策思考 [J]. 中国软科学 , 2002(10): 75-81.

[140] 王通讯 . 人才成长的八大规律 [J]. 决策与信息 , 2006(5): 53-54.

[141] 庄丽君，刘少雪 . 创新能力的激发与领军人才的成长 [Z]. 专家建议 , 2009(8).

[142] 林熙 . 西方国家弹性退休制度概览 [J]. 天津社会保险 , 2010(2): 41-43.

后 记

　　本书是在教育部科技委领导下组织一批研究型大学共同参与的《中国未来与高校创新》课题的子项目"科研队伍建设与中国未来"的成果之一，是华中师范大学董泽芳教授带领的博士团队集体智慧的结晶。全书由董泽芳教授进行总体策划，并和三峡大学张继平博士一起提出全书结构，负责修改定稿。各章的具体分工是：董泽芳教授撰写序言"加强科技队伍建设促进高校科技创新"；三峡大学张继平博士研究并撰写第一章"高校科研队伍建设是科技创新的源泉"；华中师范大学吴克明副教授研究并撰写第二章"高校科研队伍的规模与科技创新"；百色学院黄建雄博士研究并撰写第三章"高校科研队伍的结构与科技创新"；信阳师范学院张茂林副教授研究并撰写第四章"高校科研团队建设与科技创新"；南京师范大学陈何芳副教授、湖北省委党校张蜜芳研究并撰写第五章"高校科研队伍的组织文化建设与科技创新"；华中师范大学陈彬教授、三峡大学张继平博士研究并撰写第六章"高校学者学术生命周期与科技创新"。

　　在本书的写作过程中，得到华中师范大学前党委书记丁烈云教授、科技产业处曹青林处长、王海主任的大力支持，中国教育科学研究院刘贵华教授、华中师范大学教育学院欧阳光华教授对本书的修改提出了许多宝贵意见，博士生王卫东、王晓辉，硕士生覃丽、吴正端、许春东等参与了部分资料的收集与整理工作。在本书的出版过程中，教育科学出版社给予了大力的支持，责任编辑李芳、张璞对本书的内容做了大量修改，尤其是对图表等内容提出了诸多有价值的建议。在此，一并向他们表示衷心感谢！

出 版 人　所广一
责任编辑　李　芳　张　璞
版式设计　孙欢欢
责任校对　贾静芳
责任印制　曲凤玲

图书在版编目（CIP）数据

引擎之基与活力之源：高校科研队伍建设与科技创
新研究 / 董泽芳，张继平著. —北京：教育科学出版
社，2014. 10
　ISBN 978 - 7 - 5041 - 8243 - 2

　Ⅰ. ①引…　Ⅱ. ①董…②张…　Ⅲ. ①高等学校—科
研管理—中国　Ⅳ. ① G644

中国版本图书馆 CIP 数据核字（2014）第 015756 号

引擎之基与活力之源——高校科研队伍建设与科技创新研究
YINQING ZHI JI YU HUOLI ZHI YUAN——GAOXIAO KEYAN DUIWU JIANSHE YU KEJI CHUANGXIN YANJIU

出版发行　**教育科学出版社**

社　　址　北京·朝阳区安慧北里安园甲 9 号　　市场部电话　010-64989009
邮　　编　100101　　　　　　　　　　　　　　　编辑部电话　010-64981232
传　　真　010-64891796　　　　　　　　　　　　网　　址　http : //www. esph. com. cn

经　　销　各地新华书店
制　　作　北京大有图文信息有限公司
印　　刷　保定市中画美凯印刷有限公司
开　　本　169毫米×239毫米　16 开　　　　　版　　次　2014 年 10 月第 1 版
印　　张　19　　　　　　　　　　　　　　　　印　　次　2014 年 10 月第 1 次印刷
字　　数　291 千　　　　　　　　　　　　　　定　　价　48. 00 元

如有印装质量问题，请到所购图书销售部门联系调换。